2025年度版

福岡県・福岡市・北九州市の 家庭科

過去問

協同教育研究会 編

協同出版

本書には，福岡県・福岡市・北九州市の教員採用試験の過去問題を収録しています。各問題ごとに，以下のように5段階表記で，難易度，頻出度を示しています。

難　易　度

非常に難しい	☆☆☆☆☆
やや難しい	☆☆☆☆
普通の難易度	☆☆☆
やや易しい	☆☆
非常に易しい	☆

頻　出　度

◎	ほとんど出題されない
◎◎	あまり出題されない
◎◎◎	普通の頻出度
◎◎◎◎	よく出題される
◎◎◎◎◎	非常によく出題される

※本書の過去問題における資料，法令文等の取り扱いについて

本書の過去問題で使用されている資料や法令文の表記や基準は，出題された当時の内容に準拠しているため，解答・解説も当時のものを使用しています。ご了承ください。

はじめに～「過去問」シリーズ利用に際して～

教育を取り巻く環境は変化しつつあり，日本の公教育そのものも，教員免許更新制の廃止やGIGAスクール構想の実現などの改革が進められています。また，現行の学習指導要領では「主体的・対話的で深い学び」を実現するため，指導方法や指導体制の工夫改善により，「個に応じた指導」の充実を図るとともに，コンピュータや情報通信ネットワーク等の情報手段を活用するために必要な環境を整えることが示されています。

一方で，いじめや体罰，不登校，暴力行為など，教育現場の問題もあいかわらず取り沙汰されており，教員に求められるスキルは，今後さらに高いものになっていくことが予想されます。

本書の基本構成としては，出題傾向と対策，過去5年間の出題傾向分析表，過去問題，解答および解説を掲載しています。各自治体や教科によって掲載年数をはじめ，「チェックテスト」や「問題演習」を掲載するなど，内容が異なります。

また原則的には一般受験を対象としております。特別選考等については対応していない場合があります。なお，実際に配布された問題の順番や構成を，編集の都合上，変更している場合があります。あらかじめご了承ください。

最後に，この「過去問」シリーズは，「参考書」シリーズとの併用を前提に編集されております。参考書で要点整理を行い，過去問で実力試しを行う，セットでの活用をおすすめいたします。

みなさまが，この書籍を徹底的に活用し，教員採用試験の合格を勝ち取って，教壇に立っていただければ，それはわたくしたちにとって最上の喜びです。

協同教育研究会

C O N T E N T S

第１部

福岡県・福岡市・北九州市の家庭科出題傾向分析

福岡県・福岡市・北九州市の家庭科　傾向と対策

2024年度の教員採用試験について，福岡県は中学校と高等学校の募集，福岡市は中学のみの募集(中高枠での募集あり)，北九州市は中学のみの募集である。問題については，福岡市と北九州市は，県の中高共通問題を利用し，解答範囲を限定する方法で実施する。学習指導要領に関する問題は校種別の選択制である。2024年度の一次試験の問題数は大問22問。内16問はマークシート形式，残り6問は記述式で，高齢者関連問題と調理実習問題に関する2問，校種別学習指導要領関連問題が中・高各2問ずつである。福岡市(中学)の一次試験は，福岡県の試験のマークシート部分の16問のみ，学習指導要領関連の出題はないが，論作文が課せられる。北九州市の一次試験は，福岡県の試験のマークシート部分の16問と中学の学習指導要領関連問題2問である。総問題数は年度により増減がみられるが，例年同じような問題構成である。二次試験に関して，福岡県では，模擬授業・個人面接・実技，福岡市では模擬授業(指導案作成，口頭試験含む)と個人面接，北九州市では模擬授業と個人面接，集団討論を実施する。難易度は，高等学校の教科書・資料集レベルの平均的問題を主軸としているが，専門的な高度な問題も増えており，記述式解答もあることから周到な準備が必要である。

専門教科の傾向について，「子ども・高齢者と家族」分野は，手指の発達順序，児童福祉法の条文，子ども･子育て支援新制度，ヤングケアラー，フレイル，高齢者虐待防止法，介護保険，ジニ係数，生活保護，国民年金などが出題された。「食生活」分野は，「栄養と健康」「食品の表示と安全性」が頻出である。ライフステージにおける栄養の特徴や主な無機質の機能，日本料理における調理用語，第4次食育推進基本計画，更に記述問題では，廃棄率・購入量計算などが出題された。「衣生活」分野は，マテリアルリサイクルや衣類の輸入浸透率，ファッションテックの利用法，刺し子，製作に関する基本的な縫い方・まつり方，洗濯絵表示などが出題された。「住生活」分野では，建築基準法から採光による開口部面積，建蔽率，環境基本法から住宅地の騒音規制，最低居住面積水準，誘導居住面積水準，環境共生住宅，ストック型社会，アクティブデザイン，パッシブデザインなど環境に関連させた問題が目立った。「消費生活と環境」では，消費者契約法，消費者安全法，特定商取引法，SSLなどが出題された。学習指導要領については，中高とも学習指導要領解説から出題され，空欄補充の記述解答である。10問と数が多いことに加え，内容を完全に理解していないと得点につながらない難問である。出題箇所は，2023年度同様，「内容」や「指導計画の作成と内容の取扱い」からの出題である。具体的には中学校では，「消費生活と環境　(1)金銭の管理と購入，(2)消費者の権利と責任」の内容，「指導計画の作成と内容の取扱い」に関しては，「内容の取扱いに当たっての配慮事項」から出題された。高校では，家庭基礎「持続可能な消費生活・環境　(1)生活における経済の計画」の内容，専門学科における「指導計画の作成と内容の取扱い　2内容の取扱いに当たっての配慮事項」から出題された。

対策だが，高等学校の教科書「家庭基礎」「家庭総合」の複数の教科書を完全にマスターすること。特に，衣食住に関する環境関連内容や社会保障制度，2023年4月施行の子ども家庭庁を含めた育児支援，高齢者関連など現代社会の課題については充分な準備が必要である。また，保育など分野・項目によっては専門科目の教科書にも目を通しておくなど，幅広い確実な知識の定着が必要だろう。新学習指導要領については，同解説を中心に正確な語句を覚えておくことが大事である。学習指導要領の出題がない自治体についても改訂の趣旨や重点内容を理解しておくことは，模擬授業や個人面接でプラスになる。本書の過去問を活用し，記述問題の傾向や指導要領については過去の出題を精査し参考にするとよいだろう。実技試験に関しては，教科書に記載されている題材について練習を重ね，技術を高めておこう。

過去5年間の出題傾向分析

共通＝●　中学＝○　高校＝◎　福岡市(中高)＝▲(2021年度以降)
福岡県(中高)＝□　北九州市(中学)＝■

分類	主な出題事項	2020年度	2021年度	2022年度	2023年度	2024年度
子ども・高齢者と家族	子どもへの理解	●	●▲	●▲	□▲■	□▲■
	子育て支援の法律・制度・理念	●	●▲		□▲■	□▲■
	児童福祉の法律・制度	●			□▲■	□▲■
	家族と家庭生活	●	●▲		□▲■	□▲■
	高齢者の暮らし	●	●▲	●▲	□■	□▲■
	高齢者への支援	●	●▲	●▲	□■	□▲■
	福祉と法律・マーク			●▲	□■	□▲■
	その他					
食生活	栄養と健康	●	●▲	●▲	□▲■	□▲■
	献立					
	食品	●	●▲		□▲■	
	食品の表示と安全性	●	●▲	●▲	□▲■	
	調理	●	●▲	●▲	□▲■	□▲■
	食生活と環境	●		●▲	□▲■	
	生活文化の継承					
	その他				□▲■	□▲■
衣生活	衣服の材料	●	●▲	●▲	□▲■	□▲■
	衣服の表示	●			□▲■	
	衣服の手入れ	●	●▲	●▲	□▲■	□▲■
	製作	●	●▲	●▲	□▲■	□▲■
	和服	●	●▲		□■	
	衣生活と環境	●			□▲■	□▲■
	生活文化の継承			●▲		□▲■
	その他		●▲	●▲	□▲■	□▲■
住生活	住宅政策の歴史・住宅問題				□▲■	□▲■
	間取り，平面図の書き方				□▲■	□▲■
	快適性（衛生と安全）	●		●▲		□▲■
	住まい方（集合住宅など）		●▲			
	地域社会と住環境	●		●	□▲■	
	生活文化の継承					
	その他					□▲■
消費生活と環境	消費者トラブル		●▲		□▲■	
	消費者保護の法律	●	●▲		□▲■	□▲■
	お金の管理，カード，家計		●▲		□▲■	
	循環型社会と3R				□▲■	
	環境問題と法律			●	□▲■	□▲■
	消費生活・環境のマーク	●		●	□▲■	
	その他			●	□▲■	□▲■
学習指導要領に関する問題		●	○◎	○◎	□■	□■
学習指導法に関する問題						

第２部

福岡県・福岡市・北九州市の教員採用試験実施問題

2024年度　実施問題

※福岡市を志望する場合は，【中高共通】の【1】～【16】を解答してください。

【中高共通】

【１】人間の心身の発達には，個人差があり多様な発達の道筋があると同時に，共通の順序性と方向性がある。次のア～オの各文は，乳幼児期の発達における手指の動きについて述べたものである。発達の順序が早い順に左から並びかえたとき，発達の過程として最も適したものを選びなさい。

ア　物を握る。

イ　はしを上手に使う。

ウ　ひもを結ぶ。

エ　親指と人差し指でつまむ。

オ　主に手のひらを使って物をつかむ。

①	ア→オ→エ→イ→ウ
②	ア→オ→イ→ウ→エ
③	オ→ア→イ→ウ→エ
④	オ→ア→エ→ウ→イ
⑤	オ→ア→エ→イ→ウ

(☆☆☆◎◎◎◎)

【２】次の文は，「児童福祉法」(昭和22年法律第164号)の一部を抜粋したものである。文中の(　ア　)～(　オ　)に当てはまる語句の正しい組合せを選びなさい。ただし，同じ記号には同じ語句が入る。

第1条　全て児童は，児童の権利に関する条約の精神にのっとり，適切に(　ア　)されること，その生活を保障されること，愛され，保護されること，その心身の健やかな成長及び発達並びにその

(イ)が図られることその他の福祉を等しく保障される権利を有する。

第2条 全て国民は，児童が良好な環境において生まれ，かつ，社会のあらゆる分野において，児童の年齢及び発達の程度に応じて，その(ウ)が尊重され，その最善の利益が優先して考慮され，心身ともに健やかに(エ)されるよう努めなければならない。

② 児童の保護者は，児童を心身ともに健やかに(エ)することについて第一義的(オ)を負う。

③ 国及び地方公共団体は，児童の保護者とともに，児童を心身ともに健やかに(エ)する(オ)を負う。

	ア	イ	ウ	エ	オ
①	養育	養護	生命	育成	義務
②	養育	自立	意見	育成	責任
③	擁護	養護	生命	教育	義務
④	擁護	自立	意見	教育	義務
⑤	養育	養護	意見	教育	責任

(☆☆☆◎◎◎)

【3】次のア～エの各文は，乳幼児の生活及び子育て支援について述べたものである。正しいものを○，誤っているものを×としたとき，正しい組合せを選びなさい。

ア 認定こども園の管轄は，内閣府と文部科学省と厚生労働省である。

イ 着脱衣，清潔，食事，睡眠，排せつなどを基本的生活習慣といい，社会的生活習慣とともに，人がより豊かに生きるために必要な習慣である。

ウ 幼児期は，胃の容量が小さく，1回にたくさん食べられないため，1日3回の食事のほかに，補食で補う。

エ 子ども・子育て支援新制度は，幼児期の学校教育や保育，地域の子育て支援の量の拡充や質の向上を進めていくために，2015年4月に始まった制度である。

	ア	イ	ウ	エ
①	×	○	×	○
②	×	×	○	○
③	○	×	×	×
④	○	○	○	×
⑤	○	○	×	○

(☆☆☆◎◎◎)

【4】次の家族を取り巻く状況について，A・Bの(　ア　)～(　エ　)に当てはまる語句の正しい組合せを選びなさい。

A　次の文は，家庭経済に関する用語について述べたものである。

○　(　ア　)は，所得の均等度を示す指標のことをいい，完全に平等に分配されていると0，分配されていないと1に近くなる。

○　(　イ　)は，日本国憲法第25条に規定する理念に基き，国が生活に困窮するすべての国民に対し，その困窮の程度に応じ，必要な保護を行い，その最低限度の生活を保障するとともに，その自立を助長することを目的とする。

B　次のグラフは，一般世帯の家族類型別割合の推移を表したものである。

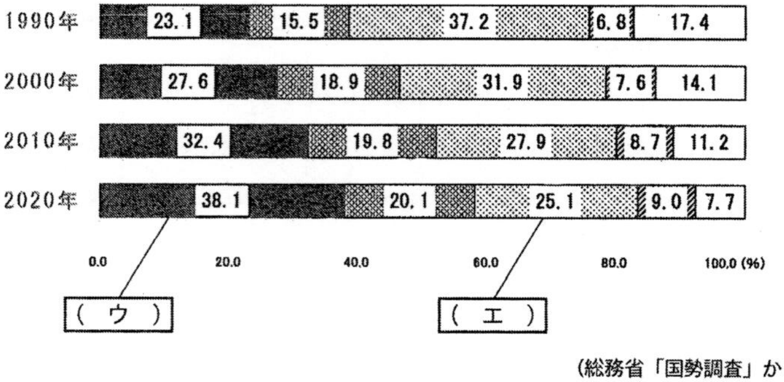

(総務省「国勢調査」から作成)

	ア	イ	ウ	エ
①	ジニ係数	生活困窮者自立支援法	ひとり親と子供からなる世帯	夫婦のみの世帯
②	ジニ係数	生活保護法	単独世帯	夫婦と子供からなる世帯
③	ジニ係数	生活保護法	ひとり親と子供からなる世帯	夫婦のみの世帯
④	相対的貧困率	生活保護法	ひとり親と子供からなる世帯	夫婦と子供からなる世帯
⑤	相対的貧困率	生活困窮者自立支援法	単独世帯	夫婦のみの世帯

(☆☆☆◎◎◎)

【5】次の各文は，ライフステージと栄養について述べたものである。文中の(　ア　)～(　エ　)に当てはまる語句や数の正しい組合せを選びなさい。

○　青少年期は，からだの成長や発達のため，鉄を多く摂取する必要がある。鉄には，ヘム鉄と非ヘム鉄があるが，吸収率の低い非ヘム鉄は，(　ア　)や動物性たんぱく質と合わせて摂取すると吸収率が高まる。

○　人工乳として利用される育児用粉乳の成分は，(　イ　)によって定められている。

○　「令和元年国民健康・栄養調査報告」(厚生労働省)によると，20歳以上の野菜摂取量の平均値は，1日の目標値(　ウ　)gに達しておらず，特に，男女ともに20～40歳代で少ない傾向となっている。

○　近年，神経管閉鎖障害のリスク低減のための妊娠前からの栄養管理として，(　エ　)摂取の重要性が指摘されている。

	ア	イ	ウ	エ
①	ビタミンA	食品衛生法	350	ナイアシン
②	ビタミンC	健康増進法	350	葉酸
③	ビタミンC	食品衛生法	400	ナイアシン
④	ビタミンA	食品衛生法	400	葉酸
⑤	ビタミンA	健康増進法	400	葉酸

(☆☆☆☆◎◎◎)

【6】次の各文は，無機質(ミネラル)について述べたものである。文中の(　ア　)～(　エ　)に当てはまる語句の正しい組合せを選びなさい。

○　ヨウ素は，(　ア　)の構成成分として，エネルギー代謝を活発にしたり，たんぱく質の合成を調節したりする。

○　カルシウムの吸収率は，牛乳に含まれる(　イ　)やたんぱく質によって上昇し，野菜に含まれるシュウ酸，穀類に含まれる(　ウ　)，食物繊維によって低下する。

○　(　エ　)は，鉄とともにヘモグロビンの合成に必要な無機質であり，不足すると貧血の原因となる。

	ア	イ	ウ	エ
①	甲状腺ホルモン	乳糖	フィチン酸	銅
②	酵素	乳糖	アミロース	マグネシウム
③	酵素	乳脂肪	フィチン酸	銅
④	甲状腺ホルモン	乳脂肪	フィチン酸	マグネシウム
⑤	甲状腺ホルモン	乳脂肪	アミロース	銅

(☆☆☆☆◎◎◎◎)

【7】次の各文は，調理用語について説明したものである。文中の(　ア　)～(　エ　)に当てはまる語句の正しい組合せを選びなさい。

○　(　ア　)とは，塩分濃度3%程度の海水くらいの食塩水のこと。また，その食塩水に浸すこと。

○　(　イ　)とは，練り物をこねるときなどに，材料が手につかないようにつける水のこと。
○ (ウ)とは，熱湯にさっと通して表面だけ加熱する方法のこと。刺身などに用いる。
○ (エ)とは，盛ったときに美しく見えるように，材料に切り目を入れること。

	ア	イ	ウ	エ
①	呼び塩	手水	湯引き	隠し包丁
②	呼び塩	水回し	湯通し	飾り包丁
③	立て塩	手水	湯通し	隠し包丁
④	立て塩	水回し	湯引き	隠し包丁
⑤	立て塩	手水	湯引き	飾り包丁

(☆☆☆◎◎◎◎)

【8】次の各文は，「第4次食育推進基本計画」(令和3年3月農林水産省)における食育の推進に当たっての目標の一部を抜粋したものである。文中の(ア)～(エ)に当てはまる語句の正しい組合せを選びなさい。
○ 朝食又は夕食を家族と一緒に食べる「(ア)」の回数を増やす
○ (イ)における地場産物を活用した取組等を増やす
○ (ウ)に配慮した食生活を実践する国民を増やす
○ 生活習慣病の予防や改善のために，ふだんから適正体重の維持や(エ)等に気をつけた食生活を実践する国民を増やす

	ア	イ	ウ	エ
①	団らん	地域や家庭	栄養バランス	減塩
②	共食	地域や家庭	日本の食文化	食事量
③	団らん	学校給食	栄養バランス	食事量
④	共食	学校給食	栄養バランス	減塩
⑤	団らん	地域や家庭	日本の食文化	減塩

(☆☆☆◎◎◎◎)

【9】次の各文は，被服製作について述べたものである。文中の(　ア　)～(　エ　)に当てはまる語句の正しい組合せを選びなさい。

○　図1の縫い方は，(　ア　)である。

○　図2の縫い方は，(　イ　)である。

○　図3の縫い方は，(　ウ　)である。

○　(　エ　)とは，いせる時やカーブの形をきれいにだすために，しつけ糸2本でできあがり線の外側を細かく縫う方法である。

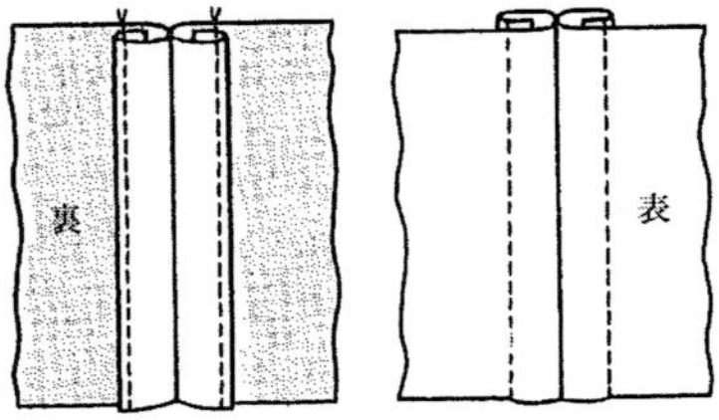

図1

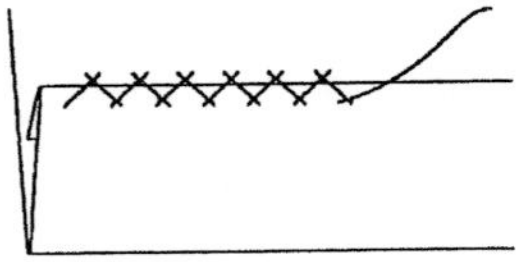

図2

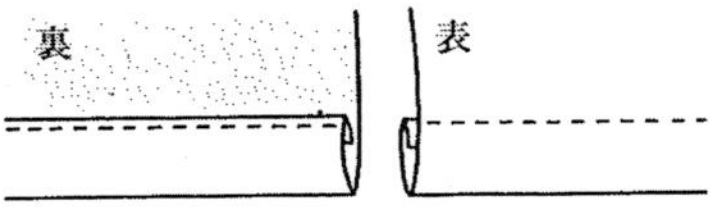

図3

	ア	イ	ウ	エ
①	割り縫い	ちどりがけ	二つ折り縫い	ぐし縫い
②	割り縫い	奥まつり	三つ折り縫い	置きじつけ
③	割り縫い	ちどりがけ	三つ折り縫い	置きじつけ
④	割り伏せ縫い	奥まつり	二つ折り縫い	ぐし縫い
⑤	割り伏せ縫い	ちどりがけ	三つ折り縫い	ぐし縫い

(☆☆☆◎◎◎◎)

【10】次のア～エの各文は，被服の安全について述べたものである。正しいものを○，誤っているものを×としたとき，正しい組合せを選びなさい。

ア　からだと衣服の間にできる温度，湿度のことを衣服気候といい，温度32±1℃，湿度50±10%のとき，もっとも快適とされている。

イ　絹は，炎に触れるとただちに燃えて灰になる。

ウ　JISでは，7歳未満の子ども服の頭や首まわりのひも，13歳未満の子ども服の背中やすそのひもは禁止されている。

エ　表面フラッシュ現象とは，わずかな炎が接触しただけで，一瞬のうちに被服全体に燃え広がる現象である。

	ア	イ	ウ	エ
①	○	×	○	○
②	○	×	×	○
③	○	○	×	×
④	×	○	○	×
⑤	×	○	○	○

(☆☆☆◎◎◎◎)

【11】次の各文は，衣服の表示について述べたものである。(　ア　)～(　エ　)に当てはまる語句の正しい組合せを選びなさい。

○　次の繊維製品の取扱いに関する表示記号及びその表示方法(JIS　L 0001)の基本記号aは(　ア　)，bは(　イ　)を表している。

a　　　　b

○　(　ウ　)表示は，使用されている繊維名を表す。混用率の多い順に表示する。

○　原産国表示は，(　エ　)によって表示が定められている。

	ア	イ	ウ	エ
①	手洗い処理	漂白処理	組成	不当景品類及び不当表示防止法
②	手洗い処理	乾燥処理	品質	家庭用品品質表示法
③	洗濯処理	漂白処理	品質	家庭用品品質表示法
④	洗濯処理	乾燥処理	組成	不当景品類及び不当表示防止法
⑤	洗濯処理	乾燥処理	品質	不当景品類及び不当表示防止法

(☆☆☆◎◎◎◎)

【12】次のア～エの各文は，衣生活と環境について述べたものである。正しいものを○，誤っているものを×としたとき，正しい組合せを選びなさい。

ア　マテリアルリサイクルとは，衣料廃棄物を化学反応などにより原料の状態まで戻し，それを原料として新しい製品に作り変えることをいう。

イ　日本の衣服の輸入浸透率は，1990年は97.6%であったが，2017年は48.5%と低くなっている。

ウ　ファッションテックの例として，月額の利用料を払うことで，インターネットを使って一定数の衣服をレンタルできるサービスなどが生まれている。

エ　刺し子は，布地の補強を兼ねて用いられた技法である。

	ア	イ	ウ	エ
①	○	×	○	×
②	○	○	×	○
③	×	○	○	×
④	×	×	○	○
⑤	×	×	×	○

(☆☆☆◎◎◎)

【13】次の各文は，社会保障制度について述べたものである。文中の(　ア　)～(　エ　)に当てはまる語句や数の正しい組合せを選びなさい。

○　生活保護には，生活扶助，教育扶助，住宅扶助，医療扶助，介護扶助，(　ア　)扶助，生業扶助，葬祭扶助の8種類がある。

○　公的介護保険は，(　イ　)の人が加入し，介護が必要になったときに所定の介護サービスが受けられる制度である。

○　国民年金は，平成29年8月1日に「公的年金制度の財政基盤及び最低保障機能の強化等のための国民年金法等の一部を改正する法律の一部を改正する法律」が施行され，年金を受けとるために必要な納付期間が(　ウ　)年以上から(　エ　)年以上に短縮された。

	ア	イ	ウ	エ
①	出産	40歳以上	25	15
②	出産	35歳以上	20	10
③	保育	40歳以上	20	15
④	出産	40歳以上	25	10
⑤	保育	35歳以上	25	15

(☆☆☆◎◎◎◎)

【14】次のア～エの各文は，消費者問題について述べたものである。正しいものを○，誤っているものを×としたとき，正しい組合せを選びなさい。

ア　消費者契約法では，不適切な勧誘で消費者が誤認・困惑して契約した場合，取消できる。

イ　消費者安全法は，製造物の欠陥により人の生命，身体又は財産に損害が生じた場合における製造業者等の損害賠償責任について定めた法律である。

ウ　特定商取引法は，事業者による違法・悪質な勧誘行為等を防止し，消費者の利益を守ることを目的とする法律であり，売買契約に基づかないで，一方的に送り付けられた商品は直ちに処分することができる。

エ　SSLは，インターネット上で個人情報や金銭情報を安全にやりとりするしくみである。SSLが使われているサイトはURLが「https」で始まり画面に錠前のアイコンが表示される。

	ア	イ	ウ	エ
①	○	×	○	○
②	○	○	○	×
③	○	×	×	×
④	×	○	×	○
⑤	×	×	○	×

(☆☆☆◎◎◎)

【15】次の各文は，安全で快適な住生活について述べたものである。文中の(　ア　)~(　エ　)に当てはまる語句や数の正しい組合せを選びなさい。

○　(　ア　)とは，建物と地面の間にある積層ゴムや滑り支承などが揺れのエネルギーを吸収する構造のことである。

○　環境基本法(平成5年法律第91号)第16条第1項の規定に基づく騒音に係る環境基準において，住宅地における昼間の基準値は(　イ　)デシベル以下と定められている。

○　建築基準法では，住まいの居室について，窓などの開口部の最低限の面積が定められており，採光には居室の床面積に対して(　ウ　)以上が必要である。

○　面積が320m^2の敷地に，建築面積が128m^2，延べ面積が144m^2の住宅を建てた場合，この住宅の建ぺい率は(　エ　)%である。

	ア	イ	ウ	エ
①	耐震構造	50	7分の1	45
②	免震構造	55	7分の1	40
③	耐震構造	55	7分の1	45
④	免震構造	50	5分の1	45
⑤	耐震構造	55	5分の1	40

(☆☆☆◎◎◎◎)

【16】次のア～エの各文は，住生活について述べたものである。正しいものを○，誤っているものを×としたとき，正しい組合せを選びなさい。

ア　最低居住面積水準は，世帯人数に応じて，豊かな住生活の実現の前提として多様なライフスタイルに対応するために必要と考えられる住宅の面積に関する水準である。

イ　環境共生住宅とは，地球温暖化防止等の地球環境保全を促進する観点から，地域の特性に応じ，エネルギー・資源・廃棄物等の面で適切な配慮がなされるとともに，周辺環境と調和し，健康で快適に生活できるよう工夫された住宅及び住環境のことをいう。

ウ　ストック型社会とは，住宅や橋，道路などの社会インフラを長持ちさせることで環境負荷や経済的負担を軽減した，持続可能で豊かな社会のことをいう。

エ　アクティブデザインとは，軒や窓の配置など建物の構造や材料などの工夫により自然エネルギーを最大限に活用・調整する設計手法である。

	ア	イ	ウ	エ
①	×	×	○	×
②	○	×	×	○
③	×	○	○	×
④	×	○	×	○
⑤	○	×	○	○

(☆☆☆◎◎◎)

【17】次の各文は，高齢社会に関して述べたものである。文中の(　ア　)～(　エ　)に当てはまる語句を答えなさい。

○　厚生労働省によると，「本来大人が担うと想定されている家事や家族の世話などを日常的におこなっているこどものこと」を(　ア　)という。

○　高齢期において生理的予備能力が低下し，ストレスに対し弱くなり不健康を引き起こしやすい状態のことを(　イ　)という。

○　高齢者の尊厳を保ち，虐待の早期発見・早期対応や，介護者のサポートを目的に2006年に施行された法律を(　ウ　)という。

○　健康上の問題によって，日常生活が制限されることなく生活できる期間のことを(　エ　)という。

(☆☆☆☆◎◎◎◎)

【18】次の表は，和風料理「かぼちゃのそぼろあんかけ」の材料である。(　ア　)～(　エ　)に当てはまる語句や数値を答えなさい。

材料（１人分）

かぼちゃ	１２０ｇ
だし汁	$\frac{1}{2}$カップ
┌ 砂糖	小さじ１
│ しょうゆ	小さじ１
└ みりん	小さじ１
鶏ひき肉	３０ｇ
酒	小さじ１
しょうゆ	小さじ$\frac{1}{2}$
しょうが汁	小さじ$\frac{1}{2}$
Ａ	２ｇ
水	小さじ１

○　Aの食品名は(　ア　)である。

○　6人分をつくる場合，砂糖は(　イ　)g，みりんは(　ウ　)mL必要である。また，かぼちゃは廃棄率(10％)を考慮し，(　エ　)g用意する必要がある。

(☆☆☆◎◎◎◎)

【中学校】

【1】次の文は，中学校学習指導要領(平成29年3月告示)「第2章　各教科」「第8節　技術・家庭」「第2　各分野の目標及び内容」〔家庭分野〕「2　内容」「C　消費生活・環境」の一部を抜粋したものである。文中の(a)～(e)に当てはまる語句を答えなさい。

> (1)　金銭の管理と購入
> 　ア　次のような知識及び技能を身に付けること。
> 　　(ア)　購入方法や支払い方法の特徴が分かり，(a)な金銭管理の必要性について理解すること。
> 　　(イ)　売買契約の仕組み，(b)の背景とその対応について理解し，物資・サービスの選択に必要な情報の収集・整理が適切にできること。
> 　イ　物資・サービスの選択に必要な情報を(c)して購入について考え，工夫すること。
> (2)　消費者の権利と責任
> 　ア　消費者の基本的な権利と責任，自分や家族の消費生活が環境や社会に及ぼす影響について理解すること。
> 　イ　身近な消費生活について，(d)した消費者としての責任ある(e)を考え，工夫すること。
> (3)　消費生活・環境についての課題と実践
> 　ア　自分や家族の消費生活の中から問題を見いだして課題を設定し，その解決に向けて環境に配慮した消費生活を考え，計画を立てて実践できること。

(☆☆◎◎◎◎◎)

【2】次の文は，中学校学習指導要領(平成29年3月告示)「第2章　各教科」「第8節　技術・家庭」「第3　指導計画の作成と内容の取扱い」の一部を抜粋したものである。文中の(ア)～(オ)に当てはまる語句を答えなさい。ただし，同じ記号には同じ語句が入る。

2　第2の内容の取扱いについては，次の事項に配慮するものとする。
(1)　指導に当たっては，衣食住やものづくりなどに関する実習等の結果を(　ア　)し考察する学習活動や，生活や社会における課題を解決するために言葉や図表，(　イ　)などを用いて考えたり，説明したりするなどの学習活動の充実を図ること。
(2)　指導に当たっては，コンピュータや情報通信ネットワークを積極的に活用して，実習等における情報の収集・(　ア　)や，実践結果の(　ウ　)などを行うことができるように工夫すること。
(3)　基礎的・基本的な知識及び技能を習得し，基本的な(　イ　)などの理解を深めるとともに，(　エ　)の楽しさや完成の喜びを体得させるよう，実践的・体験的な活動を充実すること。また，生徒の(　オ　)を踏まえて学習内容と将来の職業の選択や生き方との関わりについても扱うこと。

(☆☆◎◎◎◎◎)

【高等学校】

【1】次の文は，高等学校学習指導要領解説家庭編(平成30年文部科学省)『第1部　各学科に共通する教科「家庭」』「第2章　家庭科の各科目」「第1節　家庭基礎」「2　内容とその取扱い」「C　持続可能な消費生活・環境」の一部を抜粋したものである。文中の(　a　)～(　e　)に当てはまる語句を答えなさい。ただし，同じ記号には同じ語句が入る。

(1)　生活における経済の計画
(略)
ア　家計の構造や生活における経済と社会との関わり，家計管理について理解すること。

(略)

家計管理については，収支バランスの重要性とともに，(a)管理も踏まえた家計管理の基本について理解できるようにする。その際，生涯を見通した経済計画を立てるには，(b)，住宅取得，老後の備えの他にも，事故や病気，(c)など，(a)への対応が必要であることを取り上げ，預貯金，民間保険，株式，債券，(d)等の基本的な金融商品の特徴(メリット，デメリット)，(e)の視点にも触れるようにする。

(☆☆◎◎◎◎◎)

【2】次の文は，高等学校学習指導要領解説家庭編(平成30年文部科学省)『第2部　主として専門学科において開設される教科「家庭」』「第3章　各科目にわたる指導計画の作成と内容の取扱い」「2　内容の取扱いに当たっての配慮事項」の一部を抜粋したものである。文中の(ア)～(オ)に当てはまる語句を答えなさい。

専門教科「家庭」の各科目の指導に当たっては，(ア)や情報通信ネットワークなどの積極的な活用を図り，生徒の(イ)の育成に努めるとともに学習意欲を喚起させ，情報の検索・収集，他の学校や(ウ)との情報の交流，(エ)の発表を行うなど指導の工夫を図り，(オ)を高めるよう配慮することが必要である。

(☆☆◎◎◎◎◎)

解答・解説

【中高共通】

【1】①

〈解説〉乳幼児の発達の方向性は「頭部から尾部へ」「中心から末端へ」「粗大運動から微細運動へ」である。身体の順序性としては，首がすわる→座れる→立つ→歩くである。手を使った運動，言葉の順序性も覚えておくこと。

【2】②

〈解説〉児童福祉法は，これまで何度か改正が行われているが，大きな改正は，平成28年の「児童福祉法等の一部を改正する法律」で「児童虐待の発生予防」を盛り込んだ。令和6年施行の改正では，包括的な子育て支援強化，虐待・性犯罪防止の取り組み，18～22歳の自立支援強化が主な改正点である。

【3】⑤

〈解説〉アは，○になっているが，令和5(2023)年4月1日こども家庭庁が発足し，認定こども園・保育園の管轄はこども家庭庁に移管された。

【4】②

〈解説〉ア　ジニ係数がとる値の範囲は0から1，係数の値が大きければ大きいほどその集団における格差が大きい状態。社会騒乱多発の警戒ラインは，0.4である。日本は0.334，フランスやドイツ，ノルウェー，デンマーク，フィンランドなどは0.3以下である。　イ　生活保護法と，生活困窮者自立支援法を比較して確認しておきたい。　ウ　割合が年々増加し，現在1番多い形は単独世帯である。過去に1番多かった夫婦と子供からなる世帯は減少している。グラフの左から，単独世帯，夫婦のみの世帯，夫婦と子供からなる世帯，ひとり親と子供からなる世帯，その他の世帯である。

【5】②

〈解説〉ア　非ヘム鉄は，海藻，大豆，ほうれん草などに含まれる。日本人が摂取する鉄の85%が非ヘム鉄である。　イ 「栄養成分や熱量に関する表示を行う場合の基準」「特定保健用食品の許可・承認」「栄養成分の機能を表示する場合の基準」などが定められているのは健康増進法である。2002年に従来の栄養改善法が廃止され，健康増進法が制定された。　ウ　男女とも350gである。　エ　葉酸はビタミンB群の一種で，ビタミンB_{12}とともに赤血球を作り，細胞の生産や再生にも重要な働きをする。細胞の分裂や成熟に大きな役割をもつので，胎児にとっては重要な栄養成分である。

【6】①

〈解説〉ア　ヨウ素はヨードともいう。昆布などの海藻類に多く含まれる。甲状腺ホルモンの異常はバセドウ病や橋本病を引き起こす。　イ　牛乳のたんぱく質の消化過程で生成されるカゼインホスホペプチド(CPP)という物質のことで，カルシウムの吸収を促進する。　ウ　選択肢のアミロースはぶどう糖が直線状につながった状態のもの。
エ　選択肢のマグネシウムについて，マグネシウム不足は不整脈が生じやすくなり動脈硬化などのリスクが高まる。また，心疾患や糖尿病などの生活習慣病のリスクも高める。

【7】⑤

〈解説〉ア　選択肢の呼び塩は薄い食塩水で塩味が強すぎる魚介類から適度に塩を抜きたいときに使う。水を使うと食材が水っぽくなるので，素材に適した塩分濃度の塩水で浸透圧の作用を使って塩抜きする。
イ　水回しは手打ちそばの最初の工程で，そば粉に加水し手で攪拌することで粉にまんべんなく水をいきわたらせる作業をいう。　ウ　湯通しは，下ごしらえの方法で，食品をさっとお湯にくぐらせ，油分やアク，臭みを取り除く手法である。　エ　隠し包丁は食材に火が通りやすく，味がしみ込みやすくするために行う。

【8】④

〈解説〉ア　家族と一緒に食べるのは共食，一人きりで食事をするのは孤食，家族と一緒に食事時間を持つがそれぞれ別メニューで食べるのは個食である。　イ　具体的な内容では，令和7年度に向け，「栄養教諭により地場産物に係る食に関する指導の平均取組み回数を月12回以上」，「地場産物を使用する割合(金額ベース)を現状値(令和元年度)から維持・向上した都道府県の割合を90%以上とする」，「学校給食における国産食材を使用する割合(金額ベース)を現状値(令和元年度)から維持・向上した都道府県の割合を90%以上とする」を定めた。　ウ　具体的には，現状で，野菜の摂取量280g，果物摂取量100g未満の者の割合が61.6%を30%以下とすること。主食・主菜・副菜を組み合わせた食事を1日2回以上ほぼ毎日食べている国民の割合を50%以上にする。　エ　生活習慣病の予防や改善には，食塩摂取量を減らすことが重要である。第4次食育推進基本計画の概要は必ず確認しておくこと。

【9】⑤

〈解説〉ア　縫いしろを割ってから折って，端ミシンを表まで通してかける方法である。　イ　ほつれやすい毛織物や裏付きの袖口，裾のしまつなどに用いる。　ウ　表地にも縫い目が表れているので，ミシンで仕上げていることがわかる。手縫いで行う場合は，表地に目立たないようにまつる。　エ　ぐし縫いの場合は，並縫いよりも細かいおよそ2mmの縫い目で縫う。

【10】①

〈解説〉誤りのある文イについて，絹は緩やかに縮れながら燃焼する。絹の燃焼は毛と同じで毛髪の燃える臭いがする。「ただちに燃えて灰になる」のは綿，キュプラ，レーヨンなどで，紙が燃える臭いがする。

表面フラッシュ現象は，表面を起毛させた素材やパイル織りの生地に起きやすい。

【11】④

〈解説〉洗濯表示は，洗濯・乾燥・漂白・アイロン・クリーニングの5つの基本記号にそって整理して覚えること。組成表示は家庭用品品質表示法で定められている。表示の方法には，服全体の混用率を表示する全体表示と，製品の部位を分離してわかりやすく示し，それぞれの部位について表示する分離表示とがある。原産国表示は，服を縫製した国を表す。

【12】④

〈解説〉誤りのある文アで説明しているのは，ケミカルリサイクルである。イについて，現在も衣類の輸入浸透率は97.6％でほとんどを輸入に頼っている。ウのファッションテックとは「ファッション」と「テクノロジー」を合わせた言葉である。ウの具体例の他に，仕立て屋での測定を必要とせず，手軽かつ安価にパーソナライズされたアイテムを手に入れることができる，スマートフォン上で自分のアバターやシルエットを表示し，欲しい商品を事前に試着できる仕組みのバーチャルフィッティングなどがある。

【13】④

〈解説〉いずれも頻出事項である。社会保障制度について整理して学習しておくこと。社会保険，社会福祉，公的扶助，保健医療・公衆衛生からなる。それぞれの具体的な内容を理解しておくこと。

【14】①

〈解説〉イは消費者安全法ではなく，製造物責任法(PL法)である。頼んでもいないのに商品が送られてくるウの「送り付け商法」について，以前は一定期間保存する必要があったが，2021年7月6日以降，届けられた商品は直ちに処分できるようになった。代金の支払いは不要で，万が一支払った場合には返金請求ができる。

【15】②

〈解説〉ア　耐震・免震・制振の3つの構造について理解しておくこと。　イ　住宅地における昼間の騒音基準は，55デシベル，夜間は45デシベルである。　ウ　建築基準法の採光と換気の基準は覚えておくこと。　エ　建ぺい率は敷地面積に対する建築面積の割合で，128÷320＝0.4　40％である。

【16】③

〈解説〉ア　説明は誘導居住面積についてのものである。最低居住面積水準は，世帯人数に応じて健康で文化的な住生活の基礎として必要不可欠な住宅の面積に関する水準で，単身者で25平方メートル，2人以上の世帯で10平方メートル×世帯人数＋10平方メートルとしている。　ウ　以前のスクラップアンドビルドという手法から，建物をできるだけ長く使っていこうというストック型の考え方に移行した。　エ　説明は，自然エネルギーを活用したパッシブデザインについてのものである。アクティブデザインは，機械的手法を使って，環境負荷の低減を図るデザインのこと。太陽光パネルの設置や，断熱材の活用，空気の熱を利用してお湯を沸かすエコキュートの設置，ガスから水素を取り出し，空気中の酸素と化学反応させ，電気を発生させ，その過程で生じた熱でお湯もつくるエネファームの設置などがある。ZEH住宅はアクティブデザインである。

【17】ア　ヤングケアラー　　イ　フレイル　　ウ　高齢者虐待防止法　エ　健康寿命

〈解説〉ア　ヤングケアラーの対象となる年齢は，18歳未満である。文部科学省と厚生労働省が令和3年3月に公表した「ヤングケアラーの実態に関する調査結果」によると，中学2年生の約17人に1人がヤングケアラーである。しかし，自身がヤングケアラーであると自覚している子どもはわずか2%，中学2年生のうち，12.5%は自分がヤングケアラーであるかどうかわからない状況でケアを行っていることが判明した。イ　適切な予防が必要である。予防には，運動療法と栄養療法があり，運動療法にはウォーキングが推奨されており，サルコペニアにならないようにすることが大切である。栄養療法では，食事量の低下，慢性的な栄養不足の状態にならないようにすることが重要である。　ウ　高齢者虐待についてのさまざまな調査について，グラフなどで現状を把握しておくこと。　エ　日本人の健康寿命と平均寿命には10年近くの開きがある。いかに健康寿命を長くするかが課題である。

【18】ア　片栗粉　　イ　18　　ウ　30　　エ　800

〈解説〉ア　あんかけなので，とろみをつけるための片栗粉が必要である。イ　砂糖は小さじ1で3gなので，6倍して18gである。　ウ　みりんは小さじ1で5mLなので，6倍すると30mLである。重量の場合は小さじ1で6gである。　エ　かぼちゃの必要量は純使用量÷可食部率(1−廃棄率)×食数なので，720÷(1−10%)＝800gである。主な調味料の計量スプーンの容量と重量を覚えておくこと。

【中学校】

【1】a　計画的　　b　消費者被害　　c　活用　　d　自立　　e　消費行動

〈解説〉中学校学習指導要領の，C消費生活・環境の内容から，語句の穴埋め記述式の問題である。内容について，文言を覚えるのはもちろん，理解を深めておくこと。今回の改定で重要視された部分であり，他の自治体においても頻出項目である。

【2】ア　整理　　イ　概念　　ウ　発表　　エ　仕事　　オ　キャリア発達

〈解説〉中学校学習指導要領の指導計画の作成と内容の取扱いより，内容の取扱いについての配慮事項(1)，(2)，(3)から出題された。指導に関する具体的な内容なので十分に学習しておくこと。他にも指導計画作成上の配慮事項が6項目，内容の取扱いについての配慮事項は全部で5項目，実習の指導に当たっての配慮事項が1項目示されているのですべて確認しておくこと。

【高等学校】

【1】a　リスク　　b　教育資金　　c　失業　　d　投資信託　　e　資産形成

〈解説〉高等学校学習指導要領解説の家庭基礎のC持続可能な消費生活・環境の内容とその取扱いの説明部分から，語句の穴埋め記述式の問題である。学習指導要領の文言を覚えるだけでなく，解説で理解を深めておくこと。

【2】ア　コンピュータ　　イ　情報活用能力　　ウ　地域　　エ　学習成果　　オ　学習の効果

〈解説〉高等学校学習指導要領解説から，各学科に共通する教科「家庭」ではなく，主として専門学科において開設される教科「家庭」からの出題である。内容の取扱いに当たっての配慮事項(2)からの抜粋である。指導計画作成上の配慮事項が5項目，内容の取扱いについての配慮事項が2項目，実験・実習の実施に関わる配慮事項が1項目示されているので確認しておくこと。

2023年度　実施問題

※福岡市を志望する場合は，【中高共通】の【1】～【22】を解答してください。

【中高共通】

【1】次の子どもを取り巻く問題に関して，A・Bの［ア］～［エ］に当てはまる語句の正しい組合せを選びなさい。

A　次のグラフは，児童相談所での児童虐待相談の件数を児童虐待の種類別に割合で表したものである。

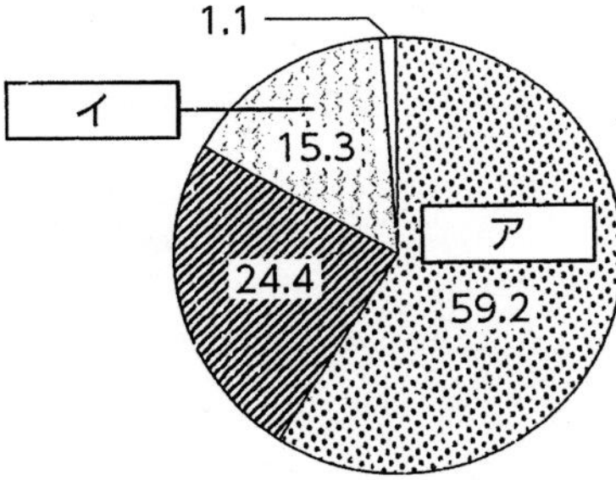

(厚生労働省資料「令和２年度児童相談所での児童虐待相談対応件数」から作成)

児童虐待の種類別の割合（%）

B　次の文は，「児童虐待の防止等に関する法律」(平成12年法律第82号)の一部を抜粋したものである。

第2条　この法律において，「児童虐待」とは，保護者(親権を行う者，未成年後見人その他の者で，児童を現に監護するものをいう。以下同じ。)がその監護する児童(［ウ］に満たない者をいう。以下同じ。)について行う次に掲げる行為をいう。

第6条　児童虐待を受けたと思われる児童を発見した者は，速やかに，これを市町村，都道府県の設置する福祉事務所若しくは児童相談所又は［エ］を介して市町村，都道府県の設置する福祉事務所若しくは児童相談所に通告しなければならない。

	ア	イ	ウ	エ
①	身体的虐待	ネグレクト	十八歳	民生委員
②	身体的虐待	性的虐待	二十歳	児童委員
③	心理的虐待	ネグレクト	二十歳	民生委員
④	心理的虐待	ネグレクト	十八歳	児童委員
⑤	心理的虐待	性的虐待	十八歳	民生委員

(☆☆◎◎◎◎)

【2】次の各文は，子どもの安全について述べたものである。文中の(　ア　)～(　エ　)に当てはまる語句の正しい組合せを選びなさい。

○　厚生労働省「人口動態統計」(2016年)によると，子どもの不慮の事故(交通事故，自然災害を除く)の0歳の死因の第1位は(　ア　)である。5～9歳の死因の第1位は(　イ　)である。

○　(　ウ　)は，おもちゃの安全基準の検査(物理的・科学的特性など)に合格した製品につけられる。

○　(　エ　)は，何の予兆や既往歴もないまま乳幼児が死に至る原因の分からない病気である。

	ア	イ	ウ	エ
①	窒息	溺水	STマーク	SIDS
②	転倒・転落	溺水	S-JETマーク	ヘルパンギーナ
③	窒息	火災	STマーク	SIDS
④	転倒・転落	火災	STマーク	ヘルパンギーナ
⑤	窒息	溺水	S-JETマーク	ヘルパンギーナ

(☆☆◎◎◎◎)

【3】次のア～オの各文は，乳児の発達についてまとめたものである。正しいものを○，誤っているものを×としたとき，正しい組合せを選びなさい。

ア　音の刺激などで，両腕を大きく開き，抱きつこうとする反射を把握反射という。

イ　運動機能の発達には，からだの末端部から中心部へという方向性がある。

ウ　乳児の呼吸は胸式呼吸である。

エ　歩行が始まるにつれて体重を支える必要から，脊柱がわん曲する。

オ　乳歯は生後6か月頃から生えはじめ，1歳までに生えそろう。

	ア	イ	ウ	エ	オ
①	○	×	○	○	○
②	○	○	×	○	○
③	×	×	×	×	○
④	×	×	×	○	×
⑤	×	○	○	×	×

(☆☆☆◎◎◎◎)

【4】次の文は，「子どもの貧困対策の推進に関する法律」(平成25年法律第64号)の一部を抜粋したものである。文中の(　ア　)～(　オ　)に当てはまる語句の正しい組合せを選びなさい。

第1条　この法律は，子どもの現在及び将来がその生まれ育った(　ア　)によって左右されることのないよう，全ての子どもが心身ともに健やかに育成され，及びその教育の(　イ　)が保障され，子ども一人一人が夢や希望を持つことができるようにするため，子どもの貧困の解消に向けて，(　ウ　)の精神にのっとり，子どもの貧困対策に関し，基本理念を定め，国等の責務を明らかにし，及び子どもの貧困対策の基本となる事項を定めることにより，子どもの貧困対策を総合的に推進することを目的とする。

第2条　子どもの貧困対策は，社会のあらゆる分野において，子どもの年齢及び(　エ　)の程度に応じて，その意見が尊重され，その最善の利益が優先して考慮され，子どもが心身ともに健やかに育成されることを旨として，推進されなければならない。

(略)

3　子どもの貧困対策は，子どもの貧困の背景に様々な(　オ　)があることを踏まえ，推進されなければならない。

	ア	イ	ウ	エ	オ
①	状況	機会均等	児童福祉法	発達	経済的な要因
②	環境	機会均等	児童の権利に関する条約	発達	社会的な要因
③	環境	機会均等	児童の権利に関する条約	成長	経済的な要因
④	状況	平等	児童の権利に関する条約	発達	経済的な要因
⑤	環境	平等	児童福祉法	成長	社会的な要因

(☆☆☆☆◎◎◎)

【5】次のア～エの各文は，少子化対策や子育てに関する国の取組についてまとめたものである。正しいものを○，誤っているものを×としたとき，正しい組合せを選びなさい。

ア　待機児童の解消は，「待機児童解消加速化プラン」(平成25年厚生労働省)による市区町村と企業主導型保育事業における保育の受け皿拡大を合わせることにより，政府目標の50万人を達成した。

イ　「新子育て安心プラン」(令和2年12月厚生労働省)では，地域の特性に応じた支援，魅力向上を通じた保育士の確保，地域のあらゆる子育て資源の活用を支援のポイントにしている。

ウ　「ファミリー・サポート・センター」は，養育支援が特に必要な家庭を訪問し，養育に関する指導・助言などを行うことにより，適切な養育の実施を確保する機関である。

エ　国の少子化対策の策定年度は，古い順から「エンゼルプラン」，「子ども・子育て応援プラン」，「新エンゼルプラン」，「子育て安心プラン」である。

	ア	イ	ウ	エ
①	○	○	○	×
②	×	×	×	○
③	×	○	×	○
④	○	○	×	×
⑤	○	×	○	○

(☆☆☆☆◎◎◎◎)

【6】次の各文は，日本における持続可能な食生活について述べたものである。文中の(　ア　)～(　エ　)に当てはまる語句の正しい組合せを選びなさい。

○　日本の食料自給率は，自給率の高い米の消費が減少し，飼料や原料を海外に依存している畜産物や(　ア　)の消費量が増えてきたことから，長期的に低下傾向で推移している。令和2年度のカロリーベースの総合食料自給率(「令和2年度食料需給表」農林水産省)は(　イ　)である。

○　商品などのライフサイクル全体を通して排出される温室効果ガスの排出量をCO_2に換算して，商品などに分かりやすく表示するしくみを(　ウ　)という。

○　食品のトレーサビリティとは，国際的には，「生産，加工及び流通の特定の一つ又は複数の段階を通じて，食品の移動を把握できること」と定義されている。日本では，米及び米加工品と(　エ　)が義務付けられている。

	ア	イ	ウ	エ
①	油脂類	15%	カーボンフットプリント	牛
②	魚介類	37%	ライフサイクルアセスメント	肉加工品
③	油脂類	37%	カーボンフットプリント	牛
④	魚介類	37%	カーボンフットプリント	肉加工品
⑤	魚介類	15%	ライフサイクルアセスメント	牛

(☆☆☆◎◎◎◎)

【7】次の各文は，栄養と食品について述べたものである。(　ア　)～(　エ　)に当てはまる語句や数値の正しい組合せを選びなさい。

○「『日本食品標準成分表2020年版(八訂)』の取扱いについて」(令和3年厚生労働省)において，緑黄色野菜とは，原則として可食部100g当たり(　ア　)含量が600μg以上のものとされている。

○　食事の望ましい組合せとおおよその量をイラストで示したものを「食事バランスガイド」といい，1日に何をどれだけ食べたらよいかの目安を5つの料理グループごとに区分し，単位を(　イ　)で示している。

○　食物アレルギー食材として表示義務のあるアレルゲン(特定原材料)は(　ウ　)品目である。

○　(　エ　)とは，1日に必要な栄養成分が不足しがちな場合，その補給のために利用できる食品のことである。

	ア	イ	ウ	エ
①	カロテン	つ（SV）	7	栄養機能食品
②	リコピン	つ（SV）	21	機能性表示食品
③	リコピン	PFC	21	栄養機能食品
④	カロテン	PFC	7	機能性表示食品
⑤	カロテン	PFC	7	栄養機能食品

(☆☆☆◎◎◎◎)

【8】次の各文は，たんぱく質について述べたものである。(　ア　)～(　エ　)に当てはまる語句や数値の正しい組合せを選びなさい。

○　次のa～fは人の身体をつくるたんぱく質を構成するアミノ酸である。このうち，必須アミノ酸は(　ア　)つ含まれている。

a　グリシン　　b　ヒスチジン　　c　バリン　　d　グルタミン
e　ロイシン　　f　トリプトファン

○　次のa～dの食品のうち，「日本食品標準成分表2020年度版(八訂)」によると，可食部100g当たりのたんぱく質の量が多い順に左から並べた時の順番は(　イ　)である。

a　木綿豆腐　　b　食パン
c　にわとり(若どり　むね　皮なし　生)　　d　鶏卵(全卵　生)

○　たんぱく質の栄養的な価値は，必須アミノ酸の含有量をもとにした(　ウ　)で表す。

○　ペプシン，トリプシンは，たんぱく質の(　エ　)である。

	ア	イ	ウ	エ
①	3	d→c→a→b	アミノ酸評点パターン	消化酵素
②	4	c→d→b→a	アミノ酸価	消化酵素
③	3	c→d→b→a	アミノ酸評点パターン	ホルモン
④	4	d→c→a→b	アミノ酸評点パターン	ホルモン
⑤	4	d→c→a→b	アミノ酸価	ホルモン

(☆☆☆◎◎◎◎)

【9】次の各文は，調理について述べたものである。文中の(　ア　)～(　エ　)に当てはまる語句の正しい組合せを選びなさい。

○　主に製菓材料に用いられる道明寺糒(道明寺粉)の原料は，(　ア　)である。

○　東洋独特の工芸である(　イ　)は熱伝導率が低く，日本では汁椀に用いられることが多い。

○　調理器具の材質に用いられる(　ウ　)は，さびにくく，酸やアルカリに強い反面，熱伝導率が低く焦げつきやすい特徴がある。

○　甜面醤(テンメンジャン)は，(　エ　)と塩を混ぜ，麹を加えて醸造した黒または赤褐色のみそであり，甘味がある。

	ア	イ	ウ	エ
①	うるち米	漆器	ステンレス	そら豆
②	うるち米	陶器	アルミニウム	小麦粉
③	もち米	漆器	アルミニウム	そら豆
④	もち米	陶器	ステンレス	そら豆
⑤	もち米	漆器	ステンレス	小麦粉

(☆☆☆◎◎◎)

【10】次の各文は，いも類の性質と調理について述べたものである。文中の(　ア　)～(　エ　)に当てはまる語句の正しい組合せを選びなさい。

○　いもは煮崩れを起こしやすい。これは，加熱によってでんぷんが糊化するとともに，でんぷん細胞と結合している(　ア　)の粘着性が弱まるためである。

○　やまいもやさといもは，(　イ　)を含むため，皮膚を刺激してかゆくなることがある。

○　さつまいもはゆっくり加熱すると甘くなる。これは，さつまいものβ－アミラーゼが加熱中にでんぷんを分解して，(　ウ　)を生成するためである。

○　やまいもやじゃがいもは，切ると空気にふれた切り口がかっ変する。これは，いもに含まれる酸化酵素の(　エ　)が作用するためである。

	ア	イ	ウ	エ
①	サポニン	シュウ酸カルシウム	麦芽糖	チロシナーゼ
②	ペクチン	ガラクタン	麦芽糖	アミラーゼ
③	サポニン	シュウ酸カルシウム	オリゴ糖	アミラーゼ
④	ペクチン	シュウ酸カルシウム	麦芽糖	チロシナーゼ
⑤	サポニン	ガラクタン	オリゴ糖	チロシナーゼ

(☆☆☆☆◎◎◎◎)

【11】次のア～エの各文は，大豆の加工品について述べたものである。正しいものを○，誤っているものを×としたとき，正しい組合せを選びなさい。

ア 「豆乳」は，吸水した大豆をすりつぶし，加熱後こしてしぼった後に残ったもの。凝固剤を加え，大豆たんぱく質などを固まらせた食品が「豆腐」となる。

イ 「がんもどき」は，くずして水分をきった豆腐に野菜などを混ぜ合わせ，一定の大きさに整えて油であげたもの。「ひりょうず」ともいう。

ウ 「凍り豆腐」は，豆腐を乾燥させた後，凍らせたもの。「高野豆腐」「しみ豆腐」ともいう。

エ 「きな粉」は生の大豆を粉末状に挽いたもの。菓子材料に用いられることが多い。

	ア	イ	ウ	エ
①	×	×	○	○
②	○	×	×	○
③	×	○	○	×
④	○	×	○	×
⑤	×	○	×	×

(☆☆☆◎◎◎)

【12】次のア～エは，繊維製品の取扱いに関する表示記号及びその表示方法(JIS L 0001)について説明したものである。内容が正しいものを○，誤っているものを×としたとき，正しい組合せを選びなさい。

	取扱い表示	説明
ア		塩素系および酸素系の漂白剤を使用して漂白ができる。
イ		低い温度でのタンブル乾燥が可能。排気温度の上限は最高60℃。
ウ		濡れつり干しがよい。
エ		パークロロエチレンおよび石油系溶剤によるドライクリーニングができる。

	ア	イ	ウ	エ
①	○	×	×	○
②	×	○	×	×
③	×	○	×	○
④	○	×	○	×
⑤	○	○	○	×

(☆☆☆◎◎◎◎)

【13】次の各文は，衣服の素材について述べたものである。文中の(　ア　)～(　ウ　)に当てはまる語句の正しい組合せを選びなさい。

○　保温性を高めるため，体熱で温まった空気層を衣服内部につくり出し，繊維を(　ア　)構造にしているものがある。

○　蓄熱保温素材には，太陽光を吸収して熱エネルギーに変換する(　イ　)が練り込まれているものがある。

○　(　ウ　)繊維は，伸び縮みする特徴があり，身体の動きに合わせて伸縮するストレッチ素材として用いられる。

	ア	イ	ウ
①	中空	セラミック	ポリウレタン
②	L字型	セラミック	ポリウレタン
③	中空	ナノプラチナ	ポリエチレン
④	L字型	ナノプラチナ	ポリウレタン
⑤	L字型	セラミック	ポリエチレン

(☆☆☆☆◎◎◎)

【14】次のア～ウの各文は，立体構成の衣服について述べたものである。正しいものを○，誤っているものを×としたとき，正しい組合せを選びなさい。

ア　ドレーピングとは，布が自然に垂れ下がる状態をいう。衣服のしなやかさ・やわらかさを表す。

イ　タックとは，集める・しわを寄せるなどの意味で，布を縫い縮めてしわを出すことである。

ウ　図1は，スカートの型紙の一部である。臀部の張りが強い場合，図1のaの部分を追加し，型紙を補正すると，布がヒップに引っ張られ，後ろのすそがつりあがることを解消できる。

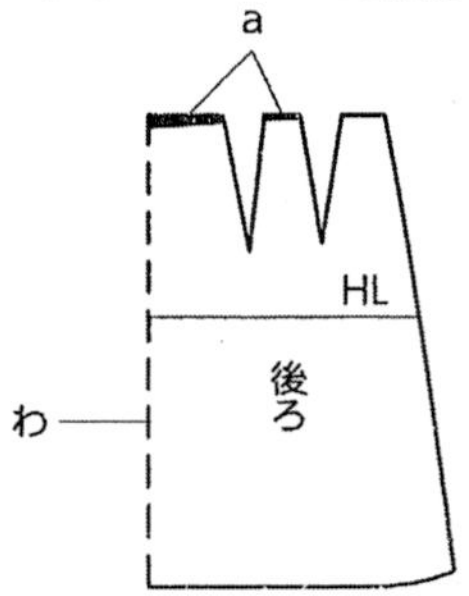

図1

	ア	イ	ウ
①	○	×	×
②	○	○	×
③	○	×	○
④	×	○	○
⑤	×	×	○

(☆☆☆◎◎◎◎)

【15】次のア～エの各文は，被服製品の表示について述べたものである。正しいものを○，誤っているものを×としたとき，正しい組合せを選びなさい。

ア　図1は，新毛が99.7%以上使用されている製品につけられる品質保証マークである。

イ　図2は，繊維に光沢をもたせ，接触したときの感触をよくするシルケット加工製品につけられる。

ウ　エコメイトマークは，繊維製品に，身体に有害なホルムアルデヒドなどが含まれていないかを証明するものである。

エ　GOTSとは，オーガニックテキスタイル世界基準のことであり，有機栽培の原料を使用し，環境と社会に配慮して加工・流通されたことを示すマークである。

図1

図2

	ア	イ	ウ	エ
①	○	○	×	×
②	×	○	○	○
③	○	×	×	○
④	×	×	○	○
⑤	○	×	○	×

(☆☆☆☆◎◎◎)

【16】次の各文は，衣生活と環境について述べたものである。(　ア　)～(　エ　)に当てはまる語句の正しい組合せを選びなさい。

○　日本の衣類はほとんどが輸入品である。繊維製品・主要国別輸入の推移をみると，2006年，2018年ともに第1位は中国であったが，2006年輸入国第2位は(　ア　)であり，2018年輸入国第2位は(　イ　)である。

○　(　ウ　)とは，最新の流行商品を短期間に大量生産し，低価格で販売するブランドや業態のことである。

○　(　エ　)は，とうもろこしのでんぷんを原料とする新しい合成繊維である。土に埋めると，微生物の働きで分解される性質をもつ。

	ア	イ	ウ	エ
①	米国	韓国	フェアトレード	ポリ乳酸繊維
②	米国	ベトナム	ファストファッション	複合新合繊
③	イタリア	韓国	ファストファッション	複合新合繊
④	イタリア	ベトナム	フェアトレード	複合新合繊
⑤	イタリア	ベトナム	ファストファッション	ポリ乳酸繊維

(☆☆☆◎◎◎◎)

【17】次のア～エの各文は，生活様式と住まいについて述べたものである。正しいものを○，誤っているものを×としたとき，正しい組合せを選びなさい。

ア　現在及び将来の国民の住生活の基盤である，良質な住宅の供給などを基本理念とする「住生活基本法」が平成18年に制定された。

イ　床座は，寝起きがしやすく，作業効率に優れ，身体への負担がかかりにくい。

ウ　季節や行事ごとにかけ軸や花を替えたりして，季節感を演出することを「しつらい」という。

エ　図1のように，細く切った竹やあしを使い，日よけのために軒に立てかけたものを「すだれ」という。

図1

	ア	イ	ウ	エ
①	○	×	○	×
②	○	○	×	○
③	×	○	○	×
④	×	×	○	○
⑤	○	×	×	○

(☆☆◎◎◎◎)

【18】次の各文は，持続可能な住生活について述べたものである。本文の(ア)～(エ)に当てはまる語句を《語群》a～hから選んだとき，正しい組合せを選びなさい。

○ 住まいを定期的に点検し，修繕しながら低下した機能を回復させることを(ア)という。

○ 小規模な補修により初期の性能に戻すことを(イ)という。

○ 町工場をカフェにするなど，建物の用途変更により新しい利用価値を生み出し，建物の性能を向上させることを(ウ)という。

○ 「第4次エネルギー基本計画」(平成26年4月閣議決定)においては，「2020年までにハウスメーカー等が新築する注文戸建住宅の半数以上で，2030年までに新築住宅の平均で(エ)の実現をめざす」としている。

《語群》

a	メンテナンス	b	リサイクル
c	リフォーム	d	スケルトンインフィル方式
e	リノベーション	f	コンバージョン
g	環境共生住宅	h	ZEH

	ア	イ	ウ	エ
①	a	d	e	h
②	b	d	f	g
③	a	c	f	h
④	b	c	f	h
⑤	a	d	e	g

(☆☆☆◎◎◎◎)

【19】次の図1は，ある住居の平面図である。文中の(　ア　)～(　ウ　)に当てはまる語句の正しい組合せを選びなさい。

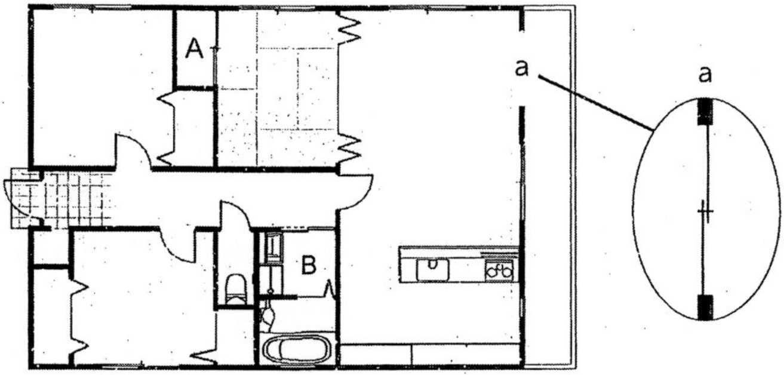

図1

○　この住居の間取りは(　ア　)である。

○　図1のaの出入り口は，(　イ　)といい，スペースを有効に使うことができる。

○　住居の基本的な空間構成は，生活行為と関係している。図1のA・Bのうち，収納空間は(　ウ　)である。

	ア	イ	ウ
①	3 LDK	片引き戸	A
②	3 LDK	片引き戸	B
③	3 LDK	引き違い戸	A
④	4 LDK	引き違い戸	B
⑤	4 LDK	片引き戸	A

(☆☆◎◎◎◎)

【20】次の各文は，経済生活について述べたものである。文中の(　ア　)～(　エ　)に当てはまる語句の正しい組合せを選びなさい。

○　消費者庁「令和3年版消費者白書」によると，日本の家計消費支出は国内総生産(GDP)に対して(　ア　)を占めている。

○　消費活動が活発になれば好景気となり，所得が増加するとともに物価も上昇することが多い。これを(　イ　)という。

○　生活に困窮する国民に対し，最低限度の生活を保障し，自立を助けようとする制度を(　ウ　)という。

○　ESG投資は，従来の財務情報だけでなく，環境・(　エ　)・ガバナンス要素も考慮した投資である。

	ア	イ	ウ	エ
①	7～8割	インフレーション	社会保険	安全
②	5～6割	デフレーション	公的扶助	安全
③	5～6割	インフレーション	公的扶助	社会
④	5～6割	デフレーション	社会保険	安全
⑤	7～8割	インフレーション	社会保険	社会

(☆☆☆☆◎◎◎)

【21】次のア～エの各文は，消費者の権利と責任について述べたものである。正しいものを○，誤っているものを×としたとき，正しい組合せを選びなさい。

ア　未成年が法定代理人の同意を得ないで，単独で交わした契約をどのような場合であっても取り消すことができることを「未成年者取消権」といい，2022年4月1日から成年年齢が18歳に引き下げられたことにより，18歳になると行使できなくなった。

イ　消費者の保護を中心としていた「消費者保護基本法」(昭和43年法律第78号)は，消費者が主体的に行動できる自立を支援する政策への転換をめざして「消費者基本法」に改正された。

ウ　「消費者教育の推進に関する法律」(平成24年法律第61号)では，誰もが，どこに住んでいても，生涯を通じて消費者教育が受けられる機会を提供することは，国や地方公共団体の責務とされている。

エ　消費者庁「令和4年版消費者白書」の消費生活相談の販売購入形態別割合(年齢層別・2021年)によると，20歳未満と20歳代では「インターネット通販」による相談割合が高いのは，20歳代である。

	ア	イ	ウ	エ
①	×	○	×	○
②	○	×	○	×
③	×	×	○	○
④	○	○	×	○
⑤	×	○	○	×

(☆☆☆◎◎◎◎)

【22】次の各文は，地球環境問題について述べたものである。文中の(　ア　)～(　エ　)に当てはまる語句の正しい組合せを選びなさい。

○　2015年に採択されたパリ協定では世界の努力目標として世界全体の平均気温の上昇を工業化以前よりも(　ア　)高い水準までのものに制限することが掲げられている。

○　日本では，2001年1月に施行された(　イ　)により，廃棄物処理や資源の有効利用について法的に整備された。

○　2022年4月に施行された「プラスチックに係る資源循環の促進等に関する法律」の目的は，「国内外におけるプラスチック使用製品の廃棄物をめぐる環境の変化に対応して，プラスチックに係る資源循環の促進等を図るため，プラスチック使用製品の使用の(　ウ　)，プラスチック使用製品の廃棄物の市町村による再商品化並びに事業者による自主回収及び再資源化を促進するための制度の創設等の措置を講ずることにより，生活環境の(　エ　)及び国民経済の健全な発展に寄与すること」である。

	ア	イ	ウ	エ
①	1℃	循環型社会形成推進基本法	合理化	改善
②	1℃	環境基本法	減量化	保全
③	1.5℃	循環型社会形成推進基本法	合理化	保全
④	1.5℃	環境基本法	減量化	改善
⑤	1℃	循環型社会形成推進基本法	減量化	改善

(☆☆☆☆◎◎◎◎)

【23】次の1～4の各文は，高齢社会に関して述べたものである。文中の(　ア　)～(　オ　)に当てはまる語句を答えなさい。

1　世界保健機関(WHO)が提唱した指標で，平均寿命から寝たきりや認知症など介護状態の期間を差し引いた期間を(　ア　)という。

2　高齢化に伴い，高齢者が高齢者を介護する(　イ　)の問題が起きている。

3　2000年から介護の社会化を目指して導入された(　ウ　)は，介護が必要な人が，衣食住や家計の管理，移動・排泄・入浴・判断などに人の手を借りて，できる限り自立して暮らせるように，社会全体で支えるしくみである。保険者は市区町村であり，(　エ　)歳以上の人が保険料を納める。

4　地域の実情に応じて，高齢者が，可能な限り住み慣れた地域でその有する能力に応じ自立した日常生活を営むことができるよう，医療，介護，介護予防，住まい及び自立した日常生活の支援が包括的に確保される体制を(　オ　)という。

(☆☆☆◎◎◎)

【24】次の各文は，はっぴについて説明したものである。文中の(　ア　)～(　エ　)に当てはまる語句を答えなさい。

○　図1のaは，(　ア　)である。

○　はっぴ製作の順序は，次のとおりである。

1　身頃と袖の布地を(　イ　)に合わせ，bの(　ウ　)まで縫う。

2　そで下を縫ってから，脇縫いをする。縫いしろは割る。

3　(　エ　)と裾を三つ折りにして縫う。最初に縫いしろをしまつして二つ折りにしてもよい。

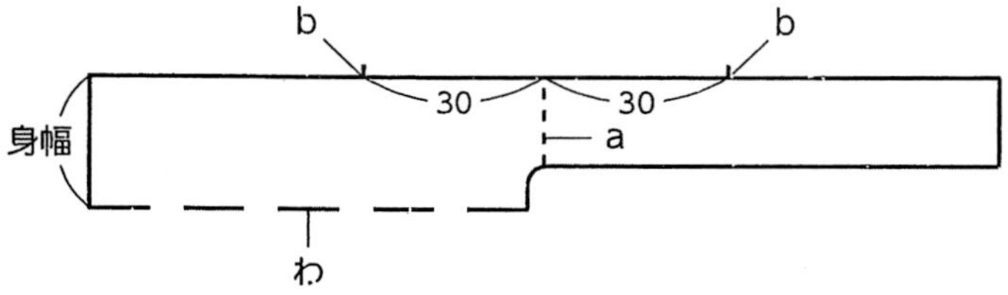

図1【はっぴ（身頃）の型紙】

(☆☆☆◎◎◎)

【中学校】

【1】次の文は，中学校学習指導要領(平成29年3月告示)「第2章　各教科」「第8節　技術・家庭」「第2　各分野の目標及び内容」〔家庭分野〕「2　内容」「A　家族・家庭生活」の一部を抜粋したものである。文中の(　a　)～(　e　)に当てはまる語句を答えなさい。ただし，同じ記号には同じ語句が入る。

(1)　自分の(　a　)と家族・家庭生活

ア　自分の(　a　)と家族や家庭生活との関わりが分かり，家族・家庭の基本的な機能について理解するとともに，家族や地域の人々と協力・(　b　)して家庭生活を営む必要があることに気付くこと。

(略)

(3)　家族・家庭や地域との関わり

ア　次のような知識を身に付けること。

(ア)　家族の互いの立場や(　c　)が分かり，協力することによって家族関係をよりよくできることについて理解すること。

(イ)　家庭生活は地域との(　d　)の関わりで成り立っていることが分かり，高齢者など地域の人々と(　b　)する必要があることや(　e　)など高齢者との関わり方について理解すること。
イ　家族関係をよりよくする方法及び高齢者など地域の人々と関わり，(　b　)する方法について考え，工夫すること。

(☆☆◎◎◎◎◎)

【2】次の文は，中学校学習指導要領(平成29年3月告示)「第2章　各教科」「第8節　技術・家庭」「第2　各分野の目標及び内容」〔家庭分野〕「2　内容」「B　衣食住の生活」の一部を抜粋したものである。文中の(　a　)～(　e　)に当てはまる語句を答えなさい。ただし，同じ記号には同じ語句が入る。

(4)　衣服の選択と手入れ
ア　次のような知識及び技能を身に付けること。
(ア)　衣服と(　a　)との関わりが分かり，目的に応じた着用，個性を生かす着用及び衣服の適切な選択について理解すること。
(イ)　衣服の計画的な(　b　)の必要性，衣服の材料や状態に応じた日常着の手入れについて理解し，適切にできること。
イ　衣服の選択，材料や状態に応じた日常着の手入れの仕方を考え，工夫すること。
(5)　生活を(　c　)するための布を用いた製作
ア　製作する物に適した材料や(　d　)について理解し，用具を安全に取り扱い，製作が適切にできること。
イ　(　e　)や環境に配慮し，生活を(　c　)するために布を用いた物の製作計画を考え，製作を工夫すること。

(☆☆◎◎◎◎◎)

【3】次の文は，中学校学習指導要領(平成29年3月告示)「第2章　各教科」「第8節　技術・家庭」「第3　指導計画の作成と内容の取扱い」の一部を抜粋したものである。文中の(　ア　)～(　オ　)に当てはまる語句を答えなさい。

> 2　第2の内容の取扱いについては，次の事項に配慮するものとする。
> 　(略)
> (4)　資質・能力の育成を図り，一人一人の(　ア　)を生かし伸ばすよう，生徒の興味・関心を踏まえた(　イ　)の設定，技能の習得状況に応じた(　ウ　)や教材・教具の工夫など個に応じた指導の充実に努めること。
> (5)　生徒が，学習した知識及び技能を生活に活用したり，生活や社会の(　エ　)に対応したりすることができるよう，生活や社会の中から問題を見いだして課題を設定し解決する学習活動を充実するとともに，家庭や地域社会，(　オ　)などとの連携を図るよう配慮すること。

(☆☆◎◎◎◎◎)

【高等学校】

【1】次の文は，高等学校学習指導要領(平成30年3月告示)「第2章　各学科に共通する各教科」「第9節　家庭」「第3款　各科目にわたる指導計画の作成と内容の取扱い」の一部を抜粋したものである。文中の(　ア　)～(　オ　)に当てはまる語句を答えなさい。

> 1　指導計画の作成に当たっては，次の事項に配慮するものとする。
> 　(略)
> (5)　地域や関係機関等との(　ア　)を通じた実践的な学習活動を取り入れるとともに，(　イ　)を活用するなどの工夫に努めること。
> (6)　障害のある生徒などについては，学習活動を行う場合に生

じる困難さに応じた指導内容や(　ウ　)の工夫を計画的，組織的に行うこと。
(7)　中学校技術・家庭科を踏まえた(　エ　)な指導に留意すること。また，高等学校公民科，数学科，理科及び保健体育科などとの関連を図り，家庭科の目標に即した(　オ　)のとれた指導が行われるよう留意すること。

(☆☆◎◎◎◎◎)

【2】次の文は，高等学校学習指導要領解説家庭編(平成30年文部科学省)「第1部　各学科に共通する教科『家庭』」「第3章　各科目にわたる指導計画の作成と内容の取扱い」「3　実験・実習に関わる配慮事項」の一部を抜粋したものである。文中の(　ア　)～(　オ　)に当てはまる語句を答えなさい。

実験・実習を行うに当たっては，被服実習室，食物実習室，家庭総合実習室などにおける施設・設備の(　ア　)及び整備を行い，安全管理や衛生管理を徹底するとともに，生徒の学習意欲を喚起するよう，資料，模型，視聴覚機器，(　イ　)などを整備し，学習環境を整えることが必要である。
また，電気，ガスなどの火気，薬品，針，刃物などの安全に配慮した取扱いや，特に，食材，調理器具などの衛生的な管理と取扱いについての指導を徹底し，事故や(　ウ　)等の防止に努める。
(略)
なお，校外で実習などを行う際においても，対象が乳幼児や高齢者など人である場合には，(　エ　)等を含む相手に対する配慮や安全の確保などに十分配慮するとともに，(　オ　)を綿密に作成し，生徒が高校生としての自覚と責任をもって行動し，所期の目的が効果的に達成されるよう十分留意する。

(☆☆◎◎◎◎◎)

【3】次の文は，高等学校学習指導要領解説家庭編(平成30年文部科学省)「第2部　主として専門学科において開設される教科『家庭』」「第2章家庭科の各科目」「第3節生活産業情報」の一部を抜粋したものである。文中の(　ア　)～(　オ　)に当てはまる語句を答えなさい。ただし，同じ記号には同じ語句が入る。

> この科目は，生活産業における(　ア　)の進展に適切に対応できるようにするとともに，生活産業の各分野で情報及び情報技術を適切に活用するなどの(　イ　)を育成することをねらいとしている。
>
> 今回の改訂においては，情報技術の飛躍的な進化等に伴う生活産業の(　ア　)の進展に対応し，(　ウ　)やセキュリティ管理に関する内容を充実するとともに，新たに(　エ　)を加えるなどの内容の改善を図った。
>
> また，従前と同様，この科目は，家庭に関する各学科における情報に関する(　オ　)として位置付けている。

(☆☆◎◎◎◎◎)

解答・解説

【中高共通】

【1】④

〈解説〉虐待の種類の割合は変化してきているのでグラフなどで確認しておくこと。近年は，心理的虐待，身体的虐待，ネグレクト，性的虐待の順である。主な虐待者は，実母による虐待が1番多いが，近年，実父が増えており，令和2年度ではほぼ同じ割合に近づいている。子どもの年齢区分については法律ごとに理解しておきたい。児童福祉法の第四条では「この法律で，児童とは，満十八歳に満たない者をいい，児童を左のように分ける。一　乳児　満一歳に満たない者，二　幼児　満一歳から，小学校就学の始期に達するまでの者，三　少年　小学校就学の始期から，満十八歳に達するまでの者」としている。民生委員は，厚生労働大臣から委嘱され，それぞれの地域において，常に住民の立場に立って相談に応じ，必要な援助を行い，社会福祉の増進に努め，児童委員を兼ねている。児童委員は，地域の子どもたちが元気に安心して暮らせるように，子どもたちを見守り，子育ての不安や妊娠中の心配ごとなどの相談・支援等を行う。

【2】①

〈解説〉年齢別の死因の割合について，グラフを確認しておくこと。0歳はまだ歩行もできず身体を自由に動かせないため，ベッド内の窒息が多い。5歳では活動範囲も広がり，自然水域での溺死が多くなる。1～3歳で多くなる溺水については，浴槽での事故である。おもちゃのマークについて，STマーク以外にうさぎマークや盲導犬マークも確認しておきたい。S-JETマークは，電気用品安全法を補完し，第三者認証機関によって製品試験及び工場の品質管理の調査が行われている，安心安全な電気製品につけられるマークである。SIDSはうつぶせ寝・喫煙・人工乳が発生に関係しているともいわれている。乳幼児のかかりやすい病気について学習しておくこと。ヘルパンギーナは発熱と口腔内に水疱性の発疹がでるウイルス性咽頭炎である。

【3】④

〈解説〉アについて，この説明に該当するのはモロー反射である。原始反射については，吸啜反射，手掌把握反射，探索反射，バビンスキー反射など確認しておくこと。イについて，正しくは「体の中心部から末端部へ」である。方向性は他にも，「頭部から下部へ」も覚えておくこと。ウについて，乳児の呼吸は腹式呼吸である。3歳頃になると，胸骨胸郭と呼吸筋が発達してきて胸部と腹部を同時に使う胸腹式呼吸になる。エについて，生まれた時の背中は「Cカーブ」といわれる，丸みを帯びたカーブ(後わん)である。その後，首に2次わん曲(前わん)が現れ，首が座る。その後，胸椎が曲がってきてお座りができるようになる。1年くらいたって腰椎がせり出し「S字カーブ」になり立ち上がることができるようになる。オについて，歯が上下20本生えそろうのは2～3歳である。

【4】②

〈解説〉子どもの貧困対策の推進に関する法律の条文と，子どもの貧困対策に関する大綱の概要は確認しておくこと。大綱では，子どもの貧困対策を総合的に推進するに当たり，関係施策の実施状況や対策の効果等を検証・評価するため，生活保護世帯に属する子どもの高等学校等進学率，スクールソーシャルワーカーによる対応実績のある学校の割合，スクールカウンセラーの配置率，子どもの貧困率など，39の指標を設定している。

【5】④

〈解説〉エについて，少子化対策や子育て支援対策の年代順は，エンゼルプラン(平成6年)→新エンゼルプラン(平成12年)→子ども・子育て応援プラン(平成16年)→待機児童解消加速化プラン(平成25年度)→子育て安心プラン(平成30年度)→新子育て安心プラン(令和3年度)である。それぞれの内容を学習しておきたい。ウの「ファミリー・サポート・センター」は，子どもの送迎や預かりなど，子育ての「援助を受けたい人(依頼会員)」と「援助を行いたい人(提供会員)」が，地域で相互援助活動(有償)を行うのを斡旋，連絡，調整，提供会員に対する講習会などを実施している。

【6】③

〈解説〉カロリーベースの食料自給率は37%，生産額ベースでは67%であった。ア「カーボンフットプリント」のマークは確認しておくこと。「ライフサイクルアセスメント」は，商品やサービスの原料調達から，廃棄・リサイクルに至るまでのライフサイクル全体を通しての環境負荷を定量的に算定する手法のことで，LCAともいう。日本において食品トレーサビリティは，BSE問題や食品の偽装事件，事故米不正転売事件などの問題を受け，「米・牛肉」について義務付けられた。HACCPについても学習しておきたい。

【7】①

〈解説〉緑黄色野菜の基準は覚えておくこと。トマトとピーマンはカロテン含有が600μg以下だが，食べる回数や量が多いため緑黄色野菜に含まれる。食品バランスガイドはコマのような形になっており，わかりやすくするために個数であらわされている。PFCは，三大栄養素であるP(タンパク質)，F(脂質)，C(炭水化物)それぞれの頭文字である。アレルゲンの義務表示の7つと表示推奨品目の21は確認しておくこと。保健機能食品は，特定保健用食品，機能性表示食品，栄養機能食品である。特定保健用食品(トクホ)は，健康の維持増進に役立つことが科学的根拠に基づいて認められ，「コレステロールの吸収を抑える」などの表示が許可されている食品。表示されている効果や安全性については国が審査を行い，食品ごとに消費者庁長官が許可している。機能性表示食品は，事業者の責任において，科学的根拠に基づいた機能性を表示した食品。販売前に安全性及び機能性の根拠に関する情報などが消費者庁長官へ届け出られたものである。ただし，特定保健用食品とは異なり，消費者庁長官の個別の許可を受けたものではない。栄養機能食品はミネラルやビタミンなど身体の健全な発達や健康の維持等に必要な栄養成分が国の定めた規格基準に適合していれば，許可申請なしで栄養成分機能表示・販売できる食品である。

【8】②

〈解説〉アの必須アミノ酸は，イソロイシン，ロイシン，リジン，メチオニン，フェニルアラニン，トレオニン，トリプトファン，バリン，ヒスチジン，非必須アミノ酸はチロシン，システイン，アスパラギン酸，アスパラギン，セリン，グルタミン酸，グルタミン，プロリン，グリシン，アラニン，アルギニンである。必須アミノ酸についての問いは頻出なので覚えておきたい。イの食品のたんぱく質量は，aは7.0g，bは8.9g，cは24.4g，dは12.2gである。ウについて，アミノ酸価の計算ができるようにしておくこと。第一制限アミノ酸含有量÷アミノ酸評定パターンの当該アミノ酸量×100である。エについて，たんぱく質分解酵素は，胃液に含まれるペプチン，膵液から分泌されるトリプシンとペプチターゼ，小腸の壁に含まれるペプチターゼがある。

【9】⑤

〈解説〉アの道明寺粉は，蒸したもち米を干して粗めに引いたものである。イについて，漆器や陶器の産地を確認しておきたい。調理器具の素材の特徴について確認しておくこと。エについて，そら豆から加工した調味料は豆板醤である。韓国料理で使用されるコチュジャンは，米やもち米を麴で糖化させ，唐辛子を加えて熟成させた辛みと甘みのある味噌である。世界のさまざまな調味料について学習しておきたい。

【10】④

〈解説〉アについて，じゃがいもの品種でいうと，でんぷん含量の高い粉質の男爵は，ほくほくして柔らかく煮崩れしやすい。でんぷん含量の低いメークインなどは粘度が高く，きめ細やかで煮物に向いている。イの選択肢の「ガラクタン」は，ぬめりに含まれている水溶性の食物繊維である。ウについて，麦芽糖は酵素がでんぷんを分解することで生成される。65～75℃で最も活発に働く。酵素が働く時間が長いほど麦芽糖が多くなる。エの選択肢の「アミラーゼ」は，膵臓などから分泌される糖質を分解する酵素である。

【11】⑤

〈解説〉アについて，吸水した大豆をすりつぶし，加熱後こしてしぼった後に残ったものは，「おから」である。こしてしぼった液体が豆乳で，凝固剤を加えて豆腐になる。ウについて，正しくは，豆腐を凍らせた後，乾燥させたものである。エについて，正しくは，炒った大豆を粉末状に挽いたものである。

【12】②

〈解説〉間違いのある選択肢について，アは，酵素系はよいが塩素系は使用不可。ウは，日なたで平干しがよい。エは，石油系溶剤によるドライクリーニングができる表示である。パークロロエチレンは塩素系溶剤なので使用できない。取り扱い表示は，家庭洗濯，漂白，乾燥，アイロン，クリーニングの基本の5種に整理して覚えること。

【13】①

〈解説〉アの選択肢の「L字型」は，吸水性を向上させた繊維である。イについて，セラミックを練りこんだ素材は蓄熱の他，抗菌，消臭の効果もある。選択肢にある「ナノプラチナ」は，においの原因となる細菌の増殖を抑制するので，抗菌(防カビ)，消臭，抗ウイルスなどの効果はあるが，蓄熱の機能はない。ウのポリエチレン製の素材は，薄くて軽く材料コストが低いうえ，リサイクルできるという特徴がある。また熱を逃がすため他の繊維製品と比べて涼しさを保つことができる。疎水性のため水や他の分子を弾くという特性から，汗を吸いとって蒸発させることができず，衣類の素材として利用するためには課題があったが，親水性を加える技術が研究され，開発がすすんでいる。

【14】⑤

〈解説〉アのドレーピングは立体裁断のことで，イメージした形を直接布にボディを着せ付けながら形作るパターンメイキングの手法である。選択肢アで説明しているのは「ドレープ」である。イで説明しているのは「ギャザー」である。タックは，生地をつまんだり折り込んだりして縫う手法。ウについて，臀部の膨らみの分だけ布地が多く必要になるので，後ろ中心のスカート丈を腰のところで長くする。

【15】③

〈解説〉アについて，ウールマークは新毛率でマークが異なる。他に新毛の混率が50％以上のウールマークブレンド，新毛の混率が30～50％のウールブレンドのマークがある。イのシルケット加工は，マーク表示でなく，文字で表示される。図2は，色によって使い分けられる，抗菌防臭加工，制菌加工，抗ウイルス加工などのマークである。ウの説明文に該当するのは，「エコテックス規格100」である。「エコメイトマーク」は，リサイクルをしやすくするため5種類の基準を設定し，その基準に適合した衣服に付けられるマーク。エのGOTSの具体的な基準について，「原料の70％以上がオーガニック繊維であること，加工がオーガニックな方法で行われている事，遺伝子組換え技術を使用しない事，水・エネルギーの使用に関して環境目標を設定している事，毒性のある薬剤を使用しない事，衛生的で安全な労働環境である事，搾取や差別のない労働条件を満たしている事，トレーサビリティが確保されている事」などである。マークを確認しておきたい。

【16】⑤

〈解説〉日本の衣料の国内生産比率は，2017年でわずか2.4％台である。輸入先の第1位は中国で，2位以降は年度によって変化している。2018年の輸入先は2位ベトナム，3位インドネシア，4位バングラデシュで，イタリアはわずか2.9％になっており，近年はほとんどが東アジア及び東南アジアからの輸入である。ファストファッションの問題点についての出題は頻出なので学習しておくこと。衣生活のなかで環境について問われることも多い。リサイクルや，環境に優しい繊維について学習しておきたい。

【17】①

〈解説〉間違いのある選択肢について，イは椅子座の説明である。床座は部屋を広く自由に使えることが利点である。頻出事項なので，それぞれのメリットとデメリットをまとめておくこと。エは，「よしず」である。「すだれ」は窓などに吊るして使うものをいう。住生活基本法と建築基準法は学習しておきたい。

【18】③

〈解説〉語群にあげられている用語は重要で，問題としても頻出なので理解しておくこと。その中からdは，給排水設備や電気配線を軀体部分に直接打ち込まないようにし，二重天井や二重床の構造にすることにより，ライフステージの変化にも対応できる長期的使用を念頭にした住宅造りである。eは，リフォームより大がかりな補修で，中古物件を購入して間取りや配管を工夫することで自分好みの家にしたり，家族の増減などで暮らしやすい住まいに作り替えたりして価値を高める。gは地球環境を保全する観点から，温暖化防止，資源・エネルギーの有効活用，生物多様性の保全などの面で充分な配慮がなされ，また周辺の自然環境と親密に美しく調和し，住み手が主体的にかかわりながら，健康で快適に生活できるよう工夫された，環境と共生するライフスタイルを実践できる住宅，およびその地域環境のことをいう。hは家庭で使用するエネルギーと，太陽光発電などで創るエネルギーを実質的にゼロ以下にする家の意味。政府はZEHの普及促進に向けて，補助金を出している。

【19】③

〈解説〉平面図と間取りの問題は頻出なので，学習しておくこと。平面表示記号は特に窓と戸について，整理して覚えておきたい。

【20】③

〈解説〉アについて，令和2(2020)年のGDPにおける家計消費の割合は52.0%，民間設備投資が16.0%，公共投資は5.6%であった。イのインフレとデフレのメリットとデメリットを理解しておくこと。ウの選択肢にある「社会保険」は医療保険，年金保険，介護保険，雇用保険，労災保険を指す。内容についても詳細に学習しておきたい。「公的扶助」

について，生活保護制度について学習し，生活保護法を確認しておきたい。エのESGは，環境(Environment)，社会(Social)，ガバナンス(Governance)の頭文字である。

【21】⑤

〈解説〉アの「未成年者取消」は，公使できない場合がある。婚姻経験がある，法定代理人が同意していない，法定代理人から処分を許された財産(小遣い)の範囲内である，法定代理人から許された営業に関する取引である，未成年者が詐術を用いている，などでは行使できない。エについて，20歳未満と20歳代では，デジタルコンテンツについての相談件数が多い。調査結果とグラフを確認しておくこと。消費者に関する法律と，さまざまな調査の結果や動向を学習しておきたい。

【22】③

〈解説〉パリ協定で掲げられた長期目標は，世界の平均気温上昇を産業革命以前に比べて2℃より十分低く保ち，1.5℃に抑える努力をする，そのため，できるかぎり早く世界の温室効果ガス排出量をピークアウトし，21世紀後半には，温室効果ガス排出量と(森林などによる)吸収量のバランスをとるとしている。イの選択肢にある「環境基本法」は1993年に定められた。人の健康の保護及び生活環境の保全のうえで維持されることが望ましい基準として，大気，水，土壌，騒音をどの程度に保つことを目標に施策を実施していくのかという目標を定めた環境基準が示されている。「プラスチックに係る資源循環の促進等に関する法律」の問題は近年頻出しているので，条文は確認しておくこと。

【23】ア　健康寿命　　イ　老老介護　　ウ　介護保険制度　　エ　40　　オ　地域包括ケアシステム

〈解説〉2019年では，日本の平均寿命は男性81.41歳，女性87.45歳である。健康寿命は，健康上の問題で日常生活が制限されることなく生活できる期間のことをいい，男性72.68歳，女性75.38歳である。高齢化と介護についての重要語句は学習しておきたい。老老介護と認認介護の問題は頻出である。介護保険制度の仕組みと，介護認定の流れ，介護認定の区分の詳細について覚えておくこと。地域包括ケアシステムの中核をなすのが，地域包括支援センターで，介護予防マネージメントや介護保険制度の届け出相談，高齢者の虐待防止・早期発見，成年後見制度の相談などを行っている。

【24】ア　肩山　　イ　中表　　ウ　そでづけ止まり　　エ　袖口

〈解説〉はっぴ，甚平の作り方は基本の部分は同じなので，学習しておくこと。布の置き方と工程について問われたが，実習などで指導することを考え，正しく理解しておくこと。和服だけでなく，洋服の製作についても同様である。縫い方や，裁縫道具の名称と扱い，ミシンの扱いなどについても学習しておきたい。

【中学校】

【1】a　成長　　b　協働　　c　役割　　d　相互　　e　介護

〈解説〉中学校学習指導要領のA家族・家庭生活の内容について，語句の穴埋め記述式の問題である。ここでは(1)と(3)について問われたが，(2)と(4)についても確認し，文言は覚えておきたい。

【2】a　社会生活　　b　活用　　c　豊かに　　d　縫い方　　e　資源

〈解説〉中学校学習指導要領のB衣食住の生活の内容について，語句の穴埋め記述式の問題である。ここでは(4)と(5)について問われた。(1)～(3)は食生活，(4)～(5)は衣生活，(6)～(7)は住生活について示されているのですべて確認し，文言は覚えておきたい。

【3】ア　個性　　イ　学習課題　　ウ　少人数指導　　エ　変化
オ　企業

〈解説〉中学校学習指導要領の指導計画の作成と内容の取扱いから，内容の取扱いについての配慮事項から出題された。指導計画の作成についての配慮事項は6項目，内容の取扱いについての配慮事項は5項目，実習の指導に当たっての配慮事項が1項目示されている。いずれも具体的な内容で授業に直結する重要な項目なので理解しておくこと。

【高等学校】

【1】ア　連携・交流　　イ　外部人材　　ウ　指導方法　　エ　系統的　オ　調和

〈解説〉高等学校学習指導要領の各科目にわたる指導計画の作成と内容の取扱いでは，指導計画の作成についての配慮事項が7項目，内容の取扱いについての配慮事項が4項目，実習・実験を行うに当たっての配慮事項が1項目示されている。今回は指導計画の作成についての配慮事項(5)(6)(7)から出題された。これ以外についても，具体的な内容で授業に直結する重要な項目なので理解しておくこと。

【2】ア　定期点検　　イ　情報通信機器　　ウ　食中毒　　エ　プライバシー　　オ　指導計画

〈解説〉高等学校学習指導要領解説より，実験・実習に関わる配慮事項について，語句の穴埋め記述式の問題である。「実験・実習を行うに当たっては，関連する法規等に従い，施設・設備の安全管理に配慮し，学習環境を整備するとともに，火気，用具，材料などの取扱いに注意して事故防止の指導を徹底し，安全と衛生に十分留意するものとする。」の項目について説明された箇所である。文言を覚えるだけでなく，授業を想定して理解しておくこと。

【3】ア　情報化　　イ　資質・能力　　ウ　情報モラル　　エ　プログラミング　　オ　基礎科目

〈解説〉主として専門学科において開設される教科の「家庭」より出題された。専門学科では，科目「生活産業基礎」「課題研究」は原則履修科目。「生活産業情報」は基礎科目である。新学習指導要領では，「総合調理実習」を新設するとともに，「子どもの発達と保育」と「子ども文化」を「保育基礎」と「保育実践」に整理統合した。また，「リビングデザイン」を「住生活デザイン」に名称変更を行い，従前の20科目から，生活産業基礎，課題研究，生活産業情報，消費生活，保育基礎，保育実践，生活と福祉，住生活デザイン，服飾文化，ファッション造形基礎，ファッション造形，ファッションデザイン，服飾手芸，フードデザイン，食文化，調理，栄養，食品，食品衛生，公衆衛生，総合調理実習の21科目に改めた。他の科目についても，学習指導要領解説で科目について説明された部分について確認しておきたい。

2022年度　実施問題

※福岡市を志望する場合は，【中高共通】の【1】～【21】を解答してください。

【中高共通】

【1】次の各文は，高齢者の生活や福祉についてまとめたものである。文中の(　ア　)～(　オ　)に当てはまる語句を《語群》a～jから選んだとき，正しい組合せを選びなさい。

○　高齢者に対する年齢による差別・偏見のことを(　ア　)という。

○　病気やけが，その後遺症などの治療が長期化すると，体を動かすことが減り，心身の他の機能も低下して，筋肉の量が落ちて寝たきりになったり，精神的に落ち込んだりすることがあることを(　イ　)という。

○　年齢や障がい等の特性にかかわらず，誰もが普通に暮らせる世界をめざすことを(　ウ　)という。

○　一般的に高齢期になると新しいものを学習したり覚えたりすることが困難になり，もの忘れなどが起こるが，これまでの経験によって得られた総合的な判断能力，すなわち(　エ　)によって補われるので，生活に大きな支障が出るわけではない。

○　体の片側に麻痺がある人の上着の着衣の介助を行う際，介助者は(　オ　)方から上着のそでを通す介助を行う。

《語群》

a　エイジズム	b　ノーマライゼーション
c　ロコモティブシンドローム	d　バリアフリー
e　麻痺のある	f　麻痺のない
g　流動性知能	h　廃用症候群
i　QOL	j　結晶性知能

	ア	イ	ウ	エ	オ
①	a	c	b	j	f
②	i	c	d	g	e
③	a	h	b	j	e
④	a	h	b	g	e
⑤	i	c	d	j	f

(☆☆◎◎◎◎)

【2】次のア～オは，内閣府が示す「障害者に関係するマーク」について説明したものである。ア～オのマークと，マークの説明の組合せが正しいものを○，誤っているものを×としたとき，正しい組合せを選びなさい。

	マーク	説明
ア	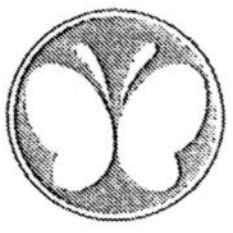	肢体不自由であることを理由に免許に条件を付されている方が運転する車に表示するマーク。
イ		聴覚障害であることを理由に免許に条件を付されている方が運転する車に表示するマーク。
ウ		オストメイトの為の設備（オストメイト対応のトイレ）があること及びオストメイトであることを表しているマーク。
エ		義足や人工関節を使用している方，内部障害や難病の方，または妊娠初期の方などが，外見から分からなくても援助や配慮を必要としていることを周囲に知らせることができるマーク。
オ		聞こえが不自由なことを表すと同時に，聞こえない人・聞こえにくい人への配慮を表すマーク。

	ア	イ	ウ	エ	オ
①	×	○	○	×	×
②	○	×	×	×	×
③	○	○	×	○	○
④	×	×	○	×	○
⑤	×	×	○	○	○

(☆☆◎◎◎◎)

【3】次のア～オの各文は，乳児期の特徴や栄養・食事についてまとめたものである。正しいものを○，誤っているものを×としたとき，正しい組合せを選びなさい。

ア　母乳は，乳児にとって自然で最良の栄養法である。分娩後，数日の乳汁は黄色でとろみがあり，初乳と呼ばれる。初乳はたんぱく質やミネラルを多く含み，脂肪や乳糖が少ない。

イ　体重は出生後一時的に減少し，生後1週間前後で出生時の体重に戻る。これを生理的体重減少という。

ウ　生後7～8カ月のころの離乳の進め方の目安として，1日2回食で食事のリズムをつけていくことや，いろいろな味や舌ざわりを楽しめるように食品の種類を増やしていくようにすることがある。また，調理の形態は歯ぐきでつぶせるかたさである。

エ　乳汁だけの栄養から，乳児の食事へと移行していく過程を離乳と言う。離乳期の食事は離乳食と呼ばれ，乳児は離乳食を食べることで食べ物をかみつぶして飲み込むことを体験し，食べられる食品の種類や量が増え，献立や調理形態も変化していく。

オ　自律授乳とは，乳児が欲しがる時に，欲しがる量を与える授乳の方法である。

	ア	イ	ウ	エ	オ
①	×	○	○	○	×
②	×	×	×	○	×
③	○	○	×	×	×
④	○	○	×	○	○
⑤	○	×	○	×	○

(☆☆☆◎◎◎◎)

【4】次の各文は，子どもの誕生と発達についてまとめたものである。文中の(　ア　)～(　オ　)に当てはまる語句又は数の正しい組合せを選びなさい。

○　出生体重(　ア　)g未満の新生児のことを超低出生体重児という。

○　身長・体重は0～1歳にかけて増加が著しく，生後1年で身長は約1.5倍，体重は約(　イ　)倍になる。

○　3カ月頃から，人の顔を見てほほえみ返す(　ウ　)が現れる。

○　2歳過ぎには，親に対して「いや」「自分でする」などということが多くなる(　エ　)が現れる。

○　幼児は，石や山などの無生物を含むすべてのものが自分と同じように魂をもっていると考える。このような幼児がもっている原始的思考様式を(　オ　)という。

	ア	イ	ウ	エ	オ
①	1000	3	社会的微笑	第一次反抗期	アニミズム
②	1500	3	社会的微笑	第二次反抗期	アニミズム
③	1000	2	生理的微笑	第二次反抗期	自己中心性
④	1500	2	生理的微笑	第二次反抗期	アニミズム
⑤	1000	3	社会的微笑	第一次反抗期	自己中心性

(☆☆☆◎◎◎◎)

【5】次のグラフは，主要国における高齢化の速度について，高齢化率が7％から14％に達するまでの期間を示したものである。ア～エに当てはまる国名の正しい組合せを選びなさい。

主要国における高齢化率が７％から14％へ要した期間

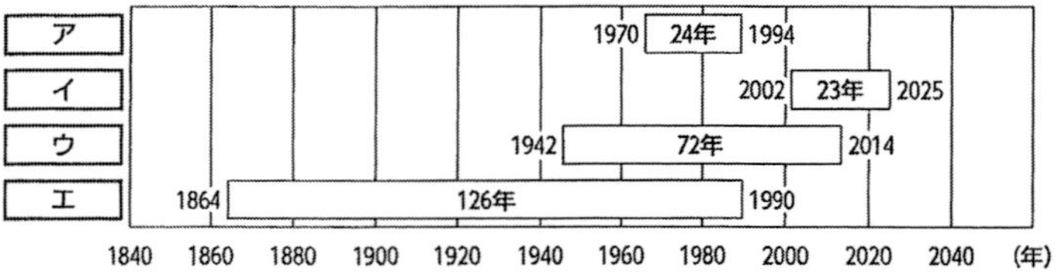

資料：国立社会保障・人口問題研究所「人口統計資料集」(2020年)

(注) 1950年以前はUN, The Aging of Population and Its Economic and Social Implications (Population Studies, No.26, 1956) 及びDemographic Yearbook，1950年以降はUN, World Population Prospects : The 2019Revision (中位推計) による。ただし，日本は総務省統計局「国勢調査」，「人口推計」による。1950年以前は既知年次のデータを基に補間推計したものによる。

(内閣府　令和２年版高齢社会白書より作成)

	ア	イ	ウ	エ
①	日本	中国	アメリカ	スウェーデン
②	韓国	イギリス	ドイツ	フランス
③	日本	イギリス	ドイツ	スウェーデン
④	日本	中国	アメリカ	フランス
⑤	韓国	イギリス	アメリカ	スウェーデン

(☆☆☆☆◎◎◎◎)

【6】次の各文は，ビタミンについて述べたものである。文中の(　ア　)～(　オ　)に当てはまる語句の正しい組合せを選びなさい。

○　(　ア　)は，ぶどう糖の代謝に欠かすことのできないビタミンで，穀物の胚芽や豚肉に多く含まれる。

○　(　イ　)が不足すると，正常な赤血球ができずに巨赤芽球性貧血となり，食欲不振，口内炎，出血傾向などが起こる。

○　(　ウ　)は，出血したときに血液を凝固させて，出血を止める作用があるプロトロンビンの生成に関わる。

○　(　エ　)は，抗酸化作用をもち，生体内や食品中で脂質の酸化を防いでいる。

○　(　オ　)は，不足すると上皮細胞の角質化が起こって皮膚や粘膜が乾燥し，口腔，呼吸器，泌尿器などの機能低下や，感染症への抵抗力が弱くなる。

	ア	イ	ウ	エ	オ
①	ビタミンB_1	ナイアシン	ビタミンB_2	ビタミンD	ビタミンA
②	ビタミンB_1	葉酸	ビタミンK	ビタミンE	ビタミンA
③	ビタミンB_1	葉酸	ビタミンB_2	ビタミンE	ビタミンB_6
④	ビタミンC	ナイアシン	ビタミンK	ビタミンD	ビタミンA
⑤	ビタミンC	葉酸	ビタミンB_2	ビタミンE	ビタミンB_6

(☆☆◎◎◎◎)

【7】次の各文は，魚介類について述べたものである。文中の(　ア　)～(　エ　)に当てはまる語句の正しい組合せを選びなさい。

○　魚介類の主成分は(　ア　)である。

○　魚肉には，必須アミノ酸である(　イ　)が多い。

○　魚類の調理では，コラーゲンが加熱により分解して(　ウ　)化する。

○　まぐろやかつおには，筋形質たんぱく質である(　エ　)が多く含まれる。

	ア	イ	ウ	エ
①	脂質	グリシン	ゼラチン	ミオシン
②	たんぱく質	リシン	ゲル	ミオシン
③	たんぱく質	グリシン	ゼラチン	ミオシン
④	たんぱく質	リシン	ゼラチン	ミオグロビン
⑤	脂質	グリシン	ゲル	ミオグロビン

(☆☆☆◎◎◎◎)

【8】次の各文は，食品添加物について述べたものである。文中の(　ア　)～(　オ　)に当てはまる語句の正しい組合せを選びなさい。

○　食品添加物は(　ア　)に定められている。

○　色を鮮やかにする目的で，ハムやソーセージに使用されている添加物は(　イ　)である。

○　(　ウ　)は，「原材料の加工の際に使用されるが，次にその原材料を用いて製造される食品には使用されず，その食品中には原材料から持ち越された添加物が効果を発揮することができる量より少ない量しか含まれていないもの」と定義されている。

○　食品添加物の表示の仕方は，図(　エ　)が正しい。

○　アレルギー食品の表示として義務化されている7品目は，卵・乳・小麦・そば・えび・かに・(　オ　)である。

名称	分離液状ドレッシング
原材料名	食用植物油脂，醸造酢，砂糖類（砂糖，ぶどう糖加糖液糖），たまねぎ，しょうゆ，ごま，にんじんピューレー，食塩，チキンエキスパウダー，調味料（アミノ酸等），香味食用油，酵母エキスパウダー，増粘剤（キサンタンガム），甘味料（ステビア）（原材料の一部に乳，小麦，豚肉，リンゴを含む）

図a

名称	分離液状ドレッシング
原材料名	食用植物油脂，醸造酢，砂糖類（砂糖，ぶどう糖加糖液糖），たまねぎ，しょうゆ，ごま，にんじんピューレー，食塩，チキンエキスパウダー，香味食用油，酵母エキスパウダー／調味料（アミノ酸等），増粘剤（キサンタンガム），甘味料（ステビア）（原材料の一部に乳，小麦，豚肉，リンゴを含む）

図b

	ア	イ	ウ	エ	オ
①	食品安全基本法	亜硝酸ナトリウム	トレーサビリティ	a	落花生
②	食品安全基本法	炭酸水素ナトリウム	キャリーオーバー	b	大豆
③	食品衛生法	亜硝酸ナトリウム	キャリーオーバー	b	落花生
④	食品衛生法	炭酸水素ナトリウム	キャリーオーバー	a	大豆
⑤	食品衛生法	亜硝酸ナトリウム	トレーサビリティ	b	落花生

(☆☆☆◎◎◎◎)

【9】次のア～エの各文は，食中毒について述べたものである。正しいものを○，誤っているものを×としたとき，正しい組合せを選びなさい。

ア　カンピロバクターは，鶏や牛などの腸管内にいる細菌であり，細菌の中では食中毒発生が最も多い。

イ　アフラトキシンは，きのこに含まれる自然毒である。

ウ　調理する人の手に傷がある場合，黄色ブドウ球菌が増えて毒素がつくられることで食中毒が発生することもある。

エ　食中毒を予防するためには，中心部の温度が65℃以上で1分間以上加熱をする。

	ア	イ	ウ	エ
①	○	×	○	×
②	×	×	×	○
③	×	○	○	×
④	○	×	○	○
⑤	○	○	×	×

(☆☆☆◎◎◎◎)

【10】次の各文は，調理に関することについて述べたものである。文中の(　ア　)～(　エ　)に当てはまる語句の正しい組合せを選びなさい。

○　カップケーキを作る際には，グルテン量の少ない(　ア　)を使用する。

○　栗きんとんを作る際に(　イ　)を入れると鮮やかな黄色になる。

○　(　ウ　)は，フランス発祥で，砂糖，アーモンドミルクと生クリームを加えゼラチンで固めたものである。

○　(　エ　)とは，汁物に香りを添え，季節感を出すものである。

	ア	イ	ウ	エ
①	薄力粉	くちなしの実	ブラマンジェ	椀妻
②	強力粉	くちなしの実	パンナコッタ	吸い口
③	薄力粉	くこの実	パンナコッタ	椀妻
④	薄力粉	くちなしの実	ブラマンジェ	吸い口
⑤	強力粉	くこの実	ブラマンジェ	吸い口

(☆☆☆◎◎◎)

【11】次のア～オの各文は，食の安全と環境への配慮について述べたものである。正しいものを○，誤っているものを×としたとき，正しい組合せを選びなさい。

ア　食品安全行政を確立させるために，消費者庁に食品安全委員会が設置されている。

イ　フードマイレージとは，品質には問題ないが，包装の破損などにより通常では販売できなくなった商品を企業から提供してもらい，生活困窮者や児童施設入居者などに配給する活動をいう。

ウ　フードファディズムとは，食べ物や栄養が健康や病気に与える影響を過大に信じたり評価したりすることをいう。
エ　バーチャルウォーターとは，輸入した食料を自国で生産すると仮定した場合，どの程度の水が必要になるかを推定したものである。
オ　HACCPとは，原材料の入荷から製品の出荷に至る全工程の中で，それらの危害要因を除去又は低減させるために特に重要な工程を管理し，製品の安全性を確保しようとする衛生管理の手法である。

	ア	イ	ウ	エ	オ
①	×	×	○	○	○
②	×	×	×	○	×
③	○	○	○	×	×
④	○	×	○	×	○
⑤	○	○	×	○	×

(☆☆☆◎◎◎◎)

【12】次の各文は，衣服素材について述べたものである。文中の(　ア　)～(　エ　)に当てはまる語句の正しい組合せを選びなさい。
○　キュプラの原料は，(　ア　)である。
○　(　イ　)に酢酸を反応させてつくったアセテートは，絹のような光沢をもつ。
○　恒重式番手は，(　ウ　)に用いられ，数が大きいほど糸は，(　エ　)なる。

	ア	イ	ウ	エ
①	コットンリンター	牛乳たんぱく	フィラメント糸	太く
②	亜麻	木材パルプ	紡績糸	細く
③	亜麻	木材パルプ	フィラメント糸	太く
④	コットンリンター	木材パルプ	紡績糸	細く
⑤	コットンリンター	牛乳たんぱく	紡績糸	太く

(☆☆☆☆◎◎◎◎)

【13】次の各文は，生地の色・柄について述べたものである。文中の(　ア　)～(　エ　)に当てはまる語句の正しい組合せを選びなさい。

○　ハウンドトゥースは，(　ア　)ともいう。

○　図1の単純な方形の一本格子柄は，(　イ　)である。

○　(　ウ　)は，6個のひし形を一つにまとめて放射状とした単位模様を順次続けた割り付け模様である。

○　(　エ　)は，1個の輪に4個の輪を四隅に重ねた文様である。

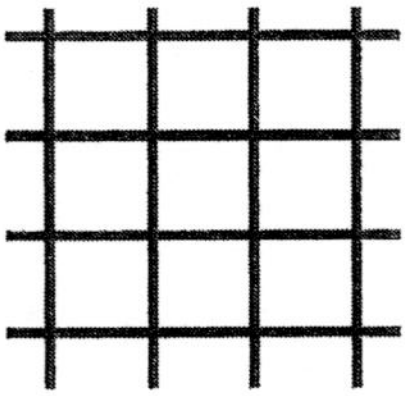

図1

	ア	イ	ウ	エ
①	市松模様	ウィンドーペーン	亀甲	七宝
②	千鳥格子	ウィンドーペーン	麻の葉	七宝
③	千鳥格子	グレンチェック	麻の葉	青海波
④	千鳥格子	グレンチェック	亀甲	七宝
⑤	市松模様	ウィンドーペーン	亀甲	青海波

(☆☆☆☆◎◎◎)

【14】次の各文は，衣服の管理について述べたものである。文中の(　ア　)～(　エ　)に当てはまる語句の正しい組合せを選びなさい。

○　雑貨工業品品質表示規程(消費者庁告示第8号)によると，洗濯用の合成洗剤は，純石けん分以外の界面活性剤が，界面活性剤の総含有量の(　ア　)を超えるものである。

○　洗剤の成分である(　イ　)は，繊維を分解し，奥に入り込んだ汚れを分解する。

○　ポリエステルやセルロース繊維の白物衣料に塩素型漂白剤は，使用(　ウ　)。

○　過炭酸ナトリウムが主成分の粉末タイプの漂白剤は，毛や絹に用いることが(　エ　)。

	ア	イ	ウ	エ
①	20%	リパーゼ	できない	できない
②	20%	セルラーゼ	できる	できる
③	30%	セルラーゼ	できない	できない
④	30%	リパーゼ	できる	できる
⑤	30%	セルラーゼ	できる	できない

(☆☆☆☆◎◎◎◎)

【15】次のア～エの各文は，被服のデザインについて述べたものである。正しいものを○，誤っているものを×としたとき，正しい組合せを選びなさい。

ア　色調(トーン)は，色彩と彩度を複合したもので，濃淡や強弱など色の調子をいう。

イ　「赤」と「黄緑」のように，色相環上の対立色の配色を補色配色という。

ウ　身ごろの背肩・胸部や，スカートの腰部に切り替えを入れて付けられるヨークは，切り替え線としてのデザイン上の効果，体型の突部に合わせて立体とする効果，切り替えの下部にギャザーやタックなどを入れるための装飾的な効果がある。

エ　ある図形を見たときに，物の大きさ，方向，距離，形などが異なって見える場合のことを錯視という。図1は，錯視を応用したものである。

図1

	ア	イ	ウ	エ
①	×	○	○	○
②	○	×	×	×
③	×	×	○	○
④	×	○	×	○
⑤	○	○	○	×

(☆☆☆◎◎◎)

【16】次のア～エの各文は，布の種類や手入れについて述べたものである。正しいものを○，誤っているものを×としたとき，正しい組合せを選びなさい。

ア　平編みの表目と裏目が縦に交互に配置された組織をゴム編みという。

イ　繊維どうしを接着剤で接合したり，機械的に繊維を絡み合わせたりして作る不織布は，接着芯地や紙おむつ，マスクなどの材料として用いられる。

ウ　図1は，「底面温度110℃を限度としてスチームなしでアイロン仕上げができる」という意味である。

エ　ウェットクリーニングとは，デリケートな衣料を傷めずに水洗いするための特殊処理方法を用いるもので，中性洗剤を用いた水洗いを原則とする。

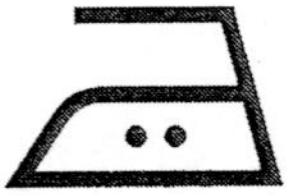

図1

	ア	イ	ウ	エ
①	○	○	○	×
②	×	×	○	○
③	○	×	×	×
④	×	○	○	○
⑤	○	○	×	○

(☆☆☆◎◎◎)

【17】以下の各図は，被服製作についてあらわしたものである。文中の(ア)~(エ)に当てはまる語句の正しい組合せを選びなさい。

○ 図1の縫い方は，(ア)である。

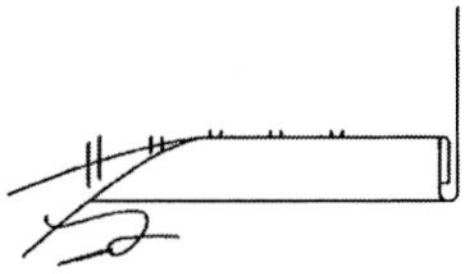

図1

○ 図2の縫い方は，(イ)である。

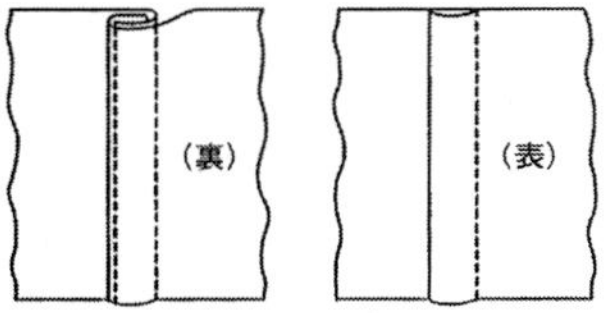

図2

○ 縦まつりは，図3の(ウ)である。

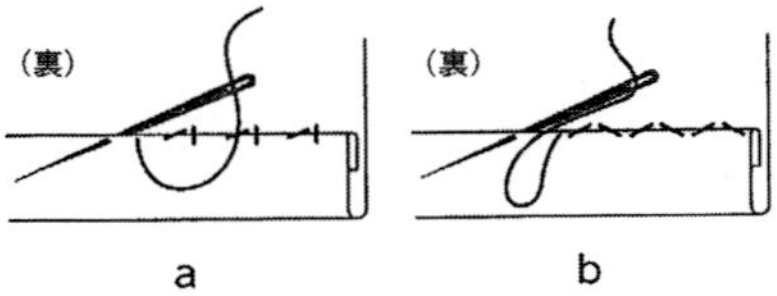

図3

○ ブラウスのボタンホールの正しい位置は，図4の(エ)が正しい。

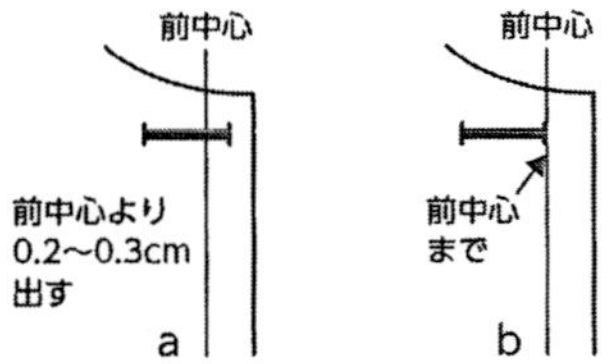

図4

	ア	イ	ウ	エ
①	三つ折りぐけ	折り伏せ縫い	b	b
②	三つ折りぐけ	折り伏せ縫い	a	a
③	三つ折りぐけ	袋縫い	a	b
④	本ぐけ	折り伏せ縫い	b	b
⑤	本ぐけ	袋縫い	b	a

(☆☆☆◎◎◎)

【18】以下のア～エの各文は，スカートの型紙の配置の説明である。正しいものを○，誤っているものを×としたとき，正しい組合せを選びなさい。

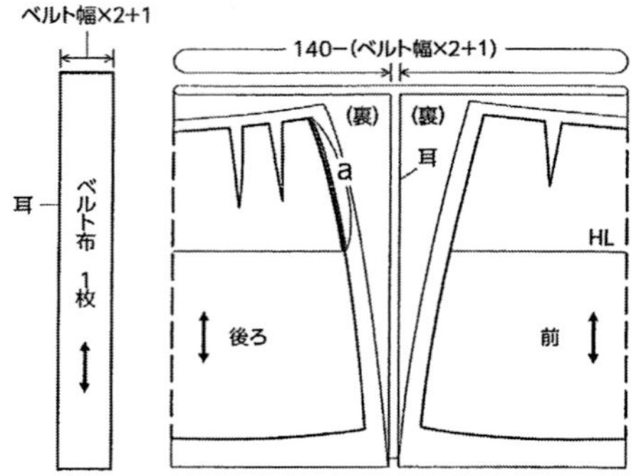

【セミタイトスカートの型紙の配置】

ア　完成したスカートを前から見ると図1のデザインである。

イ　ファスナーは，後ろ中心につける。

ウ　布に対する型紙の配置は正しい。

エ　aは，腰丈である。

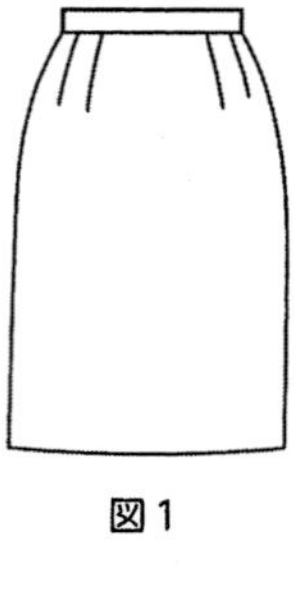

図1

	ア	イ	ウ	エ
①	×	×	×	×
②	○	×	×	○
③	○	○	○	×
④	×	×	○	×
⑤	×	○	×	○

(☆☆☆◎◎◎)

【19】次のア～エの各文は，日照や照明について述べたものである。正しいものを○，誤っているものを×としたとき，正しい組合せを選びなさい。

ア　良好な照明環境の形成が，漏れ光によって阻害されている状況又はそれによる悪影響を「光害」という。

イ　建築基準法では，有効採光面積は，住宅の場合居室の床面積の7分の1以上とされている。

ウ　太陽光は明るさや熱を与え，殺菌作用もあるため，室内の湿気除去や家族の健康のために不可欠である。建築基準法では，日照や通風を確保するために建ぺい率や容積率などを定めている。

エ　壁に取り付ける照明で，補助照明や間接照明として用いられることが多いものにシーリングライトがある。廊下や階段の照明としても用いられる。

	ア	イ	ウ	エ
①	○	○	○	×
②	○	○	×	×
③	×	○	×	×
④	×	×	○	○
⑤	○	×	○	○

(☆☆☆◎◎◎)

【20】次の各文は，健康で快適な住居について述べたものである。文中の(　ア　)～(　エ　)に当てはまる語句の正しい組合せを選びなさい。ただし，同じ記号には同じ語句が入る。

○　気密性の(　ア　)い住宅は，室内に熱や湿気がこもりやすく，室内外の温度差によって結露が生じやすくなる。

○　建物は，建物の材料(建材)を曲げる力が加わったときに変形しやすい。そのため(　イ　)を使い，建物にかかる力を分散させる。(　イ　)は，柱と柱の間に(　ウ　)方向に入れる。

○　住宅の断熱性能は，外皮平均(　エ　)(UA値)で示される。数値が小さいほど，省エネ性能が優れている。

	ア	イ	ウ	エ
①	高	筋交い	直角	熱伝導率
②	高	火灯ばり	対角線	熱伝導率
③	低	筋交い	直角	熱伝導率
④	高	筋交い	対角線	熱貫流率
⑤	低	火灯ばり	直角	熱貫流率

(☆☆◎◎◎◎)

【21】次の各文は，安全な住まいや防災について述べたものである。文中の(　ア　)～(　エ　)に当てはまる語句の正しい組合せを選びなさい。

○　新築や改築後の住宅で，主に化学物質で室内の空気が汚染されることによって引き起こされるものを(　ア　)という。原因となる住宅を離れると症状が治る。

○　災害が起きたときに避難する学校の体育館や公民館などは，(　イ　)と呼ばれ，寝泊りができる施設である。

○　日本では災害を「暴風，竜巻，豪雨，洪水，(　ウ　)，崖崩れ，土石流，高潮，地震，津波，噴火，地滑りなど政令で定める原因により生ずる被害」としている。

○　(　エ　)は，災害が発生したときに国が地方公共団体などの協力を得て，仮設住宅や水や食料の炊き出しなど，応急的に必要な救助を行う制度である。持病のある人など特別な配慮が必要な人への物資は不足しがちであるといった改善していく課題もある。

	ア	イ	ウ	エ
①	化学物質過敏症	避難場所	雪崩	災害救助法
②	化学物質過敏症	避難所	豪雪	被災者生活再建支援法
③	シックハウス症候群	避難所	豪雪	災害救助法
④	シックハウス症候群	避難場所	豪雪	被災者生活再建支援法
⑤	シックハウス症候群	避難場所	雪崩	災害救助法

(☆☆◎◎◎◎)

【22】次の1～4の各文は，消費生活と環境について述べたものである。文中の(　ア　)～(　エ　)に当てはまる語句を答えなさい。

1　現代社会の問題を自らの問題として主体的に捉え，人類が将来の世代にわたり恵み豊かな生活を確保できるよう，身近なところから取り組むことで，問題の解決につながる新たな価値観や行動等の変容をもたらし，持続可能な社会を実現していくことを目指して行う学習・教育活動のことを(　ア　)という。

2　カーボン・(　イ　)とは，自分では削減できない温室効果ガスの排出量について，他者の排出削減量や吸収量を買い取るなどして埋め合わせすることである。

3　人や社会，環境に配慮した消費行動のことを(　ウ　)消費という。

4　途上国の原料や製品を適正な価格で継続して購入することで，経済や労働者の生活を支援する貿易の取り組みのことを(　エ　)という。

(☆☆◎◎◎◎)

【23】次の1～5の各文は，住生活の安全について述べたものである。文中の(　ア　)～(　オ　)に当てはまる語句を答えなさい。

1　電源プラグ周辺にほこりや湿気が付着することにより，差込口から出火することを(　ア　)現象という。

2　専門業者と契約して，24時間住宅を監視してもらうシステムのことで，空き巣，不審者，火災などの危険を察知するだけでなく，最近では，高齢者や子供の見守りサービスもあり，安全のための内容も多様化してきている。これを(　イ　)サービスという。

3 (　ウ　)は，暖かい部屋から寒い部屋への移動など，急激な温度変化により血圧が上下に大きく変動することが原因で起こる。気温が下がる冬場に多く見られ，失神や不整脈のほか，死に至ることもある。

4 自然災害による被害の軽減や防災対策に使用する目的で，被災想定区域や避難場所・避難経路などの防災関係施設の位置などを表示した地図のことを(　エ　)という。

5 原料の生産から商品の生産，販売，廃棄までの全ての段階で，環境に与える影響を評価し，事業者も消費者も環境負荷の低減を目指そうとする考え方を(　オ　)という。

(☆☆◎◎◎◎)

【中学校】

【1】次の文は，中学校学習指導要領(平成29年3月告示)「第2章　各教科」「第8節　技術・家庭」「第3　指導計画の作成と内容の取扱い」の一部を抜粋したものである。文中の(　ア　)～(　オ　)に当てはまる語句を答えなさい。ただし，同じ記号には同じ語句が入る。

> 1 指導計画の作成に当たっては，次の事項に配慮するものとする。
>
> (1) 題材など(　ア　)や(　イ　)のまとまりを見通して，その中で育む(　ウ　)の育成に向けて，生徒の主体的・対話的で深い学びの実現を図るようにすること。その際，生活の営みに係る(　エ　)や技術の(　エ　)を働かせ，知識を相互に関連付けてより深く理解するとともに，生活や社会の中から問題を見いだして解決策を構想し，(　オ　)を評価・改善して，新たな課題の解決に向かう過程を重視した学習の充実を図ること。

(☆☆◎◎◎◎◎)

【2】次の文は，中学校学習指導要領(平成29年3月告示)「第2章　各教科」「第8節　技術・家庭」「第3　指導計画の作成と内容の取扱い」の一部を抜粋したものである。文中の(　ア　)～(　カ　)に当てはまる語句を答えなさい。ただし，同じ記号には同じ語句が入る。

1　指導計画の作成に当たっては，次の事項に配慮するものとする。

(1)　(略)

(2)　(略)

(3)　(略)

(4)　各項目及び各項目に示す事項については，相互に(　ア　)な関連を図り，総合的に展開されるよう適切な題材を設定して計画を作成すること。その際，生徒や学校，地域の実態を(　イ　)に捉え，指導の効果を高めるようにすること。また，小学校における学習を踏まえるとともに，高等学校における学習を見据え，(　ウ　)等との関連を明確にして(　エ　)・(　オ　)に指導ができるようにすること。さらに，(　カ　)な開発のための教育を推進する視点から(　ウ　)等との連携も図ること。

(☆☆◎◎◎◎◎)

【3】次の文は，中学校学習指導要領(平成29年3月告示)「第2章　各教科」「第8節　技術・家庭」「第3　指導計画の作成と内容の取扱い」の一部を抜粋したものである。文中の(　ア　)～(　エ　)に当てはまる語句を答えなさい。

2　第2の内容の取扱いについては，次の事項に配慮するものとする。

(1)　指導に当たっては，衣食住やものづくりなどに関する実習等の結果を整理し考察する学習活動や，生活や社会における課題を解決するために(　ア　)や(　イ　)，概念などを用いて考えたり，説明したりするなどの学習活動の充実を図ること。

(2)　指導に当たっては，コンピュータや(　ウ　)を積極的に活用して，実習等における情報の(　エ　)や，実践結果の発表などを行うことができるように工夫すること。

(☆☆◎◎◎◎◎)

【高等学校】

【1】次の文は，高等学校学習指導要領(平成30年3月告示)「第2章　各学科に共通する各教科」「第9節　家庭」「第2款　各科目」「第1　家庭基礎」「C　持続可能な消費生活・環境」の一部を抜粋したものである。文中の(　a　)～(　e　)に当てはまる語句を答えなさい。ただし，同じ記号には同じ語句が入る。

次の(1)から(3)までの項目について，持続可能な社会を構築するために実践的・体験的な学習活動を通して，次の事項を身に付けることができるよう指導する。

(1)　(略)

(2)　消費行動と(　a　)

ア　消費者の権利と責任を(　b　)して行動できるよう消費生活の現状と課題，消費行動における(　a　)や(　c　)の重要性，(　d　)の仕組みについて理解するとともに，(　e　)を適切に収集・整理できること。

イ　自立した消費者として，(　e　)を活用し，適切な(　a　)に基づいて行動することや責任ある消費について考察し，工夫すること。

(3)　(略)

(☆☆◎◎◎◎◎)

【2】次の文は，高等学校学習指導要領解説家庭編(平成30年文部科学省)「第1部　各学科に共通する教科『家庭』」「第3章　各科目にわたる指導計画の作成と内容の取扱い」「2　内容の取扱いに当たっての配慮事項」の一部を抜粋したものである。文中の(　ア　)～(　オ　)に当てはまる語句を答えなさい。ただし，同じ記号には同じ語句が入る。

> 各科目の指導に当たっては，コンピュータ等の情報機器や(　ア　)などの活用を図り，情報の(　イ　)，処理，分析，(　ウ　)などを通して生徒の(　エ　)を喚起させるとともに，学習の効果を高めるような積極的な工夫をすることが必要である。家庭科では，特に，生活に関わる外部の様々な情報を(　イ　)して活用することやデータの(　オ　)など指導の各場面において，コンピュータ等の情報機器や(　ア　)などを積極的に活用し学習の効果を高めるようにする。

(☆☆◎◎◎◎◎)

【3】次の文は，高等学校学習指導要領解説家庭編(平成30年文部科学省)「第2部　主として専門学科において開設される教科『家庭』」「第2章　家庭科の各科目」「第5節　保育基礎」の一部を抜粋したものである。文中の(　ア　)～(　オ　)に当てはまる語句を答えなさい。

> この科目は，保育の意義や方法，子供の発達と生活の特徴，子供の(　ア　)や文化について理解し，関連する技術を身に付けるとともに，子供一人一人の発達に適した(　イ　)を整えることの重要性について思考を深め，地域の保育や(　ウ　)に寄与できる資質・能力を育成することをねらいとしている。
>
> 今回の改訂においては，新しい保育所保育指針などに対応するとともに，(　エ　)としての意識を高めることができるよう，従前の「子どもの発達と保育」と「子ども文化」の内容を再構成し，子供の(　オ　)や生活の特徴を保育に関連付けて体系的に

学ぶことにより，子供の姿全体を捉えられるよう内容を改善した。

(☆☆◎◎◎◎◎)

解答・解説

【中高共通】

【1】③

〈解説〉語群にあげられている用語は，いずれも高齢者に関する問題として頻出なので，説明できる程度に学習しておきたい。ロコモティブシンドロームは，運動器の障害によって，移動機能の低下をきたした状態のこと。結晶性知能と流動性知能は，変化の推移のグラフなどもあわせて覚えておくこと。QOLは生活の質。人間らしい生活や自分らしい生活を送り，人生に幸福を見出しているか，ということを尺度としてとらえる概念。衣類の着脱の介助は脱健着患が基本である。他にも基本的な介助の方法について学習しておくこと。

【2】⑤

〈解説〉アは聴覚障害者マーク，イは身体障害者マーク，ウはオストメイト，エはヘルプマーク，オは耳マークである。アとイの説明が逆になっている。

【3】④

〈解説〉新生児の成長，母乳と人工乳，離乳食については段階ごとの進め方について理解を深めておくこと。初乳は，免疫成分を含んでいることが最も大きな特徴である。ウについて，調理の形態が生後7～8カ月の離乳中期は舌でつぶせるかたさである。歯ぐきでつぶせるかたさは生後9～11カ月の離乳後期である。

【4】①

〈解説〉アについて，出生時の体重が2500g未満については低出生体重児，1500g未満を極低出生体重児という。イについて乳幼児の，体重，身長，頭囲などの成長についてパーセンタイル成長曲線もあわせて学習しておくこと。ウについて，生後まもなくから4週間くらいに現れるのが生理的微笑，特定の人を認識して反応するのが社会的微笑である。エについて，第二次反抗期は思春期の頃である。オのアニミズムは学童期には消失する。

【5】④

〈解説〉日本の高齢化率は28.8％である。7％を超えると高齢化社会，14％で高齢社会，21％で超高齢社会と呼ばれる。選択肢にあるイギリス，ドイツ，スウェーデン，フランスの西欧諸国は，いずれも日本より早い時期から高齢化率7％に突入し，長い年月をかけて14％となった。日本の14％到達後の2000年代になって，韓国は7％から14％になるのに18年，シンガポール17年，中国23年である。85年かけて14％になったのはスウェーデン。フランスやスウェーデンは，長期間にわたり少子高齢化対策を実践し，少子化に歯止めをかけている。

【6】②

〈解説〉ビタミンの種類と働きについての問題は頻出である。選択肢で選ばれなかったビタミンについて，ビタミンAは視力の維持を助け，皮膚や粘膜の健康維持を助ける。ビタミンB_2は皮膚や粘膜の健康維持を助ける。ビタミンB_6はたんぱく質からのエネルギーの産生と皮膚や粘膜の健康維持を助ける。ビタミンCは皮膚や粘膜の健康維持を助けるとともに抗酸化作用を持つ。ビタミンEは抗酸化作用により，体内の脂質を酸化から守り，細胞の健康維持を助ける。ナイアシンは皮膚や粘膜の健康維持を助ける。

【7】④

〈解説〉イについて，グリシンは非必須アミノ酸で，エビやホタテに多く含まれている。睡眠改善効果があるといわれている。エについて，まぐろやかつおは赤身の魚なので，ミオグロビンを多く含む。魚肉，畜肉は，筋原線維たんぱく質，筋形質たんぱく質，結合組織たんぱく質の3種類のたんぱく質で構成されている。それぞれのたんぱく質の種類と特徴を整理して覚えること。

【8】③

〈解説〉イの炭酸水素ナトリウムは重曹のこと。ベーキングパウダーと同じような働きをし，ふくらし粉として使用される。ウのトレーサビリティは各事業者が食品を取扱った際の記録を作成し保存しておくことで，食中毒など健康に影響を与える事故等が発生した際に，問題のある食品がどこから来たのかを調べることができるシステム。エについて，改正された食品表示法では，原材料名は使用した原材料を全て重量順に表示する。食品添加物は，それ以外の原材料と分けて記載する。原材料名欄に，アレルギー，遺伝子組換え，原料原産地に関する表示を含むことが定められた。

【9】①

〈解説〉イについて，アフラトキシンは穀類，落花生，ナッツ類，とうもろこし，乾燥果実などに寄生するかび。きのこの毒成分はムスカリン，ウスタリン酸，イボテン酸などである。エについて，75℃以上で1分以上が正しい。ノロウイルスの汚染のおそれのある二枚貝などの食品の場合は85℃で1分以上，できれば85℃～90℃で90秒以上の加熱が望まれる。

【10】④

〈解説〉アについて，薄力粉，中力粉，強力粉の用途は確認しておくこと。イのくちなしの実はオレンジ色をしているが，発色は黄色である。くこの実は，βカロテン，ビタミンB_1，B_2，C，アミノ酸，ルチン，ベタイン，鉄分，カルシウム，食物繊維，ポリフェノールなど多くのミネラルやビタミンが含まれている。ウのパンナコッタはイタリア発祥である。ブラマンジェはアーモンドの香りを加えるのが特徴である。エの吸い口には，木の芽やゆず皮などが使われる。椀妻は，腕物に入れる具で，主になる材料を引き立てる目的で添える野菜や海藻などをいう。和食の配膳についても確認しておきたい。

【11】①

〈解説〉アについて，狂牛病問題，中国産野菜の残留農薬，O-157問題など，食の安全に関する問題の頻発をうけて食品安全基本法が制定された。これにともない，食品安全委員会が平成15年に，内閣府に設置された。イの説明に該当するのはフードバンクである。フードマイレージは，食料の輸送に伴い排出される二酸化炭素が環境に与える負荷について着目した考え方である。食品の重量×輸送に要する距離で表わす。日本はフードマイレージが世界各国に比べて非常に高い。

【12】④

〈解説〉繊維の種類と特徴についても学習しておきたい。アの亜麻はリネンの材料である。イのアセテートは半合成繊維である。半合成繊維は，天然原料の種類の違いで，木材パルプといった植物由来の原料を使ったセルロース系と，ミルクといった動物由来の原料を使ったたんぱく質系の2種類に大別される。ウ・エについて，糸の太さを表わすのには2通りあり，重さを基準にした番手と，長さを基準にしたデニールがある。

【13】②

〈解説〉アについて，日本では千鳥が重なって飛ぶ姿に似ていることから千鳥格子と呼ばれるが，外国では，猟犬の歯(hound's tooth)が並んでいるように見えるので，ハウンドトゥースと呼ばれる。イのウィンドーペーンはイギリスの伝統的な柄で，窓枠の意味で，格子が並んだようなチェック模様。グレンチェックもイギリスの伝統的なチェック柄で，千鳥格子とヘアラインストライプを組み合わせた柄である。ウ・エについて，日本の伝統的な柄について，数多く覚えておきたい。

【14】⑤

〈解説〉アについて，合成洗剤の定義は「界面活性剤又は界面活性剤及び洗浄補助剤その他の添加剤から成り，その主たる洗浄作用が純石けん分以外の界面活性剤の界面活性作用によるもの(洗濯用は純石けん分以外の界面活性剤が界面活性剤の総含有重量の30％を超えるものに限り，台所用は40%を超えるものに限る)」である。イについて，洗濯用洗剤に配合されている酵素には種類がある。プロテアーゼ(タンパク質分解酵素)は代表的な酵素で，垢汚れや血液，食べこぼしなどのたんぱく質汚れを直接分解する。セルラーゼ(セルロース分解酵素)は単繊維1本1本の内部にあるすきま(非結晶質)に働きかけ，繊維の奥深くに入りこんだ汚れを除去しやすくする。これにより，衣服が黒ずむのを防いだり，白さや色合いを保つ効果がある。リパーゼ(脂質分解酵素)は皮脂や，食品に含まれる脂質を分解するほか，界面活性剤の洗浄作用のひとつである乳化作用を促進する。アミラーゼ(デンプン分解酵素)は食品に含まれるでんぷん質を分解する。食べこぼしによる汚れやシミに有効である。ウ・エについて，漂白剤は酸化型と還元型に分かれ，酸化型は，塩素系漂白剤と酸素系漂白剤がある。酸素系漂白剤には粉末と液体タイプのものがある。それぞれの成分と用途，使用できる繊維，使用できないもの，洗濯表示についても学習しておくこと。

【15】③

〈解説〉アについて，色の三属性は色相，明度，彩度である。色相は色みの種類，明度は明るさ，彩度は鮮やかさを表す。色調は，色彩と彩度ではなく，明度と彩度を複合したものである。イについて，色相環で正反対の位置にある色を補色，正反対の色の隣近辺の色を反対色と言う。赤の補色は，黄緑ではなく青緑である。

【16】⑤

〈解説〉ウについて，図1のアイロン温度は110℃ではなく150℃である。洗濯表示については，家庭洗濯，クリーニング，漂白，アイロン，タンブル乾燥，自然乾燥の表示について整理して覚えること。

【17】②

〈解説〉アの本ぐけは，和裁で縫い目を見せないようにする縫い方で，ぬいぐるみの綿を入れるところなどにも使う。双方の布端を折り合わせ，折り山の2mm内側を5mmほどの針目で交互に縫い合わせる。表からも裏からも針目は出ない。三つ折りぐけは単衣仕立ての袖のふり，袖口，裾，衿下などに使う。イの袋縫いは，外表に布を重ね，縫い代より外にミシンをかけて，布を割る。縫い代をくるむように本体を倒して中表にしたら，縫い代を縫う。裁ち端が縫い代の中に包まれて外に見えない縫い方である。エについて，前中心より2～3mm出した部分に，ボタンをつけた糸がおさまると，ボタンを閉じたときに正しい位置になる。

【18】④

〈解説〉アについて，前スカートのダーツは4本でなく2本である。イについて，前も後ろもスカート中心がわになっているので，ファスナーの位置は脇である。エについて，aはファスナーの位置を表している。

【19】①

〈解説〉建築基準法の，照度の基準や，騒音の基準などについても確認しておきたい。エについて，正しくはブラケットライトである。シーリングライトは天井に直接取り付けるタイプの照明で，部屋全体を均一に照らすことができる。

【20】④

〈解説〉アについて，現代の住宅の気密性の高さに関連する事柄として，シックハウス症候群についても学習しておきたい。イ・ウについて，免震・耐震・制震構造について必ず覚えておくこと。エについて，熱貫流率とは，壁の両側の温度差を1℃とした場合に1時間当たりに1m²を通過する熱量のことである。数値が小さいほど熱を伝えにくいことになり，断熱性能が高いと言える。

【21】③

〈解説〉避難所と避難場所について内閣府の防災白書では，「指定緊急避難場所」は，津波，洪水等による危険が切迫した状況において，住民等の生命の安全の確保を目的として住民等が緊急に避難する施設又は場所を位置付けるものであり，「指定避難所」は，避難した住民等を災害の危険性がなくなるまで必要な期間滞在させ，または災害により家に戻れなくなった住民等を一時的に滞在させることを目的とした施設，としている。選択肢の被災者生活再建支援法は，住宅の半壊・全壊応じて支援金や加算支援金を設けるなど，災害後の住宅再建にむけた援助である。

【22】ア　ESD　　イ　オフセット　　ウ　エシカル　　エ　フェアトレード

〈解説〉アはEducation for Sustainable Developmentの略である。ESDは，SDGsの目標4「すべての人に包摂的かつ公正な質の高い教育を確保し，生涯教育の機会を促進する」のターゲット4.7に位置付けられた。イに関連して，カーボンニュートラル，カーボンフットプリントなどについても学習しておきたい。ウに関連して，グリーン購入，オーガニック製品，省エネ・低炭素商品，持続可能な森林(漁業)認証，フェアトレード製品，地産地消についても学習しておきたい。エについて，フェアトレード認定マークも確認しておくこと。

【23】ア　トラッキング　　イ　ホームセキュリティ　　ウ　ヒートショック　　エ　ハザードマップ　　オ　ライフサイクルアセスメント

〈解説〉アは湿気の多い6～8月に多く発生する。定期的にプラグを抜いて，ほこりを取り除くとよい。イのサービスは多様化しているので，最新の情報を確認しておきたい。ウは頻出問題である。風呂場やトイレなどでおきやすく，高齢者や高血圧・糖尿病・動脈硬化の人，飲酒後の入浴などの場合に起こしやすい。エは浸水範囲や地震被害想定地域などと共に避難所などが記載されている。オはLCAと表す。LCAの手法は，ISO(国際標準化機構)による環境マネジメントの国際規格の中で，ISO規格が作成されている。

【中学校】

【1】ア　内容　　イ　時間　　ウ　資質・能力　　エ　見方・考え方　　オ　実践

〈解説〉指導計画の作成と内容の取扱いのうち，指導計画の作成についての配慮事項からの出題である。ここでは(1)から出題されたが，授業に関わる具体的な内容なので，(1)～(6)まである他の項目についても，理解を深めること。

【2】ア　有機的　　イ　的確　　ウ　他教科　　エ　系統的　　オ　発展的　　カ　持続可能

〈解説〉指導計画の作成と内容の取扱いのうち，指導計画の作成についての配慮事項からの出題である。ここでは(4)から出題されたが，授業に関わる具体的な内容なので，(1)～(6)まである他の項目についても，理解を深めること。

【3】ア　言葉　　イ　図表　　ウ　情報通信ネットワーク　　エ　収集・整理

〈解説〉指導計画の作成と内容の取扱いのうち，内容の取扱いについての配慮事項からの出題である。ここでは(1)(2)から出題されたが，授業に関わる具体的な内容なので，(1)～(5)まである他の項目についても，理解を深めること。

【高等学校】

【1】a　意思決定　　b　自覚　　c　契約　　d　消費者保護　　e　生活情報

〈解説〉C　持続可能な消費生活・環境の内容から，(2)についての出題であった。内容については，(1)生活における経済の計画，(3)持続可能なライフスタイルと環境についても文言は必ず覚えること。

【2】ア　情報通信ネットワーク　　イ　収集　　ウ　発信　　エ　学習意欲　　オ　整理

〈解説〉指導計画の作成と内容の取扱いのうち，内容の取扱いに当たっての配慮事項は(1)～(4)まで4項目ある。ここでは(4)から出題された。いずれも授業に直結する具体的で重要な内容なので，高等学校学習指導要領解説を使って理解を深める必要がある。

【3】ア　福祉　　イ　保育環境　　ウ　子育て支援　　エ　職業人　　オ　発達過程

〈解説〉主として専門学科において開設される教科「家庭」の科目は改訂により変更があった。整理統合されたのは「保育基礎」と「保育実践」で，従前の「子どもの発達と保育」と「子ども文化」の内容を整理統合し，再構成された。また，名称変更されたのは，従前は「リビングデザイン」であったものが，「住生活デザイン」となった。本問は，保育基礎の内容とねらい，改訂の主旨などについて高等学校学習指導要領解説に説明されている箇所からの出題であった。他の項目についても改訂のポイントは学習しておきたい。

2021年度　実施問題

※福岡市を志望する場合は，【中高共通】の【1】～【23】を解答してください。

【中高共通】

【1】次の表は，予防接種法施行令(令和2年政令第93号)において定められている疾病と予防接種の対象者をまとめた表の一部を抜粋したものである。表中のア～オに当てはまる語句の正しい組合せを選びなさい。

疾病	予防接種の対象者
ア	1　生後３月から生後90月に至るまでの間にある者 2　11歳以上13歳未満の者
イ	1　生後12月から生後24月に至るまでの間にある者 2　５歳以上７歳未満の者であって，小学校就学の始期に達する日の１年前の日から当該始期に達する日の前日までの間にあるもの
ウ	1　生後６月から生後90月に至るまでの間にある者 2　９歳以上13歳未満の者
エ	1　生後２月から生後60月に至るまでの間にある者
オ	1　生後12月から生後36月に至るまでの間にある者

	ア	イ	ウ	エ	オ
①	ジフテリア	日本脳炎	Hib感染症	水痘	麻しん
②	日本脳炎	麻しん	ジフテリア	水痘	Hib感染症
③	ジフテリア	Hib感染症	日本脳炎	麻しん	水痘
④	日本脳炎	水痘	ジフテリア	Hib感染症	麻しん
⑤	ジフテリア	麻しん	日本脳炎	Hib感染症	水痘

(☆☆☆☆◎◎◎)

【2】次の文は，乳幼児の発達についてまとめたものである。文中の(　ア　)～(　オ　)に当てはまる語句または数値を《語群》a～jから選んだとき，正しい組合せを選びなさい。ただし，同じ記号には同じ語句または数値が入る。

○　生まれてから最初の(　ア　)週間を新生児期という。新生児が，母体から離れて生活するための適応をしていく時期である。

○　乳児が乳首を吸う刺激により，脳下垂体から(　イ　)が出てくる。(　イ　)は，母乳の分泌を促し，子宮筋を収縮させ，子宮をもとの状態に戻すはたらきを持つ。

○　新生児期の頭の骨には，泉門と呼ばれる隙間が空いている。この隙間があることで頭を変形させることができ，狭い産道を通ることができる。特に，おでこの上あたりにある泉門は(　ウ　)と呼ばれ，およそ1歳半頃までに閉じると言われている。

○　生後2～3日の便は，(　エ　)色で粘り気がある無臭の便で，胎便と呼ばれる。哺乳を始めると黄色みを帯びた移行便となり，約7日で黄色い便となる。

○　乳幼児の発育状態を評価する際，乳幼児のそれぞれの計測値が，同じ性別や年齢の中でどの程度の位置にいるのかを表す数値として，(　オ　)が用いられる。

《語群》

a　大泉門	b　小泉門	c　オキシトシン	d　1
e　4	f　プロラクチン	g　白	h　暗緑
i　カウプ指数	j　パーセンタイル値		

	ア	イ	ウ	エ	オ
①	e	f	b	h	j
②	e	c	a	h	j
③	e	f	a	g	i
④	d	c	b	g	j
⑤	d	f	a	h	i

(☆☆☆◎◎◎)

【3】次のア～エの各文は，妊娠・出産や仕事と子育てに関する法律や制度，取組についてまとめたものである。正しいものを○，誤っているものを×としたとき，正しい組合せを選びなさい。

ア　母子保健法の第4条には，「母性は，みずからすすんで，妊娠，出産又は育児についての正しい理解を深め，その健康の保持及び増進に努めなければならない。　2　乳児又は幼児の母親は，みずからすすんで，育児についての正しい理解を深め，乳児又は幼児の健康の保持及び増進に努めなければならない。」とある。

イ　厚生労働省では，子育てする父親が家族のあり方を変え，自分自身も成長し，やがて社会の成長にもつながっていくというプロジェクトの意義を，「育」の漢字で象徴的に表現したロゴマークを作成している。

ウ　厚生労働省では，事業所や雇用主に対して，妊娠から産前・産後休業期間の全ての対象者に「産前産後休業の取得(産前：6週間，産後：8週間)」,「保健指導又は健康診査を受けるための時間の確保」,「妊婦の軽易業務転換」を義務付けている。

エ　令和元年6月に児童福祉法等改正法が成立し，親権者等は，児童のしつけに際して，体罰を加えてはならないことが法定化され，令和2年4月から施行された。

	ア	イ	ウ	エ
①	○	○	○	×
②	○	×	○	○
③	×	○	×	○
④	×	○	○	○
⑤	×	×	×	×

(☆☆☆☆◎◎◎)

【4】次のア～オの各文は，高齢者や高齢期についてまとめたものである。正しいものを○，誤っているものを×としたとき，正しい組合せを選びなさい。

ア　厚生労働省の定める要介護認定の段階には，要支援2段階，要介護4段階がある。

イ　高齢化の進行具合を示す言葉として，高齢化社会，高齢社会，超高齢社会がある。一般的には，65歳以上の人口が，全人口に対して

10%を超えると「高齢化社会」，15%を超えると「高齢社会」，20%を超えると「超高齢社会」と区別される。

ウ　厚生労働省による平成28年の「国民生活基礎調査」では，要介護者等と同居している主な介護者のうち，65%以上は60歳以上の男女であることがわかっており，いわゆる老老介護のケースが相当数存在しているといえる。

エ　「ユニバーサルデザインフード」とは，高齢者の介護食について，噛む力や飲み込む力に対応して食事が楽しめるように配慮した食品のことであり，日本介護食品協議会の規格では5つの区分に分けられている。

オ　介護老人保健施設は，常勤の医師を1名以上配置すること，及び従来型であれば部屋の定員を4名以下とすることが義務付けられている。

	ア	イ	ウ	エ	オ
①	×	×	○	×	○
②	×	○	×	○	×
③	○	○	×	×	×
④	○	×	×	×	○
⑤	×	○	○	○	○

(☆☆☆◎◎◎)

【5】次のア～オの各文は，脂質について述べたものである。正しいものを○，誤っているものを×としたとき，正しい組合せを選びなさい。

ア　脂肪は，脂肪酸とグリセリンが結合したものである。

イ　脂肪は，1gあたりのエネルギーが9kcalと高いため，運動量が少ない人が脂肪の多い食事をとり続けると肥満になりやすい。

ウ　コレステロールは食べ物からも供給されるが，その大部分は肝臓で合成される。

エ　LDL(低密度リポたんぱく質)とHDL(高密度リポたんぱく質)は動脈硬化症と関係がある。トランス脂肪酸を含む硬化油を多量に摂取すると，HDLコレステロールが増加する。

オ　多価不飽和脂肪酸のリノール酸・リノレン酸は，動物の成長に欠かすことのできないものである。リノール酸・リノレン酸は，体内では作ることができないので，食べ物からとる必要があり，必須脂肪酸あるいは不可欠脂肪酸とも呼ばれている。

	ア	イ	ウ	エ	オ
①	○	○	○	×	○
②	×	○	○	○	○
③	○	○	×	×	×
④	×	×	×	○	○
⑤	○	×	○	○	×

(☆☆☆◎◎◎)

【6】次のa～jの野菜について，「日本食品標準成分表2015年版(七訂)」による緑黄色野菜に該当するものとして，正しい組合せを選びなさい。

a　トマト　　b　きゅうり　　c　とうもころし
d　なばな　　e　なす　　f　根深ねぎ
g　せり　　h　セロリ　　i　かいわれだいこん
j　アスパラガス

①	a・d・e・g・i
②	b・d・g・h
③	c・e・f・h
④	a・c・e・f・j
⑤	a・d・g・i・j

(☆☆☆◎◎◎)

【7】次の各文は，食品の品質表示について述べたものである。文中の(　ア　)～(　エ　)に当てはまる語句の正しい組合せを選びなさい。ただし，同じ記号には同じ語句が入る。

○　(　ア　)期限とは，記載されている保存方法を守って保存していた場合に，この「年月日」まで，安全に食べられる期限のことである。弁当，サンドイッチなどいたみやすい食品に表示される。

○　2020年4月以降に製造される一般用加工食品には，(　イ　)成分表示が義務化されたため，エネルギー，たんぱく質，脂質，炭水化物，(　ウ　)相当量が必ず表示される。その他の(　イ　)成分の表示は任意とされているが，飽和脂肪酸と食物繊維の量については表示することが推奨されている。

○　遺伝子組換え表示対象食品には，大豆・とうもろこし・ばれいしょ(じゃがいも)・綿実・アルファルファ・てんさい・なたね・(　エ　)の8種類の農作物が含まれている。

	ア	イ	ウ	エ
①	賞味	栄養	ビタミン	パパイヤ
②	消費	栄養	食塩	パパイヤ
③	賞味	栄養素	食塩	グァバ
④	消費	栄養素	ビタミン	グァバ
⑤	消費	栄養素	ビタミン	パパイヤ

(☆☆☆◎◎◎)

【8】次のア～エの各文は，食品につけられるマークについて述べたものである。正しいものを○，誤っているものを×としたとき，正しい組合せを選びなさい。

ア　有機JASマークは，食品の生産情報(生産者，生産地，農薬及び肥料の使用情報など)を消費者に提供している食品につけられるもので，厚生労働省が認定している。

イ　冷凍食品認定証マークは，製造から販売までの工程において，一貫して一定の温度を保っているなど，食品衛生登録検査機関協会の定めた品質基準を満たす冷凍食品につけられる。

ウ　Eマークは，地域の特色ある原材料や技術によってつくられ，品質の優れた特産品であることを都道府県が認証した食品につけられる。

エ　特定保健用食品マークは，保健機能の科学的根拠や安全性などの情報について，事業者の責任で消費者庁へ届け出を行うことが決められている。消費者庁長官の個別の許可を受けたものではない。

	ア	イ	ウ	エ
①	×	○	×	○
②	×	×	○	×
③	×	○	○	○
④	○	×	×	×
⑤	○	×	×	○

(☆☆☆◎◎◎)

【9】次の各文は，「日本人の食事摂取基準」について述べたものである。文中の(　ア　)～(　オ　)に当てはまる語句や数値の正しい組合せを選びなさい。

○　厚生労働大臣が定めるもので，(　ア　)年毎に改定を行っている。

○「日本人の食事摂取基準(2020年版)」において，15～17歳の身体活動レベルが普通(Ⅱ)の女性の推定エネルギー必要量は，(　イ　)kcal／日とされている。

○「日本人の食事摂取基準(2020年版)」の策定では，きめ細かな栄養施策を推進する観点から，(　ウ　)歳以上について，より細かな年齢区分による摂取基準が設定された。

○「日本人の食事摂取基準(2020年版)」の策定に当たっては，2013(平成25)年度に開始した「(　エ　)(第二次)」を推進する背景となった，(　オ　)や糖尿病等有病者数の増加等を踏まえ，主要な生活習慣病の発症予防と重症化予防の徹底を図ること等が視野に入れられた。

	ア	イ	ウ	エ	オ
①	3	2,400	50	健康増進法	食の外部化
②	3	2,300	60	健康日本21	高齢化の進展
③	5	2,300	50	健康日本21	高齢化の進展
④	5	2,400	60	健康増進法	高齢化の進展
⑤	5	2,300	60	健康日本21	食の外部化

(☆☆☆◎◎◎)

【10】次の表は，計量スプーン及び計量カップの容量と重量の関係(2007年女子栄養大学の計測による)を示したものである。表中の(　ア　)～(　オ　)に当てはまる数値の正しい組合せを選びなさい。

単位（g）

	しょうゆ	小麦粉(薄力粉)	砂糖(上白糖)	油	米(精白米)
小さじ(5ml)		（ イ ）			
大さじ(15ml)	（ ア ）		（ ウ ）	（ エ ）	
カップ(200ml)					（ オ ）

	ア	イ	ウ	エ	オ
①	12	3	6	12	150
②	18	3	9	9	150
③	12	5	6	9	170
④	18	3	9	12	170
⑤	18	5	9	18	170

(☆☆☆◎◎◎)

【11】次のア～エの各文は，日本における食に関する取組である。正しいものを○，誤っているものを×としたとき，正しい組合せを選びなさい。

ア　2005年に制定された「食育基本法」の前文では，「子どもたちに対する食育は，心身の成長及び人格の形成に大きな影響を及ぼし，生涯にわたって健全な心と身体を培い豊かな人間性をはぐくんでいく基礎となるものである。」と記されている。

イ　「食生活指針」は2000年に策定され，国民一人一人とりわけ成長過程にある子どもたちが食生活の正しい理解と望ましい習慣を身につけられるよう，教員，学校栄養職員等を中心に家庭とも連携し，学校の教育活動を通じて発達段階に応じた食生活に関する指導を推進することとしている。

ウ　「食生活指針」を実践に移すための「食事バランスガイド」は，2005年に厚生労働省，農林水産省，文部科学省の三省が合同で策定した。

エ　2003年に「食品安全基本法」が制定され，食品の安全性確保のための基本理念や国・地方公共団体・食品関連事業者の責務，消費者の役割などが明示された。

	ア	イ	ウ	エ
①	×	×	○	○
②	○	○	×	×
③	×	○	○	×
④	○	○	×	○
⑤	○	×	×	×

(☆☆☆☆◎◎◎◎)

【12】次のア～エの各文は，被服材料の性能について述べたものである。正しいものを○，誤っているものを×としたとき，正しい組合せを選びなさい。

ア　レーヨンは，親水性繊維である。

イ　空気を通す性質を透湿性という。

ウ　羊毛製品には，はっ水性がある。

エ　引張強度は，レーヨンより麻の方が強い。

	ア	イ	ウ	エ
①	○	×	×	○
②	○	×	○	○
③	×	○	○	×
④	○	○	×	×
⑤	×	×	○	×

(☆☆☆◎◎◎)

【13】次のア～エの各文は，布について説明したものである。布の名称の正しい組合せを選びなさい。

ア　からみ織りの一種で，たて糸2本がからむごとによこ糸1本が交差した，最も簡単なからみ織り組織をもつ。

イ　糸の段階で部分的に染色したのち，織り上げて模様を表わす防染技法が多いが，これを模して捺染したものもある。

ウ　たて糸がよこ糸より著しく多いため，斜文線が急角度である。

エ　たて方向に，けばの畝のある添毛織物である。

	ア	イ	ウ	エ
①	紗	小紋	ギャバジン	タフタ
②	紬	絣	サッカー	コーデュロイ
③	紬	小紋	サッカー	タフタ
④	紗	絣	ギャバジン	コーデュロイ
⑤	紬	絣	ギャバジン	コーデュロイ

(☆☆☆◎◎◎)

【14】次の各文は，洗濯について述べたものである。(　ア　)～(　ウ　)に当てはまる語句の正しい組合せを選びなさい。

○　水のみが入ったビーカーAと，水と洗剤が入ったビーカーBがある。ビーカーA及びビーカーBに，カーボンブラックを少量入れ，ガラス棒で撹拌したところ，カーボンブラックが分散したのは(　ア　)である。これらのビーカーに，白い綿の布(小片1枚)を浸したのち取り出すと，カーボンブラックが多く付着するのは，(　イ　)である。

○　洗剤には，主成分の界面活性剤以外の成分も含まれている。特に，水軟化剤と表示されるのは，(　ウ　)である。

	ア	イ	ウ
①	ビーカーB	ビーカーB	炭酸塩
②	ビーカーB	ビーカーA	アルミノケイ酸塩
③	ビーカーA	ビーカーB	アルミノケイ酸塩
④	ビーカーA	ビーカーA	炭酸塩
⑤	ビーカーB	ビーカーA	炭酸塩

(☆☆☆☆◎◎◎)

【15】次のア～エの各文は，防虫剤について述べたものである。正しいものを○，誤っているものを×としたとき，正しい組合せを選びなさい。

ア　しょうのうは，昇華性の防虫剤である。

イ　ピレスロイド系の防虫剤は，刺激臭がなく，ほとんど無臭である。

ウ　パラジクロルベンゼンは，金糸，銀糸を含んだ衣料にも用いることができる。

エ　パラジクロルベンゼンは，ナフタリンと併用できる。

	ア	イ	ウ	エ
①	○	×	○	○
②	×	○	○	×
③	○	○	○	×
④	○	○	×	×
⑤	×	×	×	○

(☆☆☆◎◎◎)

【16】次の各文は，浴衣について説明したものである。(　ア　)～(　エ　)に当てはまる語句の正しい組合せを選びなさい。

○　図1のaは(　ア　)，斜線部bは(　イ　)である。

○　女性用，子供用の浴衣にある，身頃の脇のあきのことを(　ウ　)という。

○　図2は，浴衣をたたんだところである。cは，(　エ　)である。

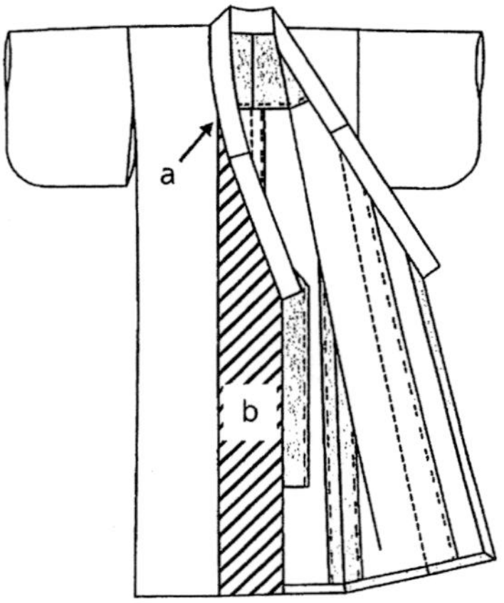

図1

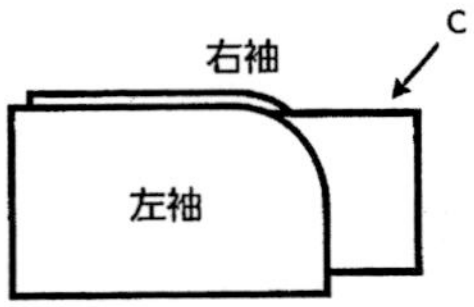

図2

	ア	イ	ウ	エ
①	けん先	おくみ	身八つ口	背縫い線
②	けん先	おはしょり	身八つ口	わき
③	けん先	おはしょり	ふり	わき
④	合づま	おはしょり	身八つ口	背縫い線
⑤	合づま	おくみ	ふり	わき

(☆☆☆◎◎◎)

【17】次のア～ウの各文は，ファッション産業について述べたものである。正しいものを○，誤っているものを×としたとき，正しい組合せを選びなさい。

ア　商品企画では，ターゲットとする消費者が決定すると，そのタイプの消費者が次期シーズンに着たい衣服を予測しなければならない。そのためには，前シーズン，今シーズン，次期シーズンの市場の情報やファッション情報を収集し，分析する必要がある。色彩に関して，最も影響力が大きい国際的な色彩研究機関は，「国際流行色委員会」(インターカラー)である。

イ　衣料品の企画開発・生産・流通・販売といった工程は，これまで別々の企業によって分業されていたが，SPA(Specialty store retailer of Private label Apparel)とは，これらの一連の業務を一貫して行う業態をいう。

ウ　丸編機を用いて筒状に編む丸編の布は，たて編(トリコット編)の一種でカットソー製品となる。

	ア	イ	ウ
①	○	×	×
②	○	○	×
③	○	×	○
④	×	○	○
⑤	×	×	○

(☆☆☆☆◎◎◎)

【18】次の各文は，日本工業規格成人女子用衣料サイズ9ARのハーフパンツ製作について述べたものである。(　ア　)〜(　ウ　)に当てはまる語句の正しい組合せを選びなさい。

○　前パンツの型紙は，図のa，bのうち(　ア　)である。

○　布幅110cmの一方向の柄がある布で製作する場合，(　イ　)で見積もるとよい。

○　ヒップラインは，図のc，dのうち(　ウ　)である。

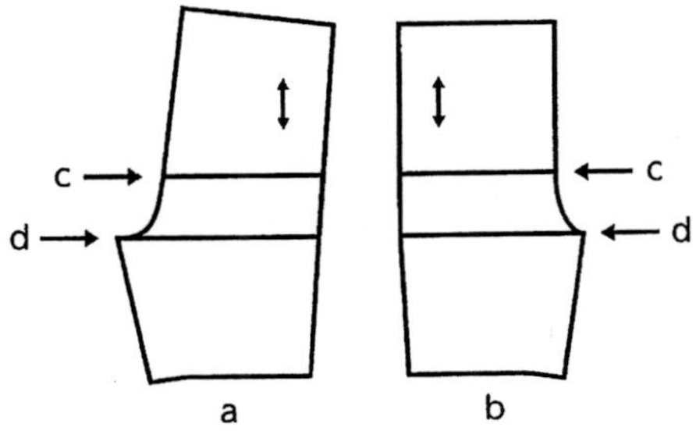

図

	ア	イ	ウ
①	b	パンツ丈+10cm	c
②	a	(パンツ丈+10cm) ×2	d
③	b	(パンツ丈+10cm) ×2	c
④	a	パンツ丈+10cm	d
⑤	b	(パンツ丈+10cm) ×2	d

(☆☆☆◎◎◎)

【19】次のア～エの各文は，消費者を守る法律や相談機関について述べたものである。正しいものを○，誤っているものを×としたとき，正しい組合せを選びなさい。

ア　クーリング・オフは，訪問販売などの取引で契約した場合，一方的に契約の解除ができる制度である。クーリング・オフの期間経過後も，要件に該当すれば，エステティック，語学教室，パソコン教室，学習塾，家庭教師などは特定継続的役務提供であるため中途解約ができる。

イ　製造物責任法(PL法)では，製品の欠陥によって人の生命，身体または財産に損害を被ったことを証明した場合に，被害者は製造会社などに対して損害賠償を求めることができると定めている。

ウ　消費者トラブルに対処する身近な機関として，地方公共団体が設置する国民生活センターがある。ここでは，それぞれ消費者からの相談に応じたり，消費者への情報提供，苦情処理，商品テストなどを行ったりしている。

エ　インターネットでの買い物は，返品トラブルが多いことから，返品ができるかどうか，何日以内であれば認められるかといった条件を，広告に記入することが義務付けられている。このことを返品特約と言う。記載がない場合は，特定商取引法により，商品到着後20日以内であれば，契約の解除が可能である。

	ア	イ	ウ	エ
①	×	×	×	○
②	○	×	○	○
③	×	○	×	×
④	×	×	○	×
⑤	○	○	×	×

(☆☆☆◎◎◎)

【20】次のア～エの各文は，消費生活について述べたものである。正しいものを○，誤っているものを×としたとき，正しい組合せを選びなさい。

ア　エシカル消費とは，消費者それぞれが各自にとっての社会的課題の解決を考慮したり，そうした課題に取り組む事業者を応援しながら消費活動を行うことである。

イ　アポイントメントセールスとは，「景品が当たった」など，販売目的を隠して電話などで営業所や喫茶店等に呼び出し，商品やサービスを契約させることである。

ウ　契約とは法律上の約束であり，事業者と消費者が合意することで成立する。クレジットカードの発行には所得などの審査が必要で，いずれの場合にしても，20歳未満は自分のクレジットカードを作成することができない。

エ　エコロジカル・フットプリントとは，人が普通に今のままの生活を営むために必要な陸・海の面積を表す指標で，人間がどのくらい自然環境に依存しているかを示したものである。

	ア	イ	ウ	エ
①	×	○	×	×
②	○	×	○	○
③	○	○	×	○
④	○	×	○	×
⑤	×	○	○	×

(☆☆☆◎◎◎)

【21】次のグラフは，ライフステージ別消費支出の費目構成(二人以上の世帯のうち勤労者世帯)を示したものである。ア～エに当てはまる語句の正しい組合せを選びなさい。

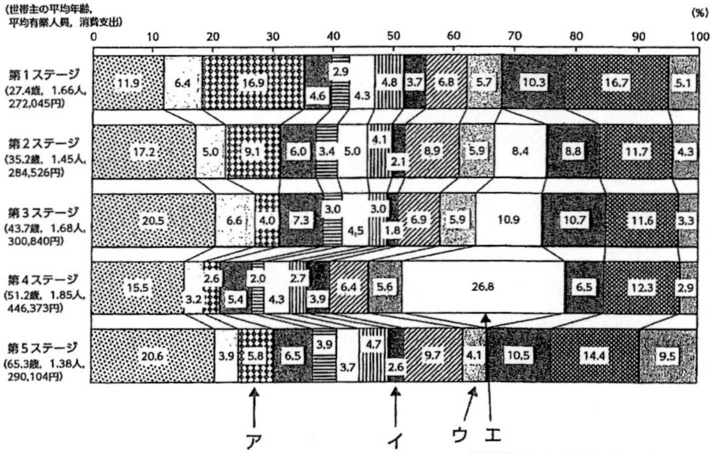

(総務省　平成26年全国消費実態調査)

注1【ライフステージ（二人以上の世帯のうち勤労者世帯)】
ここでは，以下のような世帯を仮定した場合のライフステージによる変化を見ている。
第1ステージ：「夫婦のみの世帯（夫30歳未満)」　～結婚後第1子出産前まで
第2ステージ：「夫婦と子供が2人の世帯（長子が未就学児)」～第2子の出産後
第3ステージ：「夫婦と子供が2人の世帯（長子が中学生)」　～子供が義務教育の時期
第4ステージ：「夫婦と子供が2人の世帯（長子が大学生※)」～子供が大学生の時期
第5ステージ：「夫婦のみの世帯（夫60歳以上)」　～子供の独立・夫の定年後
注2「住居」には，住宅ローンの支払いを含まない。
※専門学校生，短大・高専生，大学院生も含む。

	ア	イ	ウ	エ
①	住居	交通	通信	教育
②	住居	保健医療	交際費	教養娯楽
③	光熱・水道	保健医療	通信	教養娯楽
④	光熱・水道	保健医療	交際費	教育
⑤	住居	交通	交際費	教育

(☆☆☆◎◎◎)

【22】次の各文は，様々な居住形態と多様な住まいの例について記述したものである。(　ア　)～(　ウ　)に当てはまる語句の正しい組合せを選びなさい。

○　将来の車いす利用を想定し可変性をもたせた住宅のことを(　ア　)と言う。

○　他人同士が集まって住み，個人のプライバシーを保ちながら，家事などの生活の一部やそのためのスペースを共同化・共有化した住宅のことを(　イ　)と言う。

○　コミュニケーションや交流などを目的とした形態の賃貸住宅のことを(　ウ　)と言う。

	ア	イ	ウ
①	アジャスタブルハウス	コレクティブハウス	シェアハウス
②	モビリティハウス	コーポラティブハウス	シェアハウス
③	アジャスタブルハウス	コーポラティブハウス	ソーシャルアパートメント
④	アジャスタブルハウス	コレクティブハウス	ソーシャルアパートメント
⑤	モビリティハウス	コレクティブハウス	シェアハウス

(☆☆☆☆◎◎◎)

【23】次の文は，「消費者基本法」(昭和43年法律第78号)の一部を抜粋したものである。(　ア　)～(　エ　)に当てはまる語句の正しい組合せを選びなさい。ただし，同じ記号には同じ語句が入る。

(目的)

第1条

　この法律は，消費者と事業者との間の情報の質及び量並びに交渉力等の格差にかんがみ，消費者の(　ア　)の擁護及び増進に関し，消費者の(　イ　)の尊重及びその(　ウ　)の支援その他の基本理念を定め，国，地方公共団体及び事業者の責務等を明らかにするとともに，その施策の基本となる事項を定めることにより，消費者の(　ア　)の擁護及び増進に関する総合的な施策の推進を図り，もつて国民の消費生活の(　エ　)及び向上を確保することを目的とする。

	ア	イ	ウ	エ
①	権利	利益	自助	安定
②	権利	利益	自立	充実
③	利益	権利	自立	安定
④	利益	権利	自助	充実
⑤	権利	利益	自立	安定

(☆☆☆◎◎◎)

【24】次の各文は，「『子育て安心プラン』について」(平成29年6月厚生労働省)の「6つの支援パッケージの主な内容」である。文中の(　ア　)～(　オ　)に当てはまる語句を答えなさい。ただし，同じ記号には同じ語句が入る。

1　保育の(　ア　)の拡大
2　保育の(　ア　)拡大を支える「(　イ　)確保」
3　保護者への「(　ウ　)支援」の普及促進
4　保育の(　ア　)拡大と車の両輪の「(　エ　)の確保」
5　持続可能な保育制度の確立
6　保育と連携した「(　オ　)改革」

(☆☆☆☆◎◎◎)

【25】次の各文は，卵料理二種(かきたま汁・茶碗蒸し)を作るときの留意点について述べたものである。文中の(　ア　)～(　オ　)に当てはまる語句を答えなさい。ただし，同じ記号には同じ語句が入る。

○　かきたま汁

沸騰している(　ア　)汁に塩を加え卵を流し入れると，卵が速やかに(　イ　)ので，汁がにごらなくて済む。また，汁の中に(　ウ　)を加えてとろみをつけることで，卵を沈めることなく調理ができる。

○　茶碗蒸し

卵の(　エ　)という現象は，蒸し器内が高温になり過ぎることで，卵の中で(　オ　)ができ，(　オ　)を残した状態のままで卵が(　イ　)

ことをいう。(エ)を防ぐためには，蒸し器のふたの置き方や火力を調整する必要がある。

(☆☆☆◎◎◎)

【中学校】

【1】次の各文は，中学校学習指導要領(平成29年3月告示)「第2章 各教科」「第8節 技術・家庭」「第2 各分野の目標及び内容」〔家庭分野〕「3 内容の取扱い」の一部を抜粋したものである。あとの【資料】を参考に，文中の(a)～(e)に当てはまる語句を答えなさい。

> 3 内容の取扱い
>
> (1) (略)
>
> (2) (略)
>
> (3) 内容の「B衣食住の生活」については，次のとおり取り扱うものとする。
>
> ア 日本の伝統的な生活についても扱い，(a)を継承する大切さに気付くことができるよう配慮すること。
>
> イ (1)のアの(ア)については，食事を(b)意義や食文化を継承することについても扱うこと。
>
> ウ (2)のアの(ア)については，(c)の働きや食物繊維についても触れること。
>
> エ (3)のアの(ア)については，主として調理実習で用いる生鮮食品と加工食品の表示を扱うこと。(ウ)については，煮る・焼く・(d)等を扱うこと。また，魚，肉，野菜を中心として扱い，基礎的な題材を取り上げること。(エ)については，だしを用いた(e)又は汁物を取り上げること。
>
> (略)

【資料】「2　内容」の一部抜粋

2　内容
B　衣食住の生活
(1)　食事の役割と中学生の栄養の特徴
ア　次のような知識を身に付けること。
(ア)　生活の中で食事が果たす役割について理解すること。
(2)　中学生に必要な栄養を満たす食事
ア　次のような知識を身に付けること。
(ア)　栄養素の種類と働きが分かり，食品の栄養的な特質について理解すること。
(3)　日常食の調理と地域の食文化
ア　次のような知識及び技能を身に付けること。
(ア)　日常生活と関連付け，用途に応じた食品の選択について理解し，適切にできること。
(ウ)　材料に適した加熱調理の仕方について理解し，基礎的な日常食の調理が適切にできること。
(エ)　地域の食文化について理解し，地域の食材を用いた和食の調理が適切にできること。

(☆☆☆◎◎◎)

【2】次の文は，中学校学習指導要領(平成29年3月告示)「第2章　各教科」「第8節　技術・家庭」「第3　指導計画の作成と内容の取扱い」の一部を抜粋したものである。文中の(　ア　)~(　オ　)に当てはまる語句を答えなさい。ただし，同じ記号には同じ語句が入る。

> 3　実習の指導に当たっては，施設・設備の(　ア　)管理に配慮し，学習環境を整備するとともに，火気，用具，材料などの取扱いに注意して事故防止の指導を徹底し，(　ア　)と(　イ　)に十分留意するものとする。
>
> (略)
>
> 家庭分野においては，(　ウ　)と関わるなど校外での学習について，事故の防止策及び事故発生時の(　エ　)等を綿密に計画するとともに，相手に対する配慮にも十分留意するものとする。また，調理実習については，(　オ　)にも配慮するものとする。

(☆☆☆◎◎◎)

【高等学校】

【1】次の各文は，高等学校学習指導要領(平成30年3月告示)「第2章　各学科に共通する各教科」「第9節　家庭」「第1款　目標」を抜粋したものである。文中の(　ア　)～(　オ　)に当てはまる語句を答えなさい。ただし，同じ記号には同じ語句が入る。

> 生活の営みに係る見方・考え方を働かせ，実践的・体験的な学習活動を通して，様々な人々と(　ア　)し，よりよい(　イ　)に向けて，男女が協力して(　ウ　)に家庭や地域の生活を創造する資質・能力を次のとおり育成することを目指す。
>
> (1)　人間の生涯にわたる発達と生活の営みを総合的に捉え，家族・家庭の意義，家族・家庭と社会との関わりについて理解を深め，家族・家庭，衣食住，消費や環境などについて，生活を(　ウ　)に営むために必要な理解を図るとともに，それらに係る技能を身に付けるようにする。
>
> (2)　家庭や地域及び社会における生活の中から問題を見いだして課題を設定し，解決策を構想し，実践を評価・改善し，考察し

たことを根拠に基づいて(　エ　)に表現するなど，生涯を見通して生活の課題を解決する力を養う。
(3)　様々な人々と(　ア　)し，よりよい(　イ　)に向けて，(　オ　)に参画しようとするとともに，自分や家庭，地域の生活を(　ウ　)に創造しようとする実践的な態度を養う。

(☆☆☆◎◎◎)

【2】次の文は，高等学校学習指導要領解説家庭編(平成30年文部科学省)「第2部　主として専門学科において開設される教科『家庭』」「第2章　家庭科の各科目」「第7節　生活と福祉」の一部を抜粋したものである。文中の(　ア　)～(　オ　)に当てはまる語句を答えなさい。

この科目は，高齢者の(　ア　)と福祉に関する知識と技術を習得し，高齢者の(　イ　)に基づく自立生活支援と福祉の充実について思考を深め，高齢者の(　ウ　)の向上と自立生活支援を担う資質・能力を育成することをねらいとしている。
今回の改訂においては，我が国の急速な(　エ　)の進展と人口減少社会，高齢者福祉の法規や制度の変化などに対応し，人間の(　オ　)と自立生活支援に関する内容の充実を図るとともに，高齢者への生活支援サービスの実習の内容について改善・充実を図った。

(☆☆☆◎◎◎)

解答・解説

【中高共通】

【1】⑤

〈解説〉ジフテリアは生後3か月から3～8週間隔で3回受けると予防効果が高くなる(現在は4種混合ワクチンとして接種)。Hib感染症は生後6か月から感染するリスクが高まるので，生後2か月から接種を開始し，数回行う。

【2】②

〈解説〉空欄イはオキシトシンとプロラクチンで迷うかもしれないが，プロラクチンは乳汁分泌を促すホルモンである。問題では母乳の分泌を促し，子宮筋を収縮させるはたらきがあるので，オキシトシンが正しい。なお，選択肢iのカウプ指数は乳幼児期の栄養状態や体格の測定に使われるもので，体重(g)÷(身長(cm)の2乗)×10で計算する。

【3】③

〈解説〉ア　母子保健法の第4条は母性及び保護者の努力に関する条文で，問題では第1項，第2項が一文で示されている。第2項は「母親」ではなく「保護者」が正しい。　ウ　産前6週間，産後8週間の休業を定めているが，産後6週間を経過後に，本人が請求し，医師が認めた場合は就業できる。

【4】①

〈解説〉ア　要介護段階は5段階である。　イ　65歳以上の人口が全人口の7%を超えると「高齢化社会」，14%を超えると「高齢社会」，21%を超えると「超高齢社会」である。日本では2007年に超高齢社会となり，2020年の高齢化率は28.7%である。　エ　ユニバーサルデザインフードの区分とは「容易にかめる，歯ぐきでつぶせる，舌でつぶせる，かまなくてよい」の4つである。

【5】①

〈解説〉エ　トランス脂肪酸を含む硬化油の多量摂取により増加するコレステロールはHDLではなくLDLが正しい。一般的に，HDLコレステロールは善玉コレステロールともいわれ，動脈硬化を防ぐはたらきを持つ。一方，LDLは悪玉コレステロールともいわれ，動脈硬化の原因となる。

【6】⑤

〈解説〉緑黄色野菜の定義は「カロテン含有量が可食部100g中600μg以上」であり，選択肢では，なばな，せり，かいわれだいこんが該当する。また，カロテン含有量は可食部100g中600μg未満だが，食べる回数や1度に摂取する量が多く，カロテンの補給源となることからトマト，アスパラガスも緑黄色野菜とみなされている。

【7】②

〈解説〉ア　一般的に弁当やサンドイッチ，食肉など品質の劣化が早いものは消費期限，スナック菓子や牛乳など品質の劣化が比較的緩やかなものは，賞味期限を記載する。なお，塩や砂糖など一定条件を満たすものは期限表示を省略できる。　ウ　ナトリウム量は「食塩相当量」に換算して表示することとしている。

【8】②

〈解説〉アはトレーサビリティのことである。イの冷凍食品認定証マークは日本冷凍食品協会が定める基準に適合した工場で製造された冷凍食品につけるマークである。エは機能性表示食品である。特定保健食品(特保)は表示されている効果や安全性について消費者庁が審査を行い，消費者庁長官が許可している商品である。

【9】③

〈解説〉推定エネルギー必要量は年齢，性別，身体活動レベル(3段階)によって異なる。受験生としては，少なくとも中学校・高等学校に通う生徒の年代について把握しておきたい。なお，空欄イの選択肢にある2,400(kcal／日)は12～14歳(身体活動レベルⅡ)の数値であり，その年齢を境に推定エネルギー必要量は漸減する。

【10】 ④

〈解説〉しょうゆ，みりんの比重は1.2，油は0.9，酒と酢の比重は1.0である。砂糖，油，小麦粉については熱量も覚えておくとよいだろう。

【11】④

〈解説〉ウ 「食生活指針」は文部科学省･厚生労働省･農林水産省によって作成されたが，「食事バランスガイド」は厚生労働省，農林水産省による作成であり，文部科学省は関わっていない。

【12】②

〈解説〉イ 空気を通す性質は通気性であり，透湿性は体内の蒸気を外に逃がす性質を指す。なお，アのレーヨンは水分を含むと糸が太くなり，糸同士が引っ張る力が強くなるため縮みやすくなる。家庭での洗濯は難しい素材である。ウについて，羊毛の外側は鱗片に覆われ，薄い透明なクチクラ膜で包まれているため水をはじく。

【13】④

〈解説〉ア からみ織り一種なので「紗」が該当する。紬は平織りである。 イ なお，小紋は「染め」のことを指す場合が多い。 ウ 「斜文線が急角度」からギャバジンが該当する。サッカーは平織りの一種である。 エ 添毛織物はパイル織物ともいい，タオルや絨毯などに使われる。タフタは平織りの一種である。

【14】②

〈解説〉ここでいうカーボンブラックはススと考えるとよい。洗剤の浸透·乳化作用により，カーボンブラックが洗剤溶液とよく混ざり，浸した白い布にススがつかない。一方，Aのビーカーには洗剤が入っていないので，白い布にカーボンブラックが付着する。水の硬度を下げるため，アルミノケイ酸塩を使用する。

【15】④

〈解説〉パラジクロルベンゼン揮発性が強いため，効き目の広がりは防虫剤のなかで最もよく，虫のつきやすいウールなどに適している。ただし，金糸，銀糸を黒くしてしまうため，金糸，銀糸を使用している衣料には他の防虫剤を使用する。また，パラジクロルベンゼンとナフタリンを併用すると，お互いを溶かしあい，衣料のシミ・変色の原因となる。

【16】①

〈解説〉浴衣(和服)のけん先・おくみ・身八つ口・ふり・袖丈・ゆきは覚えておきたい。cについては，着物のたたみ方を覚えておくとわかる。なお，空欄アの選択肢にある「合づま」は衿の先のところのおくみの幅で，おくみ幅と同じか数ミリ狭い。空欄ウの選択肢にある「ふり」は袖の袖付けから袖下までのあいた部分のことである。

【17】②

〈解説〉ウは「たて編」ではなく，「よこ編」が正しい。なお，アのファッションの流行について，国際流行色委員会が2年前に流行色，1年前に流行の素材を決め，半年前にはファッションショーを開催するというように，2年前から意図的につくられている。

【18】③

〈解説〉後ろパンツのカーブはかがむ動作のことを考え，前パンツより長い。よって，カーブの曲線の短いbが前パンツとわかる。なお，問題にある9ARは9号サイズで，体型はA(標準的な体型でヒップが91cm程度)，身長はR(標準的な身長で158cm程度)を意味している。

【19】⑤

〈解説〉ウ　地方公共団体が設置しているのは消費生活センターであり，国民生活センターは消費者庁所管の国の機関としている。　エ「商品到着後20日以内」ではなく「商品到着後8日以内」が正しい。なお，返品のための送料は購入者負担となっている。

【20】③

〈解説〉ウ　一般的に，クレジットカードは18歳から所持できる(高校生は不可)。ただし，未成年者は親権者の同意が必要になる。本問ではエシカル消費やエコロジカル・フットプリントといった，近年話題になっている用語が出題されているので，これを機に学習するとよい。

【21】①

〈解説〉アは第1ステージの幅は広く，それ以降は幅が小さくなるが，第5ステージで再度幅が広くなるので居住費が該当する。幅が狭くなるのは持ち家を購入するため。実際には住宅ローンが発生するが，本表では反映されていないことに注意。第5ステージで幅が広くなるのは消費支出全体の減少と持ち家の修繕費が多くなることが考えられる。イ，ウはどのステージでも一定なので，固定費的要素が強いことに注意。エは第4ステージでピークになり，第5ステージでほぼ消滅するので，子どもの教育費が考えられる。

【22】④

〈解説〉なお，モビリティハウスは，主に車いす使用者を対象とし，有効通路幅員の確保や段差の解消などを行った住宅のこと。コーポラティブハウスは入居希望者が組合を結成，その組合が事業主となって，土地取得や建設業者の手配といった建設行為のすべてを行う集合住宅を指す。自由な設計と共同住宅の住人を比較的理解しているという安心感があるといった特徴がある。シェアハウスは自室以外に，共同スペースをもった賃貸住宅のこと。共同スペースの例として，交流ラウンジ，キッチン，シャワー(浴室)，トイレがあげられる。

【23】③
〈解説〉消費者基本法の特徴として，条文に「消費者の(8つの)権利」が示されていることがあげられる。本法は第1～2条が頻出なので，その条文を中心に学習するとよいだろう。

【24】ア　受け皿　　イ　保育人材　　ウ　寄り添う　　エ　保育の質　オ　働き方
〈解説〉「子育て安心プラン」は待機児童ゼロをめざし，女性の就業労働力率(M字カーブ)解消のために立ち上げたプランである。現在は「新子育て安心プラン」(令和3～6年度)を実施している。「新子育て安心プラン」では待機児童の6割は都市部で発生していること，保育士の退職原因の約28%が「仕事量が多い」であり，再就職の希望条件に勤務時間を上げている等を踏まえ，4年間で約14万人の受け皿を目指し，地域の特性に応じた支援等を行う。

【25】ア　だし　　イ　固まる，(熱)凝固する，固くなる　　ウ　(水溶き)片栗粉，(水溶きでんぷん)　　エ　すだち(す)　　オ　(気)泡
〈解説〉かきたま汁の手順としては，だし汁を塩・しょう油で調味する，水溶き片栗粉を流し入れる，再度沸騰したら溶き卵を回し入れるとなる。卵料理のすが立つ(すだち)現象は，液中の水分が沸騰してできるもの。したがって，蒸し器の蓋をずらして隙間を作る，ふきん等を敷いて熱が直接容器にあたらないようにするといった対策が考えられる。

【中学校】

【1】a　生活文化　　b　共にする　　c　水　　d　蒸す　　e　煮物

〈解説〉c　栄養素以外では水と食物繊維について触れるとされているが，学習指導要領解説では「食物繊維は，消化されないが，腸の調子を整え，健康の保持のために必要であること，水は，五大栄養素には含まれないが，人の体の約60％は水分で構成されており，生命維持のために必要な成分であることにも触れるようにする」としている。　d　なお，小学校では「茹でる」や「いためる」を学習している。そのことを踏まえれば，解答できると思われる。

【2】ア　安全　　イ　衛生　　ウ　幼児や高齢者　　エ　対応策
オ　食物アレルギー

〈解説〉技術・家庭科では調理等の実習で機器類，刃物類，電気，火気などを取り扱うため，十分な注意を要する。なお，学習指導要領解説では安全管理と安全指導に大別し，実習室や用具の管理，生徒の身だしなみ等について気をつけるべき点を示している。

【高等学校】

【1】ア　協働　　イ　社会の構築　　ウ　主体的　　エ　論理的
オ　地域社会

〈解説〉学科目標は学習指導要領の中でも最頻出なので，文言の意味も含めて学習しておくこと。今回の改訂で目標は「知識・技能」「思考力・判断力・表現力等」「学びに向かう力・人間性等」の各面からも示されるようになった。これらもあわせて学習すること。

【2】ア　介護　　イ　自己決定　　ウ　生活の質　　エ　高齢化
オ　尊厳

〈解説〉科目のねらいと改訂の要点に関する問題。本資料によると，本科目について，生活支援サービスと介護の実習などを通して，高齢者の自立生活支援と福祉の充実を担う職業人として必要な資質・能力を育成することを目指すとしている。専門学科は，より実践的な内容となっていることを踏まえて学習すること。

2020年度　実施問題

【中高共通】

【1】次のア～オの各文は，子育て支援について述べたものである。文章の内容として正しいものを○，誤っているものを×としたとき，正しい組合せを選びなさい。

ア　就労などのために家庭での保育ができない乳幼児を保育することを目的とした施設を保育所という。

イ　病気や病後の子どもを一時的に保育することを病児保育という。

ウ　日中家庭に保護者がいない小学生が過ごす場所を認定こども園という。

エ　3歳から小学生までの子どもの教育を行う教育機関を児童館という。

オ　子育て中の親が集う場を提供したり，様々な相談活動などを実施している施設を子育て支援センターという。

	ア	イ	ウ	エ	オ
①	×	○	○	○	×
②	○	○	○	×	×
③	×	×	×	○	×
④	○	○	×	×	○
⑤	○	×	○	×	○

(☆☆☆◎◎◎)

【2】次の各文は，児童福祉法(平成23年法律第105号)の一部を抜粋したものである。文中の(　ア　)～(　オ　)に当てはまる語句の正しい組合せを選びなさい。ただし，同じ記号には同じ語句が入る。

○　すべて国民は，児童が心身ともに(　ア　)に生まれ，且つ，育成されるよう努めなければならない。

○　すべて児童は，ひとしくその生活を保障され，(　イ　)されなければならない。

○　国及び(　ウ　)は，児童の保護者とともに，児童を心身ともに(　ア　)に育成する責任を負う。

○　この法律で，児童とは，(　エ　)に満たない者をいい，児童を次のように分ける。

一　乳児　(　オ　)に満たない者

二　幼児　(　オ　)から，小学校就学の始期に達するまでの者

三　少年　小学校就学の始期から，(　エ　)に達するまでの者

	ア	イ	ウ	エ	オ
①	健康	愛護	都道府県	満十八歳	満一歳
②	健やか	養護	都道府県	満十六歳	満三歳
③	健やか	愛護	地方公共団体	満十八歳	満一歳
④	健康	養護	地方公共団体	満十六歳	満一歳
⑤	健やか	愛護	都道府県	満十六歳	満三歳

(☆☆☆☆◎◎◎)

【3】次のア～エの各文は，男女共同参画社会基本法で述べられている，男女共同参画社会を実現するための基本理念について説明したものである。正しいものを○，誤っているものを×としたとき，正しい組合せを選びなさい。

ア　男女の個人としての尊厳を重んじ，男女の差別をなくし，男性も女性もひとりの人間として能力を発揮できる機会を確保する必要がある。

イ　昔ながらの慣習に則った役割分担意識に基づいて，男女が活動できるように社会の制度や慣行の在り方を守っていく必要がある。

ウ　男女が社会の対等なパートナーとして，あらゆる分野において方針の決定に参画できる機会を確保する必要がある。

エ　男女が対等な家族の構成員として，互いに協力し，社会の支援も受け，家族としての役割を果たしながら，仕事や学習，地域活動等ができるようにする必要がある。

	ア	イ	ウ	エ
①	○	×	○	○
②	○	○	×	×
③	×	×	○	×
④	×	○	×	○
⑤	○	×	○	×

(☆☆☆◎◎◎)

【4】次のア～エの各文は，高齢社会の現状と課題について述べたものである。正しいものを○，誤っているものを×としたとき，正しい組合せを選びなさい。

ア　流動性能力は年齢とともに低下する傾向があるが，結晶性能力はあまり低下しない。

イ　厚生労働省「国民生活基礎調査」(2013年)によると，65歳以上の者のいる世帯数の構成割合は，親と未婚の子のみの世帯の方が，単独世帯より多い。

ウ　2011年介護保険法改正により，政府は第1次ベビーブームで生まれた「団塊の世代」が後期高齢者となる2025年をめどに，地域包括ケアシステムの実現を目指して整備を進めている。

エ　内閣府「平成28年版高齢社会白書」によると，65歳以上の高齢者の健康状態について，半数近くが何らかの自覚症状を訴えているが，日常生活に影響がある人は5分の1程度である。

	ア	イ	ウ	エ
①	○	×	×	○
②	×	○	×	○
③	○	○	×	×
④	×	×	○	×
⑤	○	×	○	×

(☆☆☆☆◎◎◎)

【5】次のア～エの各文は，幼児の発達について述べたものである。文章の内容が正しいものを○，誤っているものを×としたとき，正しい組合せを選びなさい。

ア　2歳頃には一語文を話すようになり，4歳頃には日常会話がほぼできるようになる。

イ　1歳を過ぎるとだだこねが現れ，2歳頃から自我がさらに発達し，反抗的になる。

ウ　3歳頃には，歩く，走る，投げるといった基本的運動能力を身につける。

エ　子どもの遊びの発達の順番は，模倣遊び，感覚遊び，構成遊び，受容遊び，運動遊び，集団遊びの順である。

	ア	イ	ウ	エ
①	○	○	×	×
②	×	○	○	×
③	×	×	○	○
④	○	×	○	○
⑤	×	○	×	○

(☆☆☆◎◎◎)

【6】次のア～オの各文は，ライフステージごとの食生活の特徴や注意点についてまとめたものである。ア～オの各文に当てはまるライフステージを早いものから順に並べたとき，正しい順番に並んでいるものを選びなさい。

ア　成長も著しく活動も盛ん。たんぱく質やカルシウムをとり，水分も十分にとる。間食が必要。

イ　動物性脂肪や塩分の摂取を控え，野菜類の不足に注意する。食べ過ぎに注意し，適度な運動を心がけ，生活習慣病予防やストレス発散を心がけ健康を管理する。

ウ　最も成長が著しく，乳汁から離乳食へ移行し，乳汁だけでは不足してくる鉄やたんぱく質を補う。

エ　体の機能が全体的に低下し，消化機能，食欲も衰える。歯が悪くなることが多く，胃腸への負担が少ない食品を選ぶ他，たんぱく質やカルシウムをとるように心がける。

オ　成長期で運動量も多く，規則正しい食事を心がけ，エネルギーや必要な栄養素を十分にとる。食生活を総合的に営む力を付ける時期でもある。

①	ア → ウ → オ → イ → エ
②	ウ → ア → イ → エ → オ
③	ウ → ア → オ → イ → エ
④	ウ → オ → ア → エ → イ
⑤	ア → オ → ウ → エ → イ

(☆☆☆◎◎◎)

【7】次のア～オの各文は，ビタミンについて述べたものである。正しいものを○，誤っているものを×としたとき，正しい組合せを選びなさい。

ア　ビタミンには脂溶性ビタミンと水溶性ビタミンがあり，多くのビタミンは体内で合成できないため，食事から摂取する。

イ　脂溶性ビタミンは脂質といっしょにとると吸収がよいが，とりすぎると尿中に排出されるため不足しやすく，毎日適量をとる必要がある。

ウ　緑黄色野菜は色の濃いものが多く，体内でビタミンAに変わるカロテンを多く含む。

エ　水溶性ビタミンのビタミンCはいちごやかんきつ類に多く含まれ，欠乏症として壊血病を引き起こす。

オ　脂溶性ビタミンのビタミンB1は胚芽などに多く含まれ，糖質の代謝に関係しており，欠乏すると脚気を引き起こす。

	ア	イ	ウ	エ	オ
①	×	×	○	×	○
②	○	×	○	○	×
③	×	○	○	×	○
④	○	○	×	○	×
⑤	○	×	×	×	○

(☆☆☆◎◎◎)

【8】次の無機質(ミネラル)の種類と働きについて，A～Cの問いの正しいものを選んだとき，当てはまる正しい組合せを選びなさい。

A　次の表の(　ア　)～(　ウ　)に語群から最も適切な語句を選びなさい。

名称	主な働き	多く含まれる食品例	欠乏症状
(　ア　)	細胞の浸透圧調節	野菜，果物	疲労感，食欲不振
カルシウム	骨や歯の主成分，血液凝固	乳・乳製品，小魚	骨粗鬆症，(　イ　)
鉄	血液，筋肉の成分，酸素の運搬	レバー，肉類，(　ウ　)	鉄欠乏性貧血

a　ナトリウム　　b　カリウム　　c　手足のふるえ

d　味覚障害　　e　きな粉　　f　チーズ

B　日本人に不足しがちな無機質(ミネラル)の組合せで正しいものを選びなさい。

a　カルシウム・ナトリウム

b　鉄・リン

c　カルシウム・鉄

C　次のア～ウの各文のうち，正しい文の組合せを選びなさい。

ア　リンは骨や歯の主成分で，卵黄や肉などに多く含まれる。

イ　亜鉛は酵素の成分であり，欠乏すると甲状腺肥大を引き起こす。

ウ　ナトリウムは過剰摂取により健康問題を生じる。

a　ア・イ　　b　イ・ウ　　c　ア・ウ

	A			B	C
	ア	イ	ウ		
①	a	d	e	c	a
②	b	d	f	b	b
③	b	c	e	b	b
④	a	c	f	a	c
⑤	b	c	e	c	c

(☆☆☆◎◎◎)

【9】次の食肉の部位について，A・Bの問いに答えなさい。

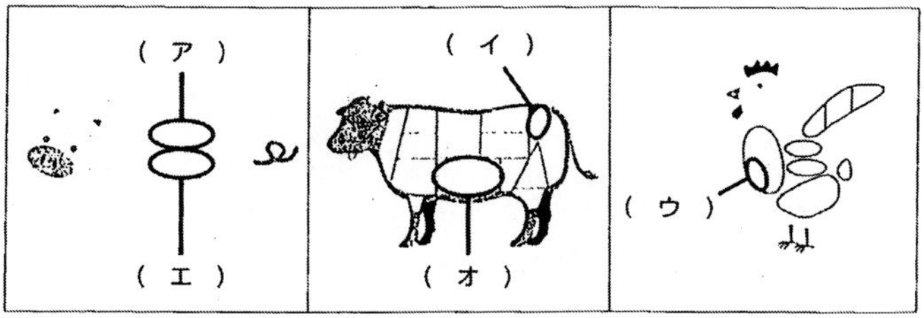

A (ア)~(ウ)に当てはまる部位の名称を選びなさい。

a レバー　b ささみ　c ロース

d ランプ　e ヒレ

B (エ), (オ)に適している調理を選びなさい。

a サラダ　b ソテー　c から揚　d 煮込み

	A			B	
	ア	イ	ウ	エ	オ
①	c	d	b	b	d
②	d	c	b	d	c
③	c	e	a	b	a
④	d	c	a	a	d
⑤	c	d	b	d	c

(☆☆☆◎◎◎)

【10】次の各文は日本の食生活について述べたものである。文中の(ア)~(エ)に当てはまる語句の正しい組合せを選びなさい。

○　家庭では，家族それぞれの生活時間や好みが優先され，同じ食卓を囲んでいても家族それぞれが異なる食事をする(　ア　)などが問題となっている。

○　食の簡便化志向が進み，種類の豊富な惣菜や弁当類が数多く市販されるようになり，中食が増加し，(　イ　)の比率が高くなっている。

○　フードマイレージは，食料品の輸送量×輸送距離で算出される数値であり，大きいほど(　ウ　)への負荷が大きい。

○　生産から消費までの履歴情報をたどれる(　エ　)の導入など，安全性を重視する取組が各地でおこなわれている。

	ア	イ	ウ	エ
①	孤食	内食	家計	トレーサビリティ
②	個食	内食	環境	HACCP
③	孤食	食の外部化	家計	HACCP
④	個食	食の外部化	環境	トレーサビリティ
⑤	孤食	内食	家計	トレーサビリティ

(☆☆☆◎◎◎)

【11】アレルギーの表示義務がある特定原材料7品目に含まれる食品の組合せで，正しいものを選びなさい。

a　卵　　b　大豆　　c　落花生　　d　乳
e　小麦　　f　ごま　　g　いか　　h　えび
i　かに　　j　さば　　k　もも　　l　りんご
m　ゼラチン　　n　そば　　o　キウイフルーツ

①	b	c	e	g	i	k	o
②	a	b	d	e	h	j	m
③	b	c	f	g	j	n	o
④	a	c	d	e	h	i	n
⑤	a	b	f	g	k	l	m

(☆☆☆◎◎◎)

【12】次の表は卵の調理性と用途についてまとめたものである。表中の(ア)~(オ)に当てはまるものを選んだとき，正しい組合せを選びなさい。

調理性	調理性の説明
熱凝固性	加熱により凝固。凝固温度は卵黄が約68℃，卵白が約73℃。
(ア)性	卵液に水，だし汁，牛乳等を加え，加熱すると(イ)化してなめらかな舌ざわりになる。
結着性	ひき肉料理やフライの衣をつけるときのつなぎの役割。
卵黄の乳化性	卵黄に含まれる(ウ)が，水と(エ)を結びつける乳化剤として機能する。
卵白の(オ)性	卵白を攪拌すると泡立つ。

a 起泡　　b 希釈　　c ゲル　　d ゾル　　e チアミン
f レシチン　　g 油　　h 空気

	ア	イ	ウ	エ	オ
①	b	d	e	h	a
②	b	c	f	g	a
③	a	c	e	g	b
④	b	c	f	h	a
⑤	a	d	f	h	b

(☆☆☆◎◎◎)

【13】次のア～エの各文は，被服の機能と着装について述べたものである。正しいものを○，誤っているものを×としたとき，正しい組合せを選びなさい。

ア　空気の熱伝導率は大きいので，空気を保持することで保温性は高まる。寒い季節には，空気を上手に保持する着方を工夫するとよい。

イ　和服の「つけ下げ」は，肩から胸，そでを通り裾までひと続きになった絵羽模様が特徴である。

ウ　アオザイは，立体構成の衣服で，ベトナムの民族衣装である。

エ　色は色相(色合い)，明度(明るさ)，彩度(鮮やかさ，鈍さ)の3属性で規定される。色の組み合わせを配色といい，服を着こなすうえで大切な要素である。

	ア	イ	ウ	エ
①	×	×	○	×
②	○	×	×	×
③	×	○	○	×
④	×	×	○	○
⑤	○	○	×	○

(☆☆☆◎◎◎)

【14】次の文は，JIS：2001　L4004成人男子用衣料のサイズと，L4005成人女子用衣料のサイズについて述べたものである。文中の(　ア　)～(　エ　)に当てはまる語句の正しい組合せを選びなさい。

成人男子用衣料のサイズは，チェストとウエストの寸法差によって(　ア　)種類の体型に区分している。チェストとウエストの寸法差が16cmの人の体型は(　イ　)体型である。

成人女子用衣料のサイズでは，日本人の成人女子の身長を142cm，150cm，158cm及び166cmに区分している。更にバスト74～92cmを3cm間隔で，92～104cmを4cm間隔で区分したとき，それぞれの身長とバストの組合せにおいて出現率が最も高くなるヒップのサイズで示される人の体型をA体型区分としている。A体型より(　ウ　)が(　エ　)cm大きい人の体型をB体型としている。

	ア	イ	ウ	エ
①	10	B	ヒップ	4
②	10	Y	ウエスト	8
③	12	Y	ヒップ	4
④	12	B	ウエスト	8
⑤	10	Y	ヒップ	8

(☆☆☆◎◎◎)

【15】次のア～エの各文は，天然繊維について述べたものである。正しいものを○，誤っているものを×としたとき，正しい組合せを選びなさい。

ア　繭から製糸したままの生糸は，2本のセリシンがフィブロインによって包まれている。

イ　家庭用品品質表示法で定められている「麻」には，亜麻が含まれる。

ウ　綿繊維は扁平で，中心組織，中層組織，鱗片の三組織から構成されている。

エ　羊毛の繊維は，捲縮しているため，糸を紡ぎやすい。

	ア	イ	ウ	エ
①	×	○	○	×
②	○	×	○	○
③	×	○	×	○
④	○	○	×	×
⑤	○	×	×	○

(☆☆☆☆◎◎◎)

【16】次の各文は，布について記述したものである。(　ア　)～(　ウ　)に当てはまる語句の正しい組合せを選びなさい。

○　(　ア　)は，よこ編み三原組織の一つで，コースごとに表目と裏目を交互に配置した組織である。

○　(　イ　)は，もともとは手紡ぎの紡毛糸を毛染めにして，手織りで2/2の綾に織ったイギリスのスコットランド特有の織物をさした。

○　次の図は，(　ウ　)を示したものである。

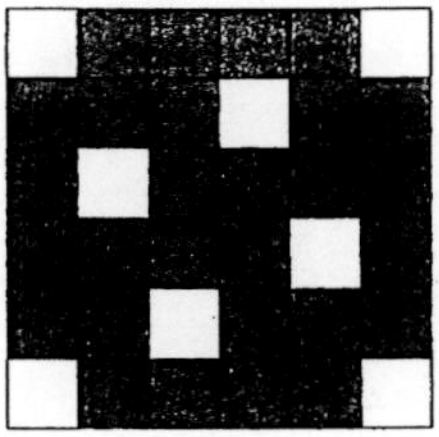

	ア	イ	ウ
①	パール編み	ツイード	朱子織
②	トリコット編み	ツイード	朱子織
③	パール編み	ドスキン	斜文織
④	トリコット編み	ドスキン	朱子織
⑤	トリコット編み	ツイード	斜文織

(☆☆☆◎◎◎)

【17】次の各文は，図1のブラウス製作について述べたものである。(　ア　)~(　オ　)に当てはまる語句の正しい組合せを選びなさい。

○　接着しんは，アイロンを(　ア　)かけてはる。

○　ミシン縫いで，上糸がつれる場合は，上糸調節ねじを少しずつ(　イ　)て調節する。

○　(　ウ　)のつけ側の縫い代は，折返りのゆとり分として，着用したときに落ち着きをよくするために，(　エ　)よりも多くつける。

○　図2のそでの型紙のそで山の前側は，(　オ　)である。

図1

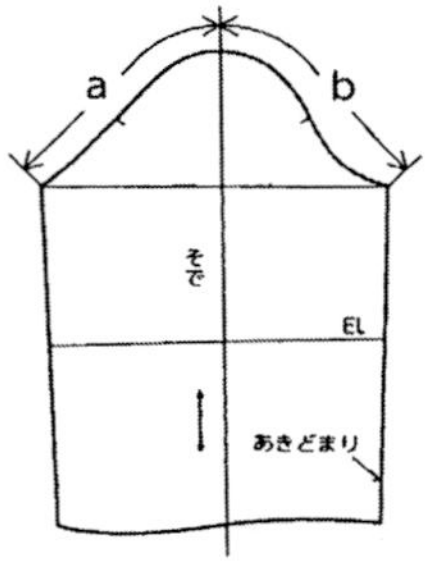

図2

	ア	イ	ウ	エ	オ
①	上から押さえて	ゆるめ	表えり	裏えり	b
②	すべらせながら	しめ	裏えり	表えり	b
③	上から押さえて	ゆるめ	裏えり	表えり	a
④	すべらせながら	ゆるめ	表えり	裏えり	a
⑤	上から押さえて	しめ	表えり	裏えり	a

(☆☆☆◎◎◎)

【18】次の各文は，衣生活の管理について述べたものである。(　ア　)~(　オ　)に当てはまる語句の正しい組合せを選びなさい。

○　図1の取扱い表示は，(　ア　)の表示である。

○　家庭用品品質表示法により，表示者名の表示は義務づけられて(　イ　)。

○　図2の「－」は「線なし」よりも(　ウ　)，「＝」はさらに(　エ　)洗濯機での洗い方である。

○　消費者庁は平成27年3月31日に衣料品の「取扱い表示」に関する繊維製品品質表示規定を改正し，平成28年12月1日から施行した。JISの新しい「取扱い表示記号」は，国際規格((　オ　)3758)の表示記号と同じ記号を用いている。

図1

図2

	ア	イ	ウ	エ	オ
①	漂白	いる	強く	強い	QOL
②	自然乾燥	いる	弱く	弱い	QOL
③	漂白	いない	強く	強い	ISO
④	漂白	いる	弱く	弱い	ISO
⑤	自然乾燥	いない	弱く	弱い	QOL

(☆☆☆◎◎◎)

【19】次の文章は，被服材料の加工について述べたものである。(　ア　)～(　ウ　)に当てはまる語句の正しい組合せを選びなさい。

○　強い酸に侵されない繊維の糸で地組織を構成した上で，酸に侵される繊維の糸を織りつけたり編みつけたりして，生地をつくる。これに模様の形に強酸性の薬品を印捺するか，防酸剤を印捺して強酸性の液に浸漬する。強酸のついた部分の酸に弱い繊維の糸は，分解して抜け落ち，抜けた部分と抜けない部分の対照で模様があらわれる。このように布に模様をあらわす加工を(　ア　)加工という。

○　減量加工は，風合い調整の目的で(　イ　)に用いられる。

○　(　ウ　)加工には，フッ素系樹脂を塗布して加工する方法がある。

	ア	イ	ウ
①	オパール	毛	W&W
②	オパール	ポリエステル	防汚
③	シルケット	毛	防汚
④	オパール	毛	防汚
⑤	シルケット	ポリエステル	W&W

(☆☆☆☆◎◎◎)

【20】次のア～エの各文は，住居や室内環境に関して述べたものである。文章の内容が正しいものを○，誤っているものを×としたとき，正しい組合せを選びなさい。

ア　シックハウス症候群とは，一定量以上の化学物質が体内に入ることで，ごく微量でも反応するようになるアレルギー疾患のことである。

イ　室内の二酸化炭素濃度が1％に達すると，頭痛，めまい，耳鳴りなどが起こる。

ウ　太陽光は明るさや熱を与え，殺菌作用もあるため，家族の健康のためにも不可欠である。建築基準法では，部屋の有効採光面積は，窓などの開口部がその居室の床面積の9分の1以上と定めている。

エ　一酸化炭素は，不完全燃焼により発生する。無色無臭で強い毒性がある。少量でも吸い込むと急に体が動かなくなり，意識不明に陥ったり，死に至ったりすることがある。

	ア	イ	ウ	エ
①	○	○	○	○
②	×	×	○	○
③	○	×	×	×
④	×	○	○	×
⑤	×	×	×	○

(☆☆☆◎◎◎)

【21】次のア～エの各文は，よりよい住生活を送るための工夫についてまとめたものである。文章の内容が正しいものを○，誤っているものを×としたとき，正しい組合せを選びなさい。

ア　十分に葉がしげった緑のカーテンは，日射を防ぐことができ，葉から出る水分の蒸発によって空気の温度が下がる。うまく利用することでエアコンの使用頻度を少なくし省エネにつながる。

イ　生活を始めた後，住まい方の工夫としてカーテンやマット，家具の配置などによっての防音対策は効果がない。そのため，建築段階で防音対策をしておくことが不可欠である。

ウ　高齢者や障害のある人などが安心して暮らせるように，段差をできるだけなくしたり，トイレや浴室，階段などに手すりをつけたりすることをユニバーサルデザインと呼び，家庭内事故防止につながる。

エ　住宅火災による死亡者の5割以上が逃げ遅れによるものである。火災の早期発見のために，消防法では，「住居内には1か所以上の住宅用火災警報器の設置をすること」と義務付けられている。

	ア	イ	ウ	エ
①	○	×	×	×
②	○	○	○	×
③	×	×	○	○
④	×	○	○	×
⑤	○	×	×	○

(☆☆☆◎◎◎)

【22】次のア～オの都道府県には，外観が特徴的な住まいがある。その住まいの特徴の説明として正しいものをA～Fから選び，正しい組合せを選びなさい。

【都道府県】

ア　岐阜県　　イ　北海道　　ウ　岩手県　　エ　京都府

オ　沖縄県

【住まいの特徴】

A　曲屋といわれ，居住部分と馬屋部分が一体となっている。

B　町中に立つ「町家」は間口が狭く，奥に長い住まい。通りから中庭に抜ける通り庭があり，風を通し，日照を確保できるように工夫されている。

C　合掌造りの家。断熱効果がある茅を材料にして雪に耐える屋根の形をしている。

D　深い軒は強い日射しを遮り，広い開口部は風通しをよくしている。

E　出入りの時，室内に雪や冷気が入らないように二重玄関にしている。

F　斜面に石垣を積み上げて，作った集落にある。高い石垣が，台風や冬の風から家を守っている。

	ア	イ	ウ	エ	オ
①	F	C	E	A	D
②	E	C	A	D	F
③	C	E	A	B	D
④	F	E	D	B	A
⑤	C	B	D	A	F

(☆☆☆◎◎◎)

【23】次のア～オのマークとマークの説明の内容が正しいものを○，誤っているものを×としたとき，正しい組合せを選びなさい。

ア	FAIRTRADE	原料の生産・輸出入・加工・製造工程を経て製品となるまでの全過程で，定められた基準が守られていることを証明する。
イ		目の不自由な子どもも，安全にいっしょに遊べるように工夫されたおもちゃについている。
ウ		返品や交換に応じるなど公正な販売につとめている事業者で組織される日本カタログショッピング協会のマーク
エ		製品安全協会が，安全と認定した製品につけられている。製品の欠陥による事故には，損害賠償が行われる。
オ		防犯性能の高い建物試験基準に合格したドアや窓などにつけられている。

	ア	イ	ウ	エ	オ
①	○	×	×	○	○
②	×	×	○	×	×
③	×	○	○	×	○
④	○	×	○	○	○
⑤	○	○	×	×	×

(☆☆☆◎◎◎)

【24】未成年による契約は，取り消すことができる場合とできない場合がある。次の各文のうち契約を取り消すことができる場合は○，取り消すことができない場合を×としたとき，正しい組合せを選びなさい。

ア　20歳以上だと年齢を偽っていた場合

イ　契約書の法定代理人の承認欄に無断で記入していた場合

ウ　契約者が未婚の場合

エ　小遣いの範囲内の契約だった場合

オ　法定代理人の同意を得ての契約だった場合

	ア	イ	ウ	エ	オ
①	×	×	○	×	×
②	×	○	×	×	○
③	○	×	○	○	○
④	○	○	×	○	×
⑤	×	○	○	×	×

(☆☆☆◎◎◎)

【25】次の各文は，被服材料の性能の改善及び衣服と環境について述べたものである。(　ア　)～(　オ　)に当てはまる言葉を書きなさい。

○　衣料品の使用目的や用途に応じて，繊維，糸，布，縫製後の各段階で，さまざまな加工や処理が行われ，性能の改善が図られている。各繊維のそれぞれの長所をいかし，短所を補う(　ア　)には，異なる短繊維を混ぜて糸を作る(　イ　)，異なる2種類以上の糸を用いて織る(　ウ　)等がある。

○　被服のリサイクルには，古着などを裁断して布状にばらしウエスとして利用するなど，主に回収した繊維を製品に再生するマテリアルリサイクル，回収した合成繊維製品を洗ったり，細かく粉砕したりした後で化学的に分解し元の原料に戻して，繊維の原料として使用する(　エ　)リサイクル，他の可燃ごみと一緒に焼却して発電などに利用する(　オ　)リサイクルがある。

(☆☆☆◎◎◎)

【中学校】

【1】米の特徴と調理性について次の問いに答えなさい。

A　次の図は玄米の構造である。(　ア　)，(　イ　)の名称を答えなさい。

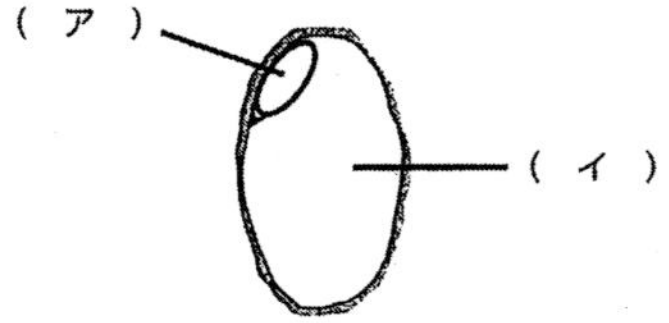

B　次の文の(　ウ　)～(　オ　)に適切な語句を記入しなさい。

○　生の米に水と(　ウ　)を加えると，(　エ　)し炊きたてのご飯となる。

○　うるち米を粉にした加工品を(　オ　)粉という。近年お菓子用などに流通している米粉は，これをさらに細かく粉砕したものである。

(☆☆☆◎◎◎)

【2】次の文は，中学校学習指導要領(平成29年告示)「第2章　各教科」「第8節　技術・家庭」「第2　各分野の目標及び内容」「家庭分野」「2内容」「C　消費生活・環境」の一部を抜粋したものである。文中の(　ア　)～(　オ　)に当てはまる語句を答えなさい。ただし，同じ記号には同じ語句が入る。

(1) 金銭の管理と購入
ア 次のような知識及び技能を身に付けること。
(ア) 購入方法や支払い方法の特徴が分かり，計画的な(ア)の必要性について理解すること。
(イ) 売買契約の仕組み，(イ)の背景とその対応について理解し，物資・サービスの選択に必要な情報の収集・整理が適切にできること。
(2) 消費者の権利と責任
ア 消費者の(ウ)な権利と責任，自分や家族の(エ)が環境や社会に及ぼす影響について理解すること。
イ 身近な(エ)について，(オ)した消費者としての責任ある消費行動を考え，工夫すること。

(☆☆☆◎◎◎)

【3】次の文は，中学校学習指導要領解説技術・家庭編(平成29年文部科学省)「第3章 指導計画の作成と内容の取扱い」「1 指導計画作成上の配慮事項」「(1) 『主体的・対話的で深い学び』の実現に向けた授業改善」の一部を抜粋したものである。文中の(ア)~(オ)に当てはまる語句を答えなさい。

技術・家庭科における「主体的な学び」とは，現在及び将来を見据えて，生活や社会の中から問題を見いだし課題を設定し，(ア)をもって解決に取り組むとともに，学習の過程を振り返って実践を(イ)・(ウ)して，新たな課題に主体的に取り組む態度を育む学びである。そのため，学習した内容を実際の生活で生かす場面を設定し，自分の生活が家庭や(エ)と深く関わっていることを認識したり，自分が社会に(オ)し貢献できる存在であることに気付いたりする活動に取り組むことなどが考えられる。

(☆☆☆◎◎◎)

【高等学校】

【1】次の各文は，高等学校学習指導要領(平成21年3月告示)「第2章　各学科に共通する教科」「第9節　家庭」「第3款　各科目にわたる指導計画の作成と内容の取扱い」の一部を抜粋したものである。文中の(　ア　)～(　オ　)に当てはまる語句を答えなさい。

> (1)　生徒が自分の生活に結び付けて学習できるよう，(　ア　)的な学習を充実すること。
> (2)　子どもや高齢者など様々な人々と触れ合い，(　イ　)とかかわる力を高める活動，衣食住などの生活における様々な事象を言葉や概念などを用いて考察する活動，(　ウ　)が必要な場面を設けて理由や根拠を論述したり適切な解決方法を(　エ　)したりする活動などを充実すること。
> (3)　食に関する指導については，家庭科の特質を生かして，食育の充実を図ること。
> (4)　各科目の指導に当たっては，コンピュータや(　オ　)ネットワークなどの活用を図り，学習の効果を高めるようにすること。

(☆☆☆◎◎◎)

【2】次の文は，高等学校学習指導要領解説家庭編(平成22年文部科学省)「第2部　主として専門学科において開設される教科「家庭」」「第1章　総説」「第2節　教科の目標」の一部を抜粋したものである。文中の(　ア　)～(　オ　)に当てはまる語句を答えなさい。

> 今回の改訂では，(　ア　)の進展や食育の推進，ライフスタイルの多様化に対応し，衣食住，保育，家庭看護や介護などの(　イ　)にかかわる生活産業のスペシャリストを育成する視点をより一層明確に示した。
> 教科の目標は大きく三つに分けて考えることができ，これらを有機的に関連付けて，生活産業にかかわる将来のスペシャリ

スト に必要な資質や能力の育成を目指している。

① 家庭の生活にかかわる産業に関する基礎的・基本的な知識と技術を習得させること。

② 生活産業の(　ウ　)な意義や役割を理解させること。

③ 生活産業を取り巻く諸課題を主体的，合理的に，かつ(　エ　)をもって解決し，生活の質の向上と社会の発展を図る(　オ　)な能力と実践的な態度を育てること。

(☆☆☆◎◎◎)

解答・解説

【中高共通】

【1】④

〈解説〉ウは「認定こども園」が誤りで，「学童保育」がその役割を担っている。学童保育は，放課後児童クラブとも呼ばれる。1997年に児童福祉法が改正され，学童保育が「放課後児童健全育成事業」として法制化された。それまで原則10歳未満が対象とされていたが，2015年，全小学生が対象となった。エは「児童館」が誤りで，「幼稚園」と「認定こども園」である。従来は，幼稚園が文部科学省の管轄で実施していたが，2006年に認定こども園制度が開始され，管轄は文部科学省と厚生労働省である。つまり「認定こども園」は幼稚園と保育園の両方の役割を担っている。

【2】③

〈解説〉児童福祉法は，1947年に児童の健全な育成，児童の福祉の保障とその積極的増進を基本とする総合的法律として制定された。設問は，第1条，第2条および第4条に明記してあるので確認しよう。また児童福祉法は，妊娠・出産・育児に関わる箇所としては，保育所への入所の手続き，母子家庭への支援，心身障害児に対する自立支援がある。

【3】①

〈解説〉「男女共同参画社会基本法」は，1999年に制定された。設問の箇所については，第4条に「男女共同参画社会の形成に当たっては，社会における制度又は慣行が，性別による固定的な役割分担等を反映して，男女の社会における活動の選択に対して中立でない影響を及ぼすことにより，男女共同参画社会の形成を阻害する要因となるおそれがあることにかんがみ，社会における制度又は慣行が男女の社会における活動の選択に対して及ぼす影響をできる限り中立なものとするように配慮されなければならない」と明記されている。

【4】⑤

〈解説〉イについては，厚生労働省「国民生活基礎調査」(2013年)によると，65歳以上の者のいる世帯数の構成割合は，「親と未婚の子のみの世帯」が19.8%，「単独世帯」が25.6%で「単独世帯」の方が多い。一番多いのは「夫婦のみの世帯」で31.1%である。エの65歳以上の高齢者の健康状態について，日常生活に影響がある人は「約4分の1」である。

【5】②

〈解説〉アについて，「一語文」を話せるようになるのは1歳頃である。2歳で二語文ができる。簡単な会話ができるようになるのは3歳頃である。エの子どもの遊びの発達の順番は，感覚遊び(0～1歳半)，運動遊び(0歳～)，模倣遊び(1歳半～6･7歳)，受容遊び(1歳～)，構成遊び(2歳～)，集団遊び(5歳頃～)である。なお，「感覚遊び」とは，耳・鼻・口・手足などを使って感触や音を楽しむ遊び。「受容遊び」とは，お話しを聞いたりなど，受身になって受け取る遊び。「構成遊び」とは，いろいろなものを組み立てたり，作り出したりするところに楽しみを感じる遊び。積み木，絵をかく，粘土細工，折り紙など。

【6】③

〈解説〉ライフステージの順にみると，ウの乳児の栄養は，生後4,5か月ごろまでは母乳または調整粉乳によるが，生後5,6か月頃になると乳汁だけでは栄養が不足するので離乳食を与える。完了の目途は12か月から18か月頃である。次はアの幼児期で，就学前までをいう。食事摂取基準は体重当たりでみると成人に比べて多く，間食はおやつとして楽しみの一つでもあるが，栄養の補給も大きな目的なのでおやつの内容に留意する。次はオの学童期で身体の成長とともに病気に対する抵抗力がつく時期でもある。イの成人期は，特に肥満などから生活習慣病を発症しやすい時期である。最後はエの高齢期である。一人暮らしや高齢夫婦のみの食事で簡単な食事による栄養不足等にも留意する。

【7】②

〈解説〉ビタミンは脂溶性ビタミンと水溶性ビタミンがある。それぞれの働き，欠乏症，過剰摂取による健康障害，多く含む食品等を十分に習得することである。イについて，「脂溶性ビタミン」はとりすぎても排出されず脂肪組織や肝臓などに貯蔵される。オについて「ビタミンB_1」は，水溶性ビタミンである。米などの糖質の代謝には，ビタミンB_1を多く含む胚芽や豚肉が必要である。これが不足すると代謝が滞り，体内に疲労物質の乳酸やピルビン酸が蓄積され脚気などの症状が出る。

【8】⑤

〈解説〉A　無機質(ミネラル)は，人体の組織を構成し，生理的機能を調節する。ミネラルは体内で合成できないため，食事から摂取する。
B　現代の食生活ではCの「カルシウム・鉄」が不足しやすい。カルシウムは99%が骨と歯に含まれる。骨量を維持するには，吸収率のよい牛乳や乳製品からとると良い。鉄は不足気味になると鉄欠乏性貧血を起こす。動物性食品の鉄は吸収されやすい。野菜中の鉄はビタミンCがあると吸収率が高まる。　C　イについて，亜鉛は，からだの中では骨や皮膚，酵素，各臓器に多く存在する。欠乏すると，発達が遅くなり皮膚炎や味覚の低下をまねく。

【9】①

〈解説〉調理面では，ロース，ヒレ，サーロインは柔らかく肉質がよく，牛肉はステーキやすき焼き等，豚肉はとんかつや生姜焼きに用いる。ばら，すね，ランプは肉のきめは粗いが脂の風味，うま味が出る。煮込みやスープなどに用いる。鶏ももはやわらかく，皮下に脂肪が多く唐揚げやソテーに利用する。鶏ささみは脂肪が少なく，茶碗蒸しのたねやサラダに用いる。

【10】④

〈解説〉アの「個食」の他に，一人で食事をする「孤食」や「ぼっち食」等もある。イに関して，「中食」とは家庭外で調理された食品を購入して持ち帰り，家庭の食卓で食べる食事のことである。食の外部化率は，外食率に中食の支出割合を加えたものをいう。ウに関して，食料を輸送するには，燃料の消費が必要である。食料を輸入してから，消費者の口に入るまでに，食料がどれくらいの距離を運ばれてきたのかを数字で表したのが，「フードマイレージ」である。エに関して，トレーサビリティは，BSE(牛海綿状脳症)の発生をきっかけに，2003年には牛肉トレーサビリティ法が，さらに2009年には米トレーサビリティ法が制定された。

【11】④

〈解説〉容器包装された加工食品で表示が義務づけられているアレルギー食品は7品目だが，あわび，いかなどの20品目は「特定原材料に準ずるもの」として表示が推奨されているが義務はない。

【12】②

〈解説〉アの「希釈性」を利用したものには，茶碗蒸しやプリンがある。「卵黄の乳化性」を利用したものにはマヨネーズがある。卵白の「起泡性」を利用したものにはメレンゲがある。

【13】④

〈解説〉アの「熱伝導率」とは，熱の伝えやすさのことであり，空気は熱伝導率が小さい。イについて，問題文の「肩から胸，そでを通り裾までひと続きになった絵羽模様」は，訪問着の特徴である。「つけ下げ」には絵羽模様はなく，訪問着より略式の装いになる。

【14】⑤

〈解説〉既製服のサイズ表示はJIS(日本工業規格)で決められており，年齢区分により乳幼児用，少年用，少女用，成人男子用，成人女子用に分けられている。なお，女子の胸まわりは「バスト」と表示し，男子は「チェスト」と表示する。

【15】③

〈解説〉アについて，繭から製糸したままの生糸は，2本のフィブロイン繊維がセリシンというたんぱく質で囲まれている。ウについて，綿繊維は，側面は扁平なリボン状でよじれがあり，断面は扁平で中空である。

【16】①

〈解説〉編み物には糸を編む方向によってよこ編みとたて編みがあり，よこ編みは，アの「パール編み」の他に平編み，ゴム編みがある。「パール編み」はセーター，靴下等で用いられる。イの「ツイード」は，織物の三原組織のうち「斜文織」。暖かそうな感じとラフな感じが特徴で男女のコート，スーツなどによく使われる。ウの「朱子織」は，摩擦に弱いが光沢に富み，手ざわりがしなやかですべりがよいなどの特徴がある。サテンやりんず等に用いる。

【17】①

〈解説〉アについて，接着しんを「すべらせながら」アイロンをかけると布が伸びたり，しわがよるので，「上から押さえて」が正しい。イに関して，ミシンの不具合には，針が飛ぶ，針棒が動かない，布が進まない等があるのでその調整の仕方もマスターしよう。ウについて，えりの作り方は「裏えり」の縫いしろを「表えり」より0.2㎝少なくして裁つ。オについて，そで山をみてカーブが多い方が前側で，後ろ側はカーブがゆるい。

【18】④

〈解説〉アについて，図1は「塩素系および酸素系漂白剤による漂白ができる」の意味である。イについて，家庭用品品質表示法は，家庭用品を対象に，商品の品質について事業者が表示すべき事項や表示方法を定めたもので，消費者が商品を購入する際，適切な情報提供が受けられるように制定された法律。繊維製品の他に電気機械器具や合成樹脂加工品，雑貨工業品をも対象としている。ウ，エについて，図2は左から「液温は30℃を限度。洗濯機での通常の洗濯処理ができる」「液温は30℃が限度。洗濯機で弱い洗濯処理ができる」「液温は30℃が限度。洗濯機で非常に弱い処理ができる」の意味である。オについて，「ISO」とは国際標準化機構のことで，国際的な単位，用語の標準化を推進するための国際機関である。JIS(日本産業規格)は，日本の産業製品に関する規格などが定められた日本の国家規格のことである。

【19】②

〈解説〉アの「オパール加工」は，部分的に生地を薄くしてレースのようにすることを目的にしている。繊維は綿・ナイロン・混紡等に用いる。用途は婦人服やブラウスである。イの「減量加工」はやわらかく，しなやかにすることを目的に婦人服・ブラウスに用いる。ウの「防汚加工」は汚れを付きにくくすることを目的にスポーツウエアやコートなどに使う。

【20】⑤

〈解説〉アの「シックハウス症候群」は，住宅の高気密化や化学物質を放散する建材の使用により，新築や改築後の住宅などにおいて，化学物質による室内空気汚染などが居住者にもたらす体調不良などの症状。化学物質はホルムアルデヒドやクロルピリホスなど，住宅建材の接着剤や防腐剤，シロアリ駆除剤などに含まれるもので，頭痛，吐き気，めまい等を引き起こす原因となる。イの室内の二酸化炭素の濃度と人体の影響に関しては，0.1%で呼吸器・循環器・大脳などの機能に影響が見られる。4%で頭痛，めまい，耳鳴りなどが起こる。8～10%でけいれんなどを起こして呼吸が止まる。20%で中枢障害を起こして，生命が危険になる，とされている。ビル管理法では1日平均0.1%を超えないことを基準としている。ウについて，建築基準法第28条で，「採光には居室の床面積に対して7分の1以上が必要である」としている。

【21】①

〈解説〉イについて，カーテン・マット・家具の配置は防音効果を高める一つになっている。ウはバリアフリーの説明である。ユニバーサルデザインとは，すべての人が使いやすいことを目指して設計されたものをいう。エについて，火災警報器は消防法で，寝室と寝室につながる階段または廊下への取り付けが義務付けられている。

【22】③

〈解説〉アについて，岐阜県にある白川郷などの合掌造りは，勾配のきつい大きな切妻の茅葺き屋根が特徴である。イの北海道の二重玄関と同様の働きをするものに，風除室がある。ウの岩手県の曲屋は，旧南部藩地域特有の形式。エの京都府の町屋は，間口の広さによって課税されていた。このため，間口を狭くして，ウナギの寝床のように奥に長い縦長の家の構造となった。オについて，沖縄県の伝統的な住まいの特徴として，南国特有の強い日差しや雨が直接屋内に入り込まないように，母屋側の縁側に大きく張り出すアマハジ(軒に差し出したひさし)があった。

【23】①

〈解説〉イは，共遊玩具マークの一つで，「うさぎマーク」といい，聴覚に障害のある子も遊べる玩具である。共遊玩具マークには他にSTマーク(安全基準を満たすと認定されたおもちゃに付けられている)，盲導犬マーク(視覚に障害がある子も遊べるマーク)などがある。ウは「ジャドママーク」といい，事業者が日本通信販売協会の会員であることを示している。通信販売を利用する際に，信用できる事業者かを見極める際の一つの目安となるマークである。

【24】①

〈解説〉未成年者の契約については，民法第5条に「未成年者が法律行為をするには，その法定代理人の同意を得なければならない」「2　前項の規定に反する法律行為は，取り消すことができる」と明記してある。法定代理人とは通常親権者である。未成年者による契約で取り消しができない場合として他に結婚している(結婚すると成人として扱われる)等もある。

【25】ア　混用　　イ　混紡　　ウ　交織　　エ　ケミカル　　オ　サーマル

〈解説〉一般にイの「混紡」は，綿とポリエステルなどがあり，ワイシャツやブラウスに使用される。ウの「交織」は，たて糸とよこ糸それぞれに種類の異なる糸を用いて織ること。絹と木綿，絹と化学繊維などさまざまな組み合わせがある。繊維のリサイクルには，マテリアルリサイクル，ケミカルリサイクル，サーマルリサイクルがある。一般衣料の場合は流通構造が複雑であり，輸入浸透率も高く，リサイクルは難しい状況で，繊維のリサイクル率は，他の業種に比べて非常に低い。マテリアルリサイクルは車の内装材やクッション材に利用される。エの「ケミカル」リサイクルは，使用済みペットボトル等をポリエステル繊維に再生すること等。オの「サーマル」リサイクルは使用済みのユニフォームを燃料化すること等である。

【中学校】

【1】ア　胚芽　　イ　胚乳　　ウ　熱　　エ　糊化(α化)　　オ　上新

〈解説〉A　玄米の構造は，胚芽，ぬか層，胚乳から成り立っている。玄米からぬか層を取り除いたものが胚芽米である。胚芽米から胚芽を取り除くと精白米になる。玄米にはビタミンやミネラル等，体に必要な栄養素があるが，特に胚芽には胚乳に多い炭水化物の代謝に必要なビタミンB_1が多い。　B　糊化したご飯をそのまま放置すると，生のでんぷんに近い状態に戻るがこれをでんぷんの老化(βでんぷん)という。米は，構成しているでんぷんの種類により，うるち米ともち米にわけられる。もち米を加工して粉状にしたものを白玉粉という。

【2】ア　金銭管理　　イ　消費者被害　　ウ　基本的　　エ　消費生活　　オ　自立

〈解説〉平成29年告示の中学校学習指導要領「家庭分野」の「2内容」の「C消費生活・環境」は設問の文章の他に「(3)消費生活・環境についての課題と実践」がある。「C消費生活・環境」は，「学習指導要領解説」で，「計画的な金銭管理，消費者被害への対応に関する内容を新設するとともに，他の内容と関連を図り，消費生活や環境に配慮したライフスタイルの確立の基礎となる内容の改善を図っている」とされている。また「2内容」は他に「A家族・家庭生活」「B衣食住の生活」で構成されている。「2内容」全般をよく熟読し理解することである。

【3】ア　見通し　　イ　評価　　ウ　改善　　エ　地域社会　　オ　参画

〈解説〉「中学校学習指導要領」は「第1　目標」「第2　各分野の目標及び内容」「第3　指導計画の作成と内容の取扱い」で構成されている。設問は「第3」についての「中学校学習指導要領解説」の文面なので留意すること。「学習指導要領」と「学習指導要領解説」の構成と関連をよく把握して覚えること。設問自体は「第3章　指導計画の作成と内容の取扱い」のうちの「1　指導計画作成上の配慮事項」の部分だが，この箇所は，(1)「主体的・対話的で深い学び」の実践に向けた授業改善，(2)3学年間を見通した全体的な指導計画，(3)各分野の各項目に配当する授業時数及び各項目の履修学年，(4)題材の設定，(5)障害のある生徒などへの指導，(6)道徳科などとの関連，について述べてある。

【高等学校】

【1】ア　問題解決　　イ　他者　　ウ　判断　　エ　探究　　オ　情報通信

〈解説〉設問は「高等学校学習指導要領(平成21年告示)」のものなので留意すること。すでに平成30年告示も出ているのでよく比較することである。平成21年告示のものは「各学科に共通する教科」は「家庭総合」「家庭基礎」「生活デザイン」の3科目である。今度の改訂では前者2科目となった。設問は「第3款　各科目にわたる指導計画の作成と内容の取扱い」の「2　内容の取扱いに当たっては，次の事項に配慮するものとする」の箇所である。第3款には他に「1」と「3」もあるので熟読しておきたい。

【2】ア　少子高齢社会　　イ　ヒューマンサービス　　ウ　社会的　エ　倫理観　　オ　創造的

〈解説〉「高等学校学習指導要領(平成21年告示)」においては，専門学科が20科目である。設問は，「高等学校学習指導要領解説家庭編(平成22年)」についてなので留意すること。「学習指導要領」の「教科の目標」の部分について解説したものである。「学習指導要領解説」では設問の文章の後に「学習指導要領」の文章をさらに区切って説明しているので十分に熟読し理解することである。なお，平成30年告示では専門学科が21科目となった。「教科の目標」についても比較してみるとよい。

2019年度　実施問題

【中高共通】

【1】購入した上着に以下のような表示が付いていた。ア～エの表示のうち，「家庭用品品質表示法」で定められている表示をすべて選んだ場合，正しい組合せを選びなさい。

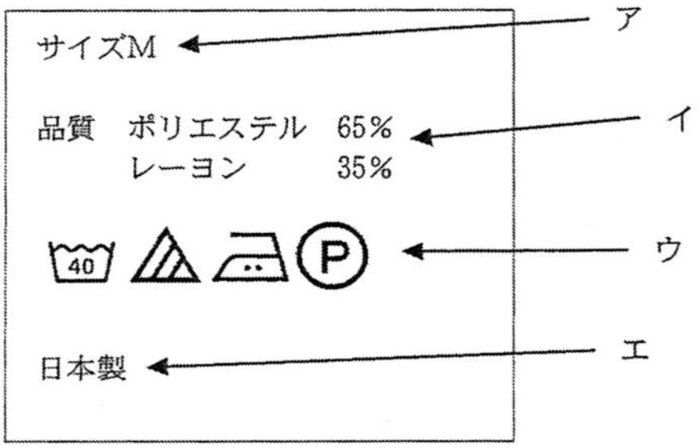

①	ア・イ・ウ・エ
②	ア・イ・ウ
③	イ・ウ・エ
④	イ・ウ
⑤	ア・ウ・エ

(☆☆☆◎◎◎)

【2】次の文は，人間の生理的機能と衣服の利用について述べたものである。(　ア　)～(　ウ　)に当てはまる数字を選んだとき，正しい組合せを選びなさい。

人間の身体は，気温が変化しても36.5℃内外の体温を保つ生理的機能を持っている。しかし，体温と気温の差が(　ア　)℃以上になると，体温を一定に保つことができなくなる。また，私たちが最も快適に感じるのは，皮膚の表面に近い温度が(　イ　)±1℃，湿度が(　ウ　)±10%の状態とされている。

人間は，温度差を調節し，快適な状態に近づけるために衣服を活用する。暑さに対しては，通気性や吸湿性のよい素材を利用し，えりやそで口などの開口部の大きい衣服を着用する。寒さには，保温性の高い素材を用い，開口部を小さくしたり，重ね着をしたりする。衣服を着ると，皮膚と衣服の間に外界と異なる空気層ができ，重ね着をすれば空気層が増え，暖かさが増す。

	ア	イ	ウ
①	2	32	50
②	5	36	50
③	10	32	40
④	5	36	40
⑤	10	32	50

(☆☆☆◎◎◎)

【3】次のア～エの各文は，衣生活と環境について述べたものである。正しいものを○，誤っているものを×としたとき，正しい組合せを選びなさい。

ア　環境省は，地球温暖化対策の一環として，衣服の着装による工夫やその他の取組等により，冷房時の室温の目安を28℃に抑え，CO_2排出量の削減を目指す「クールビズ」を提唱している。同様に，暖房時の室温の目安を20℃に抑える「ウォームビズ」も提唱している。

イ　素材調達から製造，流通にいたるまで倫理(生産者の労働条件や自然環境など)に配慮して作られたファッションをユニバーサルファッションという。

ウ　使用済みユニフォームを燃料化するなど，ごみを燃焼処理するときにでるエネルギーを回収・利用することをマテリアルリサイクルという。

エ　針状の機械で布や糸をほぐし，綿状の繊維に戻すことを反毛という。衣服を反毛によってフェルト，詰め物用中綿，カーペットの裏地などとして利用することで，低エネルギーで別の製品を作ることができる。

	ア	イ	ウ	エ
①	×	○	○	○
②	○	×	×	○
③	○	×	○	×
④	○	○	×	○
⑤	×	○	×	×

(☆☆☆☆◎◎◎)

【4】ボタンホールのボタン穴の長さとして最も適するものを選びなさい。

①	ボタンの円周
②	ボタンの直径
③	ボタンの円周＋0.5cm
④	ボタンの直径＋0.5cm
⑤	ボタンの直径＋ボタンの厚み分

(☆☆☆◎◎◎)

【5】次のア～ウの問は，じんべいの製作に関するものである。各問の答の正しい組合せを選びなさい。

ア　90cm洋服地(無地)でじんべいを製作する場合，布の見積もり方として最も適するものを選びなさい。

a　(着たけ＋縫いしろ分)×2＋そでたけ

b　着たけ×2＋そでたけ×2

c　(着たけ＋縫いしろ分)×2＋(そでたけ＋縫いしろ分)×2

イ　じんべいのできあがり標準寸法について，前幅の割り出し方法に最も適するものを選びなさい。

a　腰囲／2－8cm　　b　胴囲／2－8cm

ウ　次の図はじんべいのそでの型紙を示したものである。布の「わ」に合わせて裁断しなければならない箇所をa～cの中から選びなさい。

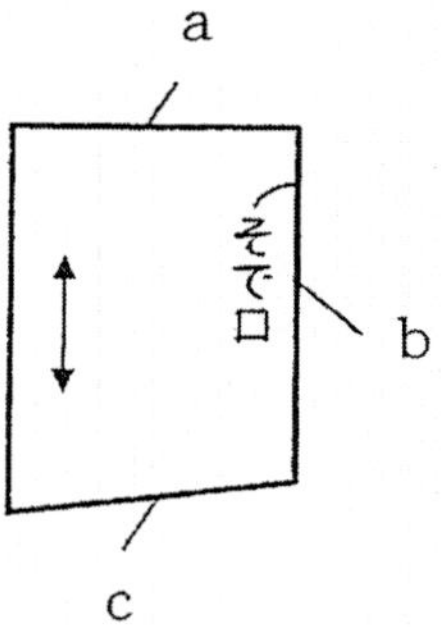

	ア	イ	ウ
①	c	b	a
②	b	a	b
③	a	a	c
④	c	a	a
⑤	b	b	c

(☆☆☆◎◎◎)

【6】次のア～ウの図は，パンツの種類を表したものである。ア～ウに当てはまる名称を語群a～fから選んだとき，正しい組合せを選びなさい。

≪語群≫

a　サブリナパンツ　b　ニッカポッカーズ　c　バミューダパンツ
d　ガウチョパンツ　e　ストレートパンツ　f　ペダルプッシャーズ

	ア	イ	ウ
①	a	f	e
②	c	f	e
③	c	b	d
④	a	b	d
⑤	c	f	d

(☆☆☆☆◎◎◎)

【7】次のア～ウの図は，刺繍のステッチを図示したものである。ア～ウに当てはまる名称を語群a～fから選んだとき，正しい組合せを選びなさい。

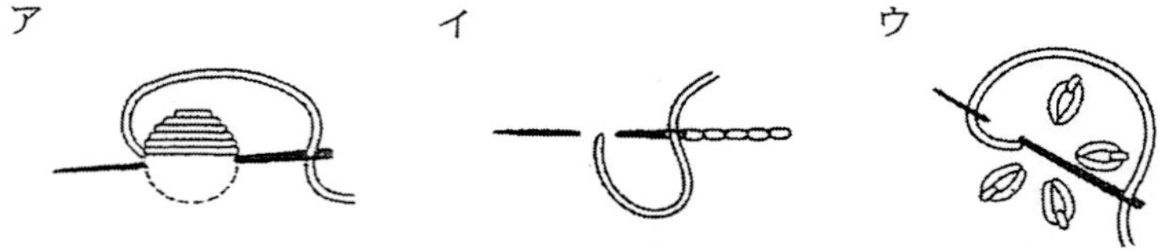

≪語群≫

a　アウトラインステッチ
b　バックステッチ
c　ロングアンドショートステッチ
d　サテンステッチ
e　フレンチノットステッチ
f　レゼーデージーステッチ
(レジーデージーステッチ)

	ア	イ	ウ
①	c	a	e
②	d	b	f
③	c	b	f
④	d	a	f
⑤	c	b	e

(☆☆☆◎◎◎)

【8】次の文は，建築基準法について述べたものである。(　ア　)～(　エ　)に当てはまる語句，または数値を語群a～fの中から選んだとき，正しい組合せを選びなさい。ただし，同じ記号には同じ語句，または数値が入る。

建築基準法は，建築物の敷地，構造，設備及び用途に関する最低の基準を定めて，国民の生命，健康及び財産の保護を図り，もって公共の福祉の増進に資することを目的とする。

建築物の建築面積(同一敷地内に二以上の建築物がある場合においては，その建築面積の合計)の敷地面積に対する割合を(　ア　)率という。また，建築物の各階の床面積の合計を延べ面積といい，延べ面積の敷地面積に対する割合を(　イ　)率という。

(　ア　)率60%，(　イ　)率100%を上限として定められた150m^2の敷地に2階建て住宅を建てる場合，建築面積の上限は(　ウ　)m^2，1階を最大限広くした場合，2階の床面積は(　エ　)m^2が上限となる。

≪語群≫

a　容積　　b　建ペイ　　c　50　　d　60　　e　90　　f　150

	ア	イ	ウ	エ
①	a	b	e	c
②	b	a	f	c
③	a	b	e	d
④	a	b	f	c
⑤	b	a	e	d

(☆☆☆☆◎◎◎)

【9】次のア～エの各文のうち，「消費者教育の推進に関する法律」の説明として正しいものを○，誤っているものを×としたとき，正しい組合せを選びなさい。

ア　平成14年に「消費者教育の推進に関する法律」が制定・公布された。

イ　学校における消費者教育の推進を努力義務としている。

ウ　この法律において，「消費者市民社会」とは，消費者が，個々の消費者の特性及び消費生活の多様性を相互に尊重しつつ，自らの消費生活に関する行動が現在及び将来の世代にわたって内外の社会経済情勢及び地球環境に影響を及ぼし得るものであることを自覚して，公正かつ持続可能な社会の形成に積極的に参画する社会をいう。

エ　消費者と事業者との間の情報の質及び量並びに交渉力等の格差にかんがみ，消費者の利益の擁護及び増進に関し，消費者の権利の尊重及びその自立の支援その他の基本理念を定めることにより，消費者の利益の擁護及び増進に関する総合的な施策の推進を図り，もって国民の消費生活の安定及び向上を確保することを目的とする。

	ア	イ	ウ	エ
①	×	×	○	×
②	○	×	×	○
③	○	×	○	×
④	○	○	×	○
⑤	×	○	○	○

(☆☆☆☆◎◎◎)

【10】次のア～エは消費者行政にかかわる出来事である。年代の古い順に並び替えたものを選びなさい。

ア　消費者庁発足

イ　「消費者保護基本法」公布

ウ　国民生活センター発足

エ　「食育基本法」公布

①	エ → ア → ウ → イ
②	ウ → イ → ア → エ
③	イ → エ → ウ → ア
④	ア → ウ → イ → エ
⑤	イ → ウ → エ → ア

(☆☆☆☆◎◎◎)

【11】次の表は，食品添加物の目的と種類について示したものである。表中の(　ア　)～(　エ　)に当てはまる語句を語群a～hから選んだとき，正しい組合せを選びなさい。

目　的	種　類（用途名）	おもな食品添加物
食品の製造に使われる	豆腐用凝固剤	塩化マグネシウム
	膨張剤	炭酸水素ナトリウム
食品の保存性を向上させる	保存料	（　ウ　）
	酸化防止剤	（　エ　）
	（　イ　）	オルトフェニルフェノール チアベンダゾール
食品の（　ア　）や品質を向上させる	甘味料	キシリトール
	香料	酢酸エチル

≪語群≫

a　栄養　　b　嗜好性　　c　増粘剤
d　ソルビン酸　　e　ビタミンE　　f　防かび剤
g　亜硝酸ナトリウム　　h　ビタミンA

	ア	イ	ウ	エ
①	b	c	g	e
②	b	f	d	e
③	a	c	d	h
④	b	f	g	h
⑤	a	f	g	h

(☆☆☆◎◎◎)

【12】次の表は，消化作用について示したものである。表中の(　ア　)～(　カ　)に当てはまる語句を語群a～fから選んだとき，正しい組合せを選びなさい。

消化の種類		消化作用
(　ア　)	そしゃく	歯によって細かくかみくだく。
	(　イ　)	舌で食物とだ液を混ぜ合わせる。胃や腸のぜん動運動によって胃液や腸液などと混ぜ合わせる。
	(　ウ　)	飲み込むこと。ぜん動運動などによって，先に送り進める。
(　エ　)		柔突起上皮細胞において，二糖類やジペプチドは分解と同時に吸収される。
(　オ　)		消化器官の各部から分泌される消化液に含まれる酵素によって栄養分を分解する。
(　カ　)		腸内細菌の持っている酵素のはたらきによって分解する。

≪語群≫

a　移行　　　　　b　かくはん

c　膜消化　　　　d　物理的消化作用

e　生物学的消化作用　　f　化学的消化作用

	ア	イ	ウ	エ	オ	カ
①	e	a	b	f	c	d
②	d	b	a	f	e	c
③	e	a	b	c	f	d
④	d	b	a	c	f	e
⑤	d	b	a	f	c	e

(☆☆☆◎◎◎)

【13】次のア～オの各文は，たんぱく質について述べたものである。正しいものを○，誤っているものを×としたとき，正しい組合せを選びなさい。

ア　たんぱく質は，窒素・いおう・リンで構成されている。

イ　たんぱく質は，1gあたり4kcalのエネルギーを発生する。

ウ　たんぱく質は，アミノ酸だけから構成されている単純たんぱく質と，単純たんぱく質に他の成分が結合した複合たんぱく質，物理的・科学的に処理して得られる誘導たんぱく質とに分けられる。

エ　複合たんぱく質のグルテリンは，水にとけず，小麦や米に含まれる。

オ　たんぱく質を構成しているヒスチジン，イソロイシン，ロイシン，リジンは，体内でつくることができない必須アミノ酸である。

	ア	イ	ウ	エ	オ
①	○	×	○	○	×
②	×	○	×	○	○
③	×	○	○	×	○
④	○	×	×	×	○
⑤	○	○	×	○	×

(☆☆☆◎◎◎)

【14】次の表は，小麦粉の性質と調理の要点についてまとめたものである。表中の(　ア　)～(　エ　)に当てはまる語句の正しい組合せを選びなさい。ただし，同じ記号には同じ語句が入る。

性　質	調理の要点
粘弾性・伸展性	小麦粉に水を加えてこねると，（　ア　）の網目構造が形成され，薄く伸ばすことができる。（　イ　）を加えたり，よくこねるとこしが強くなる。
膨化性	小麦粉の種類によって膨化剤も異なる。イーストの発酵によるもの，ベーキングパウダーのガス発生によるもの，卵白の（　ウ　）によるものがある。
（　エ　）	小麦粉をバターで炒めると，（　エ　）をもつようになる。これをルーと呼ぶ。ルーの粘性は，小麦粉の炒め方によって変わり，長い時間炒めるほどさらさらの状態になる。

	ア	イ	ウ	エ
①	グルテン	食塩	起ほう性	流動性
②	グリアジン	砂糖	起ほう性	凝固性
③	グリアジン	食塩	乳化性	流動性
④	グルテン	食塩	乳化性	凝固性
⑤	グルテン	砂糖	乳化性	流動性

(☆☆☆◎◎◎)

【15】次の表は，かんてん，ゼラチンの調理上の特徴についてまとめたものである。表中の(　ア　)～(　オ　)に当てはまる語句の正しい組合せを選びなさい。

		かんてん	ゼラチン
原　料		(　ア　)	動物の骨や皮
主成分		(　イ　)	(　ウ　)
温度	溶　解	(　エ　)	40～50℃
	凝　固	25～35℃	(　オ　)

	ア	イ	ウ	エ	オ
①	てんぐさ	炭水化物	脂質	50～55℃	5～12℃
②	てんぐさ	無機質	脂質	50～55℃	30～40℃
③	てんぐさ	炭水化物	たんぱく質	85～100℃	5～12℃
④	かんきつ類	無機質	たんぱく質	50～55℃	30～40℃
⑤	かんきつ類	無機質	脂質	85～100℃	30～40℃

(☆☆☆◎◎◎)

【16】次のア～エの各文は，だしのとり方について述べたものである。正しいものを○，誤っているものを×としたとき，正しい組合せを選びなさい。

ア　かつおぶし(一番だし)は，沸騰した水にかつおぶしを入れて約1分間加熱後，上ずみをこす。

イ　かつおぶし(二番だし)は，一番だしをとったかつおぶしに，半量の水を加えて火にかけ，沸騰する前に火を止め，上ずみをこす。

ウ　こんぶは，水に30～60分間程度つけてから火にかけ，しばらく沸騰してからこんぶを取り出す。

エ　煮干しは，頭とわたを除き，裂いた煮干しを水につけてから火にかけ煮出し，上ずみをこす。

	ア	イ	ウ	エ
①	○	×	○	×
②	×	×	○	○
③	○	×	×	○
④	×	○	×	○
⑤	○	○	×	×

(☆☆☆◎◎◎)

【17】次のア～キの各文は，あじの三枚おろしの手順について述べたものである。あじの三枚おろしの手順として正しい順番で並んでいるものを選びなさい。

ア　胸びれの下から包丁を入れ，頭を切り落とす。

イ　ぜいご(尾のかたいうろこの部分)をとる。

ウ　包丁の刃を返し，上身を尾から切り離す。

エ　背側から中骨に沿って包丁を入れる。

オ　腹側から中骨上に包丁を入れる。

カ　わたをとり，汚れを洗い流す。

キ　中骨のついている方を下にして，背側と腹側から包丁を入れ，下身を中骨から切り離す。

①	ア	カ	イ	エ	オ	キ	ウ
②	イ	カ	ア	キ	オ	エ	ウ
③	ア	イ	オ	カ	ウ	エ	キ
④	イ	ア	カ	エ	オ	キ	ウ
⑤	イ	ア	カ	オ	エ	ウ	キ

(☆☆☆◎◎◎)

【18】次の図は，本膳料理の二汁五菜の献立表と配膳である。ア～エに適するものを語群a～fから選んだとき，正しい組合せを選びなさい。

配　膳	本　膳（一の膳）					二の膳			焼き物膳
	飯	汁	ア	坪	香の物	汁	イ	ウ	焼き物
二汁五菜の献立	飯	みそ汁	生魚の酢の物	エ	つけ物	すまし汁	あえ物	野菜炊き合わせ	たいの姿焼き

＜配膳＞

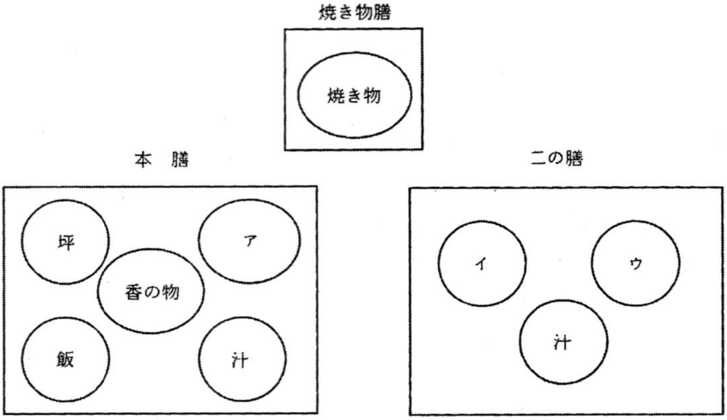

≪語群≫

a　平(ひら)　　b　なます

c　猪口(ちょく)　　d　茶碗蒸し

e　天ぷらの盛り合わせ　　f　かぼちゃのそぼろあんかけ

	ア	イ	ウ	エ
①	b	c	a	e
②	b	c	a	f
③	a	b	c	f
④	c	a	b	e
⑤	a	b	c	d

(☆☆☆☆◎◎◎)

【19】次のア～ウの各文は，子育て支援について述べたものである。正しいものを○，誤っているものを×としたとき，正しい組合せを選びなさい。

ア　臨時的・一時的な保育のニーズに対応するために，地域において援助を行いたい人と援助を受けたい人が登録して会員になる組織であるファミリー・サポート・センターが設置されている。

イ　地域全体で子育てを支援する基盤づくりをする機関を，子育て支援センターという。

ウ　労働基準法では，産前6週間・産後1年間の休業や，妊産婦の時間外労働及び深夜労働の禁止を定めている。

	ア	イ	ウ
①	○	×	○
②	○	○	×
③	×	○	×
④	×	○	○
⑤	○	×	×

(☆☆☆☆◎◎◎)

【20】次のア～エの各文は，乳幼児の消化器について述べたものである。正しいものを○，誤っているものを×としたとき，正しい組合せを選びなさい。

ア　乳幼児は，噴門部の閉鎖が不完全なため，乳や食べたものを吐きやすい。

イ　生後2～3か月ころを目安に，乳汁だけでは栄養が不足するため，固形物からの補給が必要となる。

ウ　幼児の間食の役割りの1つに，1日3回の食事だけではとりきれない栄養素を補う大切な役割がある。消化吸収力やそしゃく力，食欲に合ったものを選び，時間を決めて一定の量を与えるようにする。

エ　胃の容積は，新生児で500mlであるが，その後急速に大きくなり，幼児期に大人の2分の1程度までになる。

	ア	イ	ウ	エ
①	○	○	×	○
②	×	○	○	×
③	○	×	○	×
④	×	×	○	○
⑤	○	×	×	×

(☆☆☆☆◎◎◎)

【21】次のア～エの各文は，入浴・清潔保持における介護について述べたものである。正しいものを○，誤っているものを×としたとき，正しい組合せを選びなさい。

ア　手足の清拭は，血液循環を促進するためにも，中心から末梢に向けて拭く。

イ　浴槽に入ると末梢血管が拡張し，血流が脳や心臓などから末梢血管に行きわたる一方で，長湯による血圧低下，立ちくらみ，体温上昇による熱中症からの意識障害に注意が必要である。

ウ　口腔の清潔の方法は，全身状態や口腔内の状況によって異なるが，握力が弱い場合は歯ブラシの柄を太くするといった工夫された歯ブラシを活用して，できるだけ被介護者本人が行なえるように支援する。

エ　被介護者に麻痺がある際の入浴介護では，介護者が手で湯の温度を確認し，患側から湯をかける。

	ア	イ	ウ	エ
①	×	○	×	○
②	×	○	○	×
③	○	×	○	×
④	○	×	○	○
⑤	○	○	×	×

(☆☆☆◎◎◎)

【22】次のア～エの各文は，高齢者の自立と介護について述べたものである。正しいものを○，誤っているものを×としたとき，正しい組合せを選びなさい。

ア　国連では，高齢者が尊厳を保って人生を全うするために，「自立」「自己実現」「参加」「尊厳」「ケア」の5つを高齢者のための原則としている。

イ　家族の中で，高齢者が高齢者を介護することを認認介護という。

ウ　緩和ケアとは，WHOの定義(2002年)によると「生命を脅かす疾患による問題に直面している患者とその家族に対して，痛みやその他の身体的問題，心理社会的問題，スピリチュアルな問題を早期に発見し，的確なアセスメントと対処(治療・処置)を行うことによって，苦しみを予防し，和らげることで，クオリティ・オブ・ライフ(QOL)を改善するアプローチである。」としている。

エ　日常的に介護を必要とせずに，健康で自立した生活ができる期間のことを健康寿命という。

	ア	イ	ウ	エ
①	×	×	○	×
②	×	○	○	○
③	○	×	×	○
④	×	○	×	×
⑤	○	×	○	○

(☆☆☆◎◎◎)

【23】次の文は，日本の世帯構成の推移について述べたものである。文中の(　ア　)～(　オ　)に当てはまる語句の正しい組合せを選びなさい。ただし，同じ記号には同じ語句が入る。

近年，夫婦のみの世帯と(　ア　)世帯の増加がみられる。特に(　ア　)世帯の増加が著しく，2010年では，(　イ　)%を占めるまでになっている。

また，世帯規模は，1960年代の高度経済成長期以降，急速に小さくなってきている。平均世帯人員は，1920年の最初の(　ウ　)から1955

年までは約(　エ　)人であったが，その後減少を続け，2010年には(　オ　)人になっている。

	ア	イ	ウ	エ	オ
①	単独	32.4	国勢調査	7	2.42
②	夫婦と子ども	23.1	国民生活基礎調査	7	2.99
③	単独	23.1	国勢調査	7	2.42
④	夫婦と子ども	32.4	国民生活基礎調査	5	2.99
⑤	単独	32.4	国勢調査	5	2.42

(☆☆☆☆◎◎◎)

【24】日常食の調理実習を1クラス40人のクラスを10班に分けて(1班4人)行う場合，ア～エの問に答えなさい。

○　ハンバーグステーキ(1人分)

合いびき肉	70g
たまねぎ	30g
サラダ油(たまねぎ炒め用)	小さじ1／2
パン粉	5g
牛乳	10g
卵	10g
(　A　)	小さじ1／5
サラダ油(ハンバーグを焼くとき用)	大さじ1／4
こしょう	少々
ナツメグ	少々

ア　Aに入る食品名を答えなさい。

イ　Aは1クラスの調理実習で何g必要か。

ウ　サラダ油は，1班何g必要か。

エ　付け合わせに粉ふきいもを調理することとした。

粉ふきいもの材料を班ごとに用意することとする。1班分のジャガイモは何個用意すればよいか。ただし，1人分の分量は正味90g，じゃがいもの廃棄率は10%，1個当たりの重量は200gとする。

(☆☆☆◎◎◎)

【中学校】

【1】次の文は,「児童憲章」(1951年制定)の一部を抜粋したものである。文中の(　ア　)~(　オ　)に当てはまる語句を答えなさい。

> 前文
> 　われわれは,(　ア　)の精神にしたがい,児童に対する正しい観念を確立し,すべての児童の(　イ　)をはかるために,この憲章を定める。
> 　児童は,(　ウ　)として尊ばれる。
> 　児童は,(　エ　)の一員として重んぜられる。
> 　児童は,よい(　オ　)の中で育てられる。

(☆☆☆◎◎◎)

【2】次の文は,中学校学習指導要領(平成29年告示)「第2章　各教科」「第8節　技術・家庭」「第2　各分野の目標及び内容」「家庭分野」「1 目標」の一部を抜粋したものである。文中の(　ア　)~(　オ　)に当てはまる語句を答えなさい。

> 　生活の営みに係る(　ア　)を働かせ,衣食住などに関する実践的・体験的な活動を通して,よりよい生活の実現に向けて,生活を工夫し創造する(　イ　)を次のとおり育成することを目指す。
> (1)　家族・(　ウ　)について理解を深め,家族・家庭,衣食住,消費や環境などについて,生活の自立に必要な基礎的な理解を図るとともに,それらに係る(　エ　)を身に付けるようにする。
> (2)　(略)
> (3)　自分と家族,家庭生活と地域との関わりを考え,家族や地域の人々と協働し,よりよい生活の実現に向けて,生活を工夫し創造しようとする(　オ　)を養う。

(☆☆☆◎◎◎)

【3】次の文は，中学校学習指導要領(平成29年告示)「第2章　各教科」「第8節　技術・家庭」「第2　各分野の目標及び内容」「家庭分野」「2　内容」「B衣食住の生活」の一部を抜粋したものである。文中の(　a　)～(　e　)に当てはまる語句を答えなさい。ただし，同じ記号には同じ語句が入る。

(6)　住居の機能と安全な住まい方 ア　次のような(　a　)を身に付けること。 (ア)　家族の生活と(　b　)との関わりが分かり，住居の(　c　)について理解すること。 (イ)　家庭内の(　d　)など家族の安全を考えた(　b　)の整え方について理解すること。 イ　家族の安全を考えた(　b　)の整え方について考え，(　e　)すること。

(☆☆☆◎◎◎)

【4】次の文は，中学校学習指導要領解説技術・家庭編(平成29年文部科学省)「第3章　指導計画の作成と内容の取扱い」「1　指導計画作成上の配慮事項」「(4)　題材の設定」の一部を抜粋したものである。文中の(　ア　)～(　オ　)に当てはまる語句を答えなさい。

①　小学校における家庭科及び図画工作科等の関連する教科の(　ア　)や中学校の他教科等との関連を図るとともに，高等学校における学習を見据え，教科のねらいを十分達成できるよう基礎的・基本的な内容を押さえたもの。 ②　生徒の発達の段階に応じたもので，(　イ　)を高めるとともに，生徒の主体的な学習活動や(　ウ　)を生かすことができるもの。 ③　生徒の身近な生活との関わりや(　エ　)とのつながりを重視したもので，自己の生活の向上とともに家庭や地域社会における実践に結び付けることができるもの。

④　持続可能な開発のための教育を推進する視点から，関係する教科等のそれぞれの(　オ　)を踏まえて連携を図ることができるもの。

(☆☆☆◎◎◎)

【高等学校】

【1】次の文は，高等学校学習指導要領解説家庭編(平成22年文部科学省)「第1部　各学科に共通する教科『家庭』」「第1章　総説」「第2節　教科の目標」の一部を抜粋したものである。文中の(　ア　)～(　オ　)に当てはまる語句を答えなさい。

今回の改訂においては，「生きる力」の理念を具現化させるために，(　ア　)や環境教育，(　イ　)の推進，(　ウ　)等への対応を重視し，家族や生活の営みを人の一生とのかかわりの中で総合的にとらえ，生活を(　エ　)に営む能力と(　オ　)な態度を育てること，男女が協力して家庭や地域の生活を創造する能力を育てることなどを目指して，共通教科としての家庭科の目標を示した。

(☆☆☆◎◎◎)

【2】次の文は，高等学校学習指導要領解説家庭編(平成22年文部科学省)「第1部　各学科に共通する教科『家庭』」「第2章　各科目」「第1節　家庭基礎」「2　内容とその取扱い」の一部を抜粋したものである。文中の(　ア　)～(　オ　)に当てはまる語句を答えなさい。ただし，同じ記号には同じ語句が入る。

この科目は，「(1)人の一生と家族・家庭及び福祉」，「(2)生活の自立及び消費と環境」，「(3)(　ア　)と(　イ　)活動」の3つの大項目で構成し，標準単位数は(　ウ　)単位である。これらの内容については，実践的・体験的な学習活動を中心として指導するとともに，相互に有機的な関連を図り展開できるよう配慮する。

(1)　人の一生と家族・家庭及び福祉
(略)
(2)　生活の自立及び消費と環境
(略)
(3)　(　ア　)と(　イ　)活動
自己の家庭生活や地域の生活と関連付けて生活上の(　エ　)を設定し，解決方法を考え，計画を立てて実践することを通して生活を(　オ　)に探究する方法や問題解決の能力を身に付けさせる。

(☆☆☆◎◎◎)

【3】次の文は，高等学校学習指導要領解説家庭編(平成22年文部科学省)「第2部　主として専門学科において開設される教科『家庭』」「第2章各科目」「第5節　子どもの発達と保育」「第2　内容とその取扱い」「1内容の構成および取扱い」の一部を抜粋したものである。文中の(　ア　)～(　オ　)に当てはまる語句を答えなさい。

この科目は，(1)子どもの発達の特性，(2)子どもの発達過程，(3)子どもの生活，(4)子どもの保育，(5)子どもの福祉と子育て支援の5項目で構成しており，4～6単位程度履修されることを想定して内容を構成している。
(略)
指導に当たっては，幼稚園や保育所，(　ア　)及び地域の子育て支援関連施設などとの(　イ　)を十分に図り，実際に(　ウ　)と触れ合う学習ができるようにする。
また，観察，参加，実習などの実践的・体験的な学習を多く取り入れるとともに，各種メディアや情報関連機器を(　エ　)し，指導内容の(　オ　)を図るようにする。

(☆☆☆◎◎◎)

解答・解説

【中高共通】

【1】④

〈解説〉既製服には，家庭用品品質表示法に基づいて，繊維の組成表示，性能表示，洗濯等の取扱い表示などが付けられている。サイズ表示は，JIS(日本工業規格)によって決められている。原産国は，繊維加工や縫製などを行った国を示し，「不当景品類及び不当表示防止法・商品の原産国に関する不当な表示」による。

【2】⑤

〈解説〉皮膚と被服の間や，更に重ねた被服との間に外気とは異なる温度や湿度の空気層ができるがこれを被服気候という。また皮膚に一番近い被服気候を最内層という。被服の外表面に向かって温度は次第に低下し，湿度は次第に上昇する。また被服気候は外気の温湿度によって変化する。発汗すると被服最内層の湿度は80％以上になる。暑さに対しては，輻射熱の少ない場合と多い場合がある。すなわち室内と室外である。輻射熱の多い場合は，輻射熱を通しにくい白色の太い繊維を用いることも一つの方法である。

【3】②

〈解説〉イはエシカルファッションである。エシカルとは，倫理的なという意味である。自分の衣服を大切にすることもエシカルファッションである。なおユニバーサルファッションとは，体の障害や体形，年齢にかかわらずおしゃれを演出できる着やすくデザインされた衣服をいう。同じくウはサーマルリサイクルで熱回収ということである。マテリアルリサイクルは再生利用のことである。

【4】⑤

〈解説〉ボタンホールは，衣服の中心線より内側，すなわち身ごろの方にボタンの直径分を取り，その延長線上の外側にボタンの厚み分をとる。

【5】④

〈解説〉布の見積もりで，90cm幅で約2～3m必要である。じんべいの寸法の決め方は，腰囲(ヒップ)を基準にして決める。前幅が41cmを超える場合は，90cm幅では見積もり式にあてはまらないので，その場合は布幅の広いものを選ぶ。袖のaは「わ」になり，そで山という。

【6】③

〈解説〉サブリナパンツは，八分丈や九分丈で細身の女性用のものである。ペダルプッシャーズは，自転車のペダルを踏むとき汚れにくいように，丈は6分程度で裾口を細めに仕上げてある。

【7】②

〈解説〉設問の刺繍はフランス刺繍である。数多くのステッチの種類があるので，一通りマスターしておくとよい。なお，フレンチノットステッチはフレンチナッツステッチとも呼ばれる。

【8】⑤

〈解説〉建築面積上限は土地の面積×土地の建ペイ率なので150×0.6＝90〔m^2〕である。2階の床面積をxとすると，$90+x\div150\times100=100$でxは60m^2である。

【9】①

〈解説〉「消費者教育の推進に関する法律」は平成24年に制定・公布された。学校関係については，「第3章　基本的施策(学校における消費者教育の推進)第11条に「国及び地方共団体は，幼児，児童及び生徒の発達段階に応じて，学校(略)の授業その他の教育活動において適切かつ体系的な消費者教育の機会を確保するために，必要な施策を推進しなければならない。」とある。設問のエについては，「第1章　総則(目的)第1条」の文である。「消費者被害を防止する」や「自主的かつ合理的に行動することができるようその自立を支援…」また「国及び地方公共団体の責務等を明らかにするとともに」等が明記されている。熟読し制定のねらいを理解すること。

【10】⑤

〈解説〉古い順に並べると，1968年消費者保護基本法が制定・公布された。この法は事業者に規制を加えることで，消費者を保護した。消費者基本法と名を改め2004年に施行された。1970年に国民生活センターが発足した。その後1973年に消費生活センター(地方公共団体)が設立された。食育基本法は2005年に公布され，栄養教諭制度の導入や食育推進基本法を制定した。消費者庁は2009年に発足し，被害者救済のための新たな制度を検討し，消費者の自立を推進強化する支援を行っている。

【11】②

〈解説〉設問の食品添加物の目的と種類は，一部であり他にも数種あるので理解しておくこと。膨張剤の炭酸水素ナトリウムはパンなどに使用される。保存料であるソルビン酸は，みそ・しょうゆ・漬物など。酸化防止剤であるビタミンEはバター・魚肉製品に，防かび剤はオレンジ・レモンに，香料の酢酸エチルはこんにゃく・果実酒等である。

【12】④

〈解説〉栄養素を体の中に取り入れるために，でんぷん・脂質・たんぱく質は，分解して小さい分子になってから吸収される。このことを消化といい，酵素の働きによる。これらの消化作用は，口腔・胃・十二指腸・小腸を通る間に行われる。3つの栄養素についてそれらの過程を理解しておくこと。口腔内等は，そしゃく等の「物理的消化作用」による働きも大きい。なお，膜消化とは，小腸の粘膜の刷子縁にある消化酵素によって行われる消化である。

【13】③

〈解説〉ア　炭水化物・脂質は，酸素・水素・炭素の3つの元素で構成されているが，たんぱく質は3つの元素の他に窒素，リン，いおう等で構成されている。　エ　グルテリンは単純たんぱく質である。単純たんぱく質には他に，アルブミン・グロブリン・硬たんぱく質等がある。複合たんぱく質には核たんぱく質・糖たんぱく質・リンたんぱく質・色素たんぱく質・リポたんぱく質等がある。他にゼラチン・プロテオース等の誘導たんぱく質がある。

【14】①

〈解説〉「粘弾性・伸展性」は，油脂や砂糖などを加えると，なめらかさや安定性が増すこと。調理例としては麺やぎょうざ・ワンタンの皮である。膨化性はパン・ビスケット・スポンジケーキ等が好例である。流動性はクリームスープ等を指す。性質として他に「糊化・凝固性(例：てんぷらの衣)＝水を加えて加熱すると糊化して固まる性質」や，「吸着性(例：フライ・唐揚げ)＝水分を吸着して膜を作る性質」がある。

【15】③

〈解説〉かんてんは，紅藻類のてんぐさ・おごのりを煮だして作られたものである。主成分はガラクタンで，人間の消化酵素では消化されない食物繊維である。ゼラチンの主成分はコラーゲンでかんてんに比べ消化性が良い。

【16】③

〈解説〉日本料理のだしには，かつおぶし，こんぶ，煮干し，しいたけ等が使われる。それぞれのだしのとり方をマスターしよう。またかつおぶしとこんぶの2種を使う場合を混合だしという。これは，こんぶを水につけてから火にかけ，沸騰直前にこんぶを取り出し，かつおぶしを入れ沸騰したら上ずみ液をこす。　イ　かつおぶしの二番だしは半量の水を加え火にかけるが，沸騰してから3分間加熱後，上ずみをこす。　ウ　こんぶの場合は，沸騰してから取り出すのではなく，沸騰直前に取り出す。

【17】⑤

〈解説〉魚のおろし方には，三枚おろしと二枚おろしがある。設問のカの手順のあとに，骨を下身に残し，切り離したのが二枚おろしである。魚の処理には他に，「手開き」というのがある。これは，肉質が柔らかいイワシなどに用いる。方法は腹を上にして，両手で持ち頭を折り曲げてとる。腹内に指を入れて腹を開く。わたをかき出し流水で汚れを洗い流す。親指を腹から尾に進める。尾のつけ根で中骨を折り，骨をはずす。他にイカやエビなどの処理も身につけておくとよい。

【18】②

〈解説〉本膳料理は，武士の正式な供応食として室町時代に成立し，江戸後期には農村地域にも広がり，昭和に至るまで冠婚葬祭に用いられた。膳は最高七膳までである。菜の数と汁の数によって，一汁三菜，二汁五菜などとも呼ばれる。「なます」は魚介類，鶏肉などを酢で味付けしたものである。「坪」には和え物や煮物などもある。なお，本膳料理形式による儀礼食の流れは酒礼，本膳料理，中酒，酒宴，菓子・茶である。日本料理には本膳料理の他に懐石料理，会席料理，精進料理等もある。

【19】②

〈解説〉「労働基準法」について，設問の文面については，産前産後休業は産前6週間(多胎妊娠の場合は14週間)，産後8週間である。妊娠・出産・育児を支える法律として労働基準法の他に，母子保健法，育児・介護休業法，児童福祉法，男女雇用機会均等法，子ども・子育て関連3法等がある。

【20】③

〈解説〉イ　固形物を与え大人と同じに食べられるようにしていくことを離乳食の開始というが，生後5～6か月頃から始める。たんぱく質，鉄分などの補給はもちろんだが，消化吸収能力やそしゃく機能(かみ砕き，飲み込むはたらき)が発達し，液体以外のものでも食べられるようになり，大人の食べ物に関心を示す。具体的な与え方は「厚生労働省　授乳・離乳の支援ガイド」をよく理解しておくこと。離乳の完了は生後12か月から18か月頃である。　エ　新生児の胃の容量は約34ml，1か月で90ml，1歳で295ml，2歳で500ml。なお大人で約1200～1400mlである。

【21】②

〈解説〉ア　手足を清拭する場合やマッサージする場合も，つけ根の方に向かって行う。すなわち心臓に向かって行う。　エ　非麻痺側から湯をかけたり，入浴したりする。その理由は，浴槽に張られた湯の温度をきちんと確かめることができるからである。また入浴などの場合はすべりやすいので，床の状態や手すりの位置などにも配慮する。

【22】⑤

〈解説〉イ　高齢者が高齢者を介護することを老々介護という。高齢者夫婦の間や，高齢に達した子が更に高齢の親を介護する場合などがある。認認介護とは，老老介護の中でも認知症の要介護者を認知症の介護者が介護すること。

【23】⑤

〈解説〉国勢調査は，国内に居住するすべての人々を対象とし，年齢・性別・世帯・就業など人口の基本的属性を知るための調査である。一般世帯の中で，「単独」と「その他」を除く3つが核家族である。3つとは，「夫婦のみ」「夫婦と子ども」「ひとり親と子ども」であるが，そのうち「夫婦と子ども」は少しずつ減少し，他の2つが増加している。

【24】ア　食塩　　イ　48g　　ウ　20g　　エ　計算式　(90×4)÷0.9＝400g　　1班分のじゃがいもは400g必要　400÷200＝2　2〔個〕

〈解説〉ア　食塩に塩を入れるのは，味付けだけの役割ではない。ひき肉をこねる前に入れるが，一つはひき肉同士のつなぎの役割がある。また肉汁をとじ込める保水としての働きもある。　イ　食塩小さじ1は6gである。必要なg数は小さじ1／5×4／3〔人〕＝小さじ8で，8×6＝48〔g〕となる。　ウ　サラダ油は小さじ1が4g，大さじ1は12gである。ハンバーグステーキでは，2か所で使い，小さじ1／2×4〔人〕＝小さじ2で8g，もう一つは大さじ1／4×4〔人〕＝大さじ1で12g。したがって合計20gである。　エ　求める量＝正味量÷(100－廃棄率)×100で計算する。

【中学校】

【1】ア　日本国憲法　　イ　幸福　　ウ　人　　エ　社会　　オ　環境

〈解説〉我が国においては，第二次世界大戦後，個人の尊厳と平等を理念とする憲法(1946年)が制定され，初めて「子ども達は保護され養育されなければならない」という考え方が明確にされた。1947年には児童福祉法，そして児童憲章が制定され，児童憲章の制定日である5月5日を「こどもの日」と定めた。一方国際的には1948年に「世界人権宣言」が採択され，1959年には「児童の権利宣言」が採択されたが，日本はその先駆けであった。

【2】ア　見方・考え方　　イ　資質・能力　　ウ　家庭の機能　　エ　技能　　オ　実践的な態度

〈解説〉「中学校学習指導要領」(平成29年3月告示)の「第2章　第8節　技術・家庭　第1　目標」は技術・家庭の全体の目標なので熟読すること。また同解説技術・家庭編の「第2章　第3節　1　家庭分野の目標」に，「この目標は家庭分野で育成を目指す資質・能力を，(1)『知識及び技能』，(2)『思考力，判断力，表現力等』，(3)『学びに向かう力，人間性等』，の三つの柱に沿って示したものである」と明記され，それぞれについて具体的に説明しているので熟読し理解を深めること。

【3】a　知識　　b　住空間　　c　基本的な機能　　d　事故の防ぎ方
e　工夫

〈解説〉「家庭分野」における「2　内容」は，「A　家族・家庭生活」，「B　衣食住の生活」，「C　消費生活・環境」で構成されている。(6)のみならず全体を熟読・理解し併せて同解説にも目を通すこと。

【4】ア　指導内容　　イ　興味・関心　　ウ　個性　　エ　社会
オ　特質

〈解説〉設問は，「中学校学習指導要領」における「第3　指導計画の作成と内容の取扱い」の「1(4)」の文面を解説したものである。まずその部分を理解すること。また，同解説技術・家庭編の「(4)題材の設定」では，「技術・家庭における題材とは，教科の目標及び各分野の目標の実現を目指して，各項目に示される指導内容を指導単位にまとめて組織したものである。…」との記述があり，その後に続くのがこの設問の文章である。通読し内容をよく理解すること。

【高等学校】

【1】ア　消費者教育　　イ　食育　　ウ　少子高齢化　　エ　主体的
オ　実践的

〈解説〉「高等学校学習指導要領」(平成21年3月告示)における「第2章第9節　家庭」の「第1款　目標」には「人間の生涯にわたる発達と生活の営みを総合的にとらえ，家族・家庭の意義，家族・家庭と社会とのかかわりについて理解させるとともに…」とある。これをまず熟読すること。同解説家庭編では，この目標を文節ごとに説明してある。設問はその前文の一部である。なお，「高等学校学習指導要領」については平成30年3月告示の改訂版が既に出ており，今後は新学習指導要領からの出題も考えられるので，併せて熟読しておくことをおすすめする。

【2】ア　ホームプロジェクト　　イ　学校家庭クラブ　　ウ　2
エ　課題　　オ　科学的

〈解説〉「第1部　各学科に共通する教科『家庭』」の各科目とは，設問の「家庭基礎」及び「家庭総合」,「生活デザイン」の3科目である。それぞれの「内容」を理解することが必須である。

【3】ア　認定こども園　　イ　連携　　ウ　乳幼児　　エ　活用
オ　定着

〈解説〉設問の「(略)」の箇所には，学習指導要領における「3　内容の取扱い」の「(1)内容の構成及びその取扱いに当たっては，次の事項に配慮するものとする」に続く「ア　実際に子どもと触れ合う学習ができるよう，幼稚園や保育所，認定こども園及び地域の子育て支援関連施設などとの連携を十分に図ること」の文章が入る。学習指導要領解説家庭編からの出題ではあるが，学習指導要領との関連を十分理解することが大切である。

2018年度　実施問題

【中高共通】

【1】次の①～⑤の各文は，消費生活と環境について述べたものである。誤っているものを選びなさい。

① ESDとは，持続可能な開発のための教育のことである。

② バーチャルウォーターとは，輸入している物資を自国で生産するとしたらどれくらい水が必要かを推定したものである。

③ フェアトレードとは，発展途上国の労働者が労働にみあった賃金を得られるように，適正な価格で取引する公正な貿易のことである。

④ グリーンコンシューマーとは，環境に配慮した消費生活を実行する消費者のことである。

⑤ カーボンフットプリントとは，自分では削減できない温室効果ガスの排出量について，他者の排出削減量や吸収量を買い取るなどして埋め合わせすることである。

(☆☆☆◎◎◎)

【2】次の表は，平成27年度の日本の品目別食料自給率を示したものである。ア～エに入る食品の正しい組合せを選びなさい。

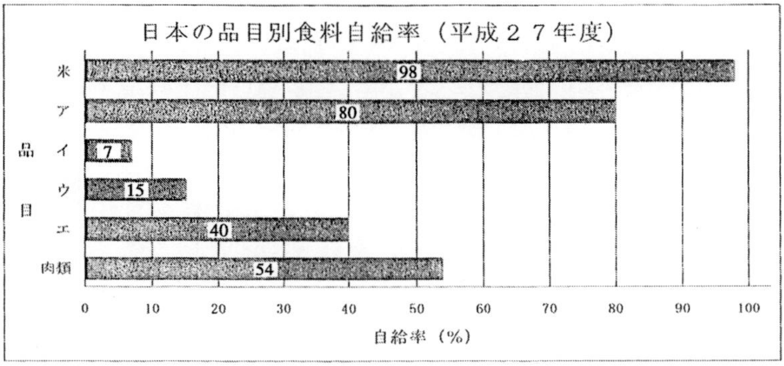

（農林水産省　「自給率の推移」より作成）

自給率＝国内生産量／国内消費仕向量×１００（重量ベース）

	ア	イ	ウ	エ
①	鶏卵	大豆	小麦	魚介類
②	野菜	小麦	大豆	果実
③	鶏卵	小麦	大豆	果実
④	野菜	大豆	小麦	果実
⑤	野菜	小麦	大豆	魚介類

(☆☆☆◎◎◎)

【3】次のア～エの各文は，クーリング・オフ制度について述べたものである。正しいものを○，誤っているものを×としたとき，正しい組合せを選びなさい。

ア　訪問販売で家庭用学習教材の契約を結び，同時に現金で代金を支払い，商品を受けとった。次は，その契約を解除する通知である。この事例は，クーリング・オフ制度が適用されない。

（注）はがきの場合

通知書	
次の契約を解除します。	
契約年月日	平成29年7月12日
商　品　名	○○○○
契約金額	2，800円
販売会社	株式会社　○○○○
	担当者　○○○○
支払った代金2，800円を返金し，商品を引き取ってください。	
平成29年7月15日	
	○○県○○市○○町○丁目○番
	氏名　○○　○○

イ　連鎖販売取引の場合，クーリング・オフ制度によって契約を解除できる期間は，20日間である。

ウ　通信販売で美術全集を注文した。全集が届いて3日後，市立図書館で同じものを見つけたので返したい。この事例は，クーリング・オフ制度が適用されない。

エ　訪問販売で床下乾燥機の設置契約を結び，すぐに工事が始まった。契約から7日経つが，やはり冷静に考えると高額だと思うので工事をやめたい。この事例は，クーリング・オフ制度が適用されない。

	ア	イ	ウ	エ
①	×	○	○	×
②	○	○	×	×
③	○	○	○	×
④	○	×	×	○
⑤	×	×	○	○

（☆☆☆◎◎◎）

【4】織物の代表的な組織には，三原組織と呼ばれる平織・斜文織・朱子織がある。サージと同じ組織のものを選びなさい。

①　ガーゼ

② デニム
③ ブロード
④ サテン
⑤ ギンガム

(☆☆☆◎◎◎)

【5】次のア～エの各文は，炭水化物について述べたものである。正しいものを○，誤っているものを×としたとき，正しい組合せを選びなさい。

ア 炭水化物は，1gあたり約4kcalのエネルギーを発生する糖質と，消化されないが体の機能を調節する食物繊維とに分けられる。

イ 単糖類は，炭水化物の最小単位である。食べ物に含まれる単糖類は，甘味があり水にとけやすく，吸収も多糖類より早い。

ウ 摂取された糖質は，だ液，すい液，小腸の粘膜などに含まれる消化酵素の作用を受け分解される。

エ 吸収されたぶどう糖は，門脈を経て肝臓に取り込まれ，血液中に放出される時はグリコーゲンとなる。

	ア	イ	ウ	エ
①	○	×	×	○
②	×	○	×	×
③	○	×	○	○
④	○	○	○	×
⑤	×	○	×	○

(☆☆☆◎◎◎)

【6】次の①～⑤の各文は，食中毒の予防策，発生状況について述べたものである。誤っているものを選びなさい。

① 次のグラフは，平成28年の病因物質別月別食中毒発生状況を示している。ノロウイルスによる食中毒の発生状況を示しているのは，bである。

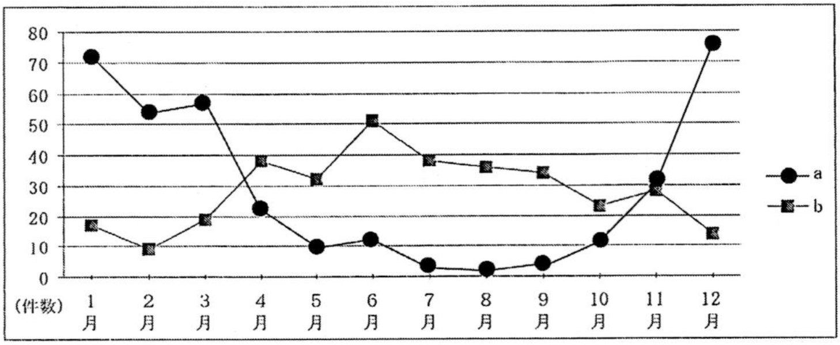

(厚生労働省　平成28年食中毒統計調査から作成)

② 食中毒予防のため，吐き気やおう吐等の症状がある人は，食品を直接取り扱う作業をしない。

③ ノロウイルスの感染を広げないため，感染者が使ったり，おう吐物がついたりした食器等は次亜塩素酸ナトリウム(または，家庭用の次亜塩素酸ナトリウムを含む塩素系漂白剤)に十分浸し，消毒を行う。

④ 食中毒予防の三原則は，「つけない(清潔)，増やさない(迅速または冷却)，死滅させる(加熱・殺菌)」である。

⑤ 食中毒予防のため，トイレに行った後，調理施設に入る前，料理の盛り付けの前，次の調理作業に入る前の手洗いを徹底する。

(☆☆☆◎◎◎)

【7】次の表は，子どもの遊びの種類の一部をまとめたものである。表中のア～エに当てはまる語句の正しい組合せを選びなさい。

遊びの種類	遊びの具体例
(ア) 遊び	ガラガラ　おしゃぶり
(イ) 遊び	絵本　テレビ
(ウ) 遊び	電車ごっこ　人形遊び
(エ) 遊び	砂あそび　積み木
ゲーム遊び	トランプ　カルタ

	ア	イ	ウ	エ
①	感覚	模倣	構成	受容
②	受容	構成	模倣	感覚
③	構成	受容	模倣	感覚
④	構成	模倣	受容	感覚
⑤	感覚	受容	模倣	構成

(☆☆☆◎◎◎)

【8】次の食品群についての問いにあてはまるものを選んだとき，正しい組合せを選びなさい。

問A　次のア，イのa～dの食品を「6つの基礎食品群」に基づき分類したとき，異なる食品群に分類されるものを1つ選びなさい。

ア	a　卵　　b　鶏肉　　c　牛乳　　d　豆腐
イ	a　きゅうり　　b　こまつな　　c　なす　　d　いちご

問B　次のウ，エのa～dの食品を「4つの食品群」に基づき分類したとき，異なる食品群に分類されるものを1つ選びなさい。

ウ	a　パン　　b　マヨネーズ　　c　砂糖　　d　チーズ
エ	a　じゃがいも　　b　米　　c　しいたけ　　d　さつまいも

	問A		問B	
	ア	イ	ウ	エ
①	a	b	a	c
②	c	b	d	b
③	c	b	d	c
④	a	d	a	b
⑤	c	d	d	b

(☆☆☆◎◎◎)

【9】あとのア～エの各文は，はっぴの製作について述べたものである。正しいものを○，誤っているものを×としたとき，正しい組合せを選びなさい。

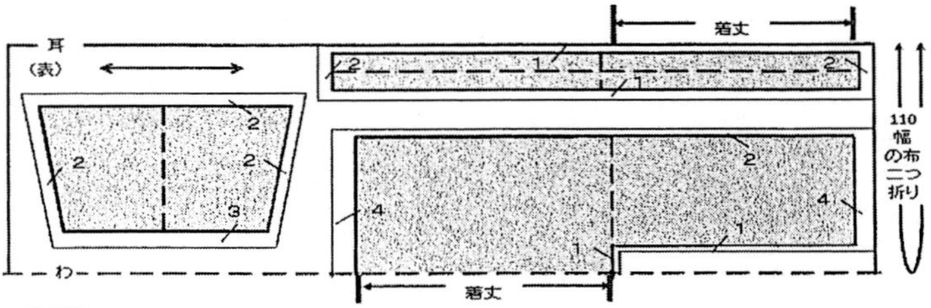

は型紙，　は裁断する線，数字は縫い代（単位cm）を示している。

ア　上の図は，110cm幅の布を二つ折りにし，はっぴの型紙を置き，縫い代のしるしの線をかき入れたものである。

そで口の縫い代のしるしの線をかき誤っているため，修正が必要である。

イ　次図は，そでを縫い付けるために，まち針を打っているものである。まち針を打つ順番は，適切である。

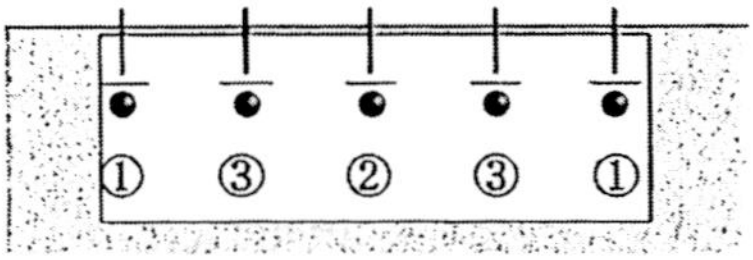

ウ　次図は，和服の製作で用いる用具の一つである。名称は，くけ台である。

エ　このはっぴを製作するために，サテン(ポリエステル100%)の布を準備した。アイロンをかける場合の温度は，80℃～120℃が適している。

	ア	イ	ウ	エ
①	○	○	○	×

②	○	×	×	×
③	×	×	○	○
④	×	○	×	○
⑤	○	×	○	×

(☆☆☆◎◎◎)

【10】次のア～エの各文は，乳幼児期の生活習慣について述べたものである。基本的生活習慣をa，社会的生活習慣をbに分類したとき，正しい組合せを選びなさい。

ア　電車の中では，さわがない。

イ　一人で全部脱ぎ着する。

ウ　決まった時間に自分で寝ることができる。

エ　道路に飛び出さない。

	ア	イ	ウ	エ
①	b	a	a	b
②	b	b	b	b
③	b	a	b	b
④	a	b	a	a
⑤	a	a	b	a

(☆☆☆◎◎◎)

【11】次の①～⑤の各文は，「食事バランスガイド」について述べたものである。誤っているものを選びなさい。

① 1日に「何を」，「どれだけ」食べたらよいのかの目安をわかりやすくイラストで示したものである。

② 健康で豊かな食生活の実現を目的に策定された「食生活指針」(平成12年3月文部省，厚生省，農林水産省)を具体的に行動に結びつけるものとして，平成17年6月に厚生労働省と農林水産省が作成した。

③ 食事バランスガイドのコマの形は，食事のバランスが悪くなると倒れてしまう，つまり健康を損なうことを表している。コマの回転，

すなわち運動することで健康が安定することを示し，軸を運動とし，運動することの大切さも示す。菓子やジュースなどは適度にとると楽しみになるので，コマのひもで表している。

④　県の特産品を取り入れた地域版食事バランスガイドも公表されており，福岡県版にはおきゅうとやがめ煮も取り入れられている。

⑤　上から1段目は「主食」で，2段目は「副菜」，3段目は「主菜」で，肉・魚・卵，大豆及び大豆製品などを主材料とする料理，最下段は「牛乳・乳製品」と，「果物」で構成されている。

(☆☆☆◎◎◎)

【12】下のア～エの各文は，洗剤A，Bの成分や使い方について述べたものである。正しいものを○，誤っているものを×としたとき，正しい組合せを選びなさい。

A	品　名	洗濯用合成洗剤
	液　性	弱アルカリ性
	成　分	界面活性剤，水軟化剤，アルカリ剤，工程剤，分散剤，蛍光増白剤，酵素

B	品　名	洗濯用石けん
	液　性	弱アルカリ性
	成　分	純石けん分，水軟化剤 アルカリ剤

ア　Aの洗剤成分中の酵素は，洗浄力を高める働きがある。酵素の一つであるリパーゼは，衣服に付いた脂質を分解する働きがある。

イ　Aの洗剤で生成りのシャツを洗濯したところ，変色した。これは，Aの洗剤成分中の分散剤が影響したと考えられる。

ウ　Bの洗剤は，高温での洗浄力が高い。

エ　Bの洗剤は，毛100％のセーターを洗濯するのに適している。

	ア	イ	ウ	エ
①	×	○	○	×
②	○	×	○	×
③	○	×	○	○
④	×	×	×	○
⑤	○	○	×	○

(☆☆☆◎◎◎)

【13】次のア～エの各文は，新生児の反射について述べたものである。正しいものを○，誤っているものを×としたとき，正しい組合せを選びなさい。

ア　口唇に乳首が触れると，乳汁を吸う動作を吸啜(きゅうてつ)反射という。

イ　手のひらを，指などで圧迫すると，強くにぎりしめる動作をハンドリガードという。

ウ　大きな物音がすると，両腕を広げ，その後何かに抱きつくように腕を閉じる動作をモロー反射という。

エ　からだを抱えて立たせるようにすると，歩くような動作をすることを歩行反射という。

	ア	イ	ウ	エ
①	○	×	○	○
②	○	×	×	○
③	×	×	○	○
④	○	○	×	×
⑤	×	○	○	×

(☆☆☆◎◎◎)

【14】次の表は，脂質の種類について示したものである。表中のア～オに当てはまる語句の正しい組合せを選びなさい。

種　類	名　称	構　　造
単純脂質	（　ウ　）	脂肪酸＋（　オ　）
	ろう	脂肪酸＋高級アルコール
（　ア　）	（　エ　）	脂肪酸＋（　オ　）＋リン酸＋コリンなどの塩基
	糖脂質	脂肪酸＋（　オ　）＋単糖類
（　イ　）	脂肪酸	脂肪を構成する有機酸
	ステロール	コレステロール・エルゴステロール・性ホルモン・胆汁酸

	ア	イ	ウ	エ	オ
①	複合脂質	誘導脂質	飽和脂肪酸	レシチン	グリコーゲン
②	複合脂質	誘導脂質	中性脂肪	リン脂質	グリセリン
③	誘導脂質	複合脂質	飽和脂肪酸	リン脂質	グリセリン
④	誘導脂質	複合脂質	中性脂肪	レシチン	グリコーゲン
⑤	複合脂質	誘導脂質	中性脂肪	レシチン	グリセリン

(☆☆☆◎◎◎)

【15】次のア～エの各文は，被服材料の性能改善について述べたものである。正しいものを○，誤っているものを×としたとき，正しい組合せを選びなさい。

ア　次のマークは，防炎性能が認められた衣類・寝具類に表示されている。

SEK

イ　生地の種類によっては，着火した際に生地の表面で一瞬の内に燃え広がり，瞬間的に火が走る。これを表面フラッシュ現象という。

ウ　パーマネントプレス加工は，折り目が消えず，しわや形くずれを防ぐ加工である。

エ　スポーツウエアに利用されている透湿防水加工布は，水分子の大きさが気体と液体の状態で異なることを利用し，開発されたものである。

	ア	イ	ウ	エ
①	○	×	×	○
②	○	○	×	×
③	×	○	○	○
④	○	×	○	○
⑤	×	×	×	×

(☆☆☆☆◎◎◎)

【16】次のア～エの各文は，高齢者福祉について述べたものである。正しいものを○，誤っているものを×としたとき，正しい組合せを選びなさい。

ア　地域包括支援センターは，高齢者が働くことを通じて生きがいを得ると共に，地域社会の活性化に貢献する組織である。

イ　地域包括ケアシステムは，介護が必要な高齢者が，自宅や地域で暮らし続けられるように，様々なサービスが一体的に受けられる支援体制である。

ウ　要介護の人は，介護支援専門員(ケアマネージャー)とともに介護サービス計画(ケアプラン)を作成し，介護サービスを利用することができる。

エ　地域住民の保健・福祉・医療の向上，虐待防止，介護予防マネジメントなどを総合的に行う機関をシルバー人材センターという。

	ア	イ	ウ	エ
①	○	○	×	×
②	×	×	×	○
③	×	×	○	○
④	×	○	○	×
⑤	○	×	○	×

(☆☆☆◎◎◎)

【17】次のア～エの各文は，衣服の手入れについて述べたものである。正しいものを○，誤っているものを×としたとき，正しい組合せを選びなさい。

ア　油性のしみは，ベンジンや洗剤液で落とす。

イ　酸素系漂白剤は，漂白剤の作用により，しみの色素と染料が分解するものである。

ウ　還元型の漂白剤は，すべての色物，柄物衣類に使うことができる。

エ　しみ抜きをする時は，衣服の下に乾いたタオルなどを置き，衣服の上からたたき，タオルなどにしみが移るようにする。

	ア	イ	ウ	エ
①	×	○	×	○
②	○	×	×	○
③	○	×	○	×
④	×	×	○	×
⑤	○	○	×	○

(☆☆☆◎◎◎)

【18】次のア～エの各文は，介助の方法について述べたものである。正しいものを○，誤っているものを×としたとき，正しい組合せを選びなさい。

ア　着替えの介助をする場合は，麻痺など障がいのある方から片そでずつ脱がせ，障がいのない方から腕を通すことを基本とする。

イ　食事の介助をする場合は，固形の食べ物は，適量を口先に入れる。食べたことを確認したのち，新しいものを口に運ぶ。

ウ　車いすで急な坂を下ったり，段差のある所を下ったりするときは，車いすは後ろ向きにする。

エ　右側に障がいのある場合は，介助者は左側の脇の下や腰を支え，介助する方のペースに合わせて歩く。

	ア	イ	ウ	エ
①	×	○	○	○
②	○	×	○	○
③	×	×	×	○
④	×	○	○	×
⑤	○	○	×	×

(☆☆☆◎◎◎)

【19】次の①～⑤は，身長157cm，体重60kgの女性(18歳)のBMI値とその判定を示したものである。正しいものを選びなさい。ただし，BMIの値は小数第二位を四捨五入し，小数第一位まで表すものとする。

	BMI値	判　定
①	26.1	肥満
②	22.9	標準
③	26.1	標準
④	24.3	肥満
⑤	24.3	標準

(☆☆☆◎◎◎)

【20】次の表は，おもな繊維の種類と性質を示している。文中の(　ア　)～(　エ　)に当てはまる語句の正しい組合せを選びなさい。

分類		繊維名	乾燥性	ぬれた時の強度	防しわ性	その他の特徴
天然繊維	植物繊維	綿	△	◎	△	吸湿性が高い。ぬれると縮みやすい。
	動物繊維	(　イ　)	△	○	◎	保温性が高い。ぬれた状態でもむと縮む。
化学繊維	(　ア　)繊維	(　ウ　)	△	×	△	吸湿性が高い。ぬれると縮みやすい。
	合成繊維	(　エ　)	◎	◎	◎	保温性が高い。熱に弱い。

◎性能がよい　○普通　△性能が劣る　×特に性能が劣る

	ア	イ	ウ	エ
①	再生	毛	レーヨン	アクリル
②	半合成	絹	レーヨン	アクリル
③	再生	毛	アセテート	ポリウレタン
④	半合成	絹	レーヨン	ポリウレタン
⑤	半合成	毛	アセテート	アクリル

(☆☆☆◎◎◎)

【21】次のア～エの各文は，住生活の安全について述べたものである。正しいものを○，誤っているものを×としたとき，正しい組合せを選びなさい。

ア　全国の地方自治体では，津波や洪水の際に予想される浸水範囲など，被害が予測される区域や避難場所を示した地図「ハザードマップ」づくりが進められている。

イ　電源プラグの周囲にほこりや湿気が付着することにより差込口から出火することをフラッシュオーバー現象という。

ウ　住まいへの不法侵入を防ぐには，玄関扉の鍵を二重にする，窓ガラスを防犯ガラスにする，死角を作らないなどの対策をおこなう。また，必要に応じてホームセキュリティシステムを利用することもできる。

エ　急激な温度変化で血圧の急激な上昇や下降が引き起こされるヒートショックは，冬場に多く見られ，脳梗塞，心筋梗塞などで突然死するケースもある。

	ア	イ	ウ	エ
①	○	×	×	×
②	×	×	○	○
③	○	○	○	×
④	○	×	○	○
⑤	×	○	×	○

(☆☆☆◎◎◎)

【22】次のア～エの各文は，世帯と家族について述べたものである。正しいものを○，誤っているものを×としたとき，正しい組合せを選びなさい。

ア　住民基本台帳は，住民票をもとに家族ごとに作成される。

イ　1970年から2010年までの国勢調査による世帯構成の変化をみると，単独世帯の増加が著しい。これは，ひとり暮らしをする高齢者の増加が大きな要因となっている。

ウ　核家族世帯とは結婚や血縁などの関係にある人を中心に構成される世帯で，夫婦とその両親からなる世帯もこれにあたる。

エ　国勢調査とは，世帯を把握する大規模な調査で5年に1回調査される。日本国内のすべての世帯が調査されるので，日本の世帯の全体像が把握できる。

	ア	イ	ウ	エ
①	×	○	○	×
②	○	×	○	○
③	×	×	×	○
④	×	○	×	○
⑤	○	○	×	×

(☆☆☆◎◎◎)

【23】次のア～ウの各問いに答えなさい。ただし，一人分の汁物は150ml とし，塩分濃度は0.8%とする。

ア　8人分の汁の味を塩だけでつけるとすれば，塩は何g用いるか。計算結果は小数第2位を四捨五入し，小数第1位まで表示するものとする。

イ　4人分の汁の味をみそだけでつけるとすれば，みそは何g用いるか。ただし，みその塩分含有量は12.5%とする。計算結果は小数第2位を四捨五入し，小数第1位まで表示するものとする。

ウ　イの場合，みそは大さじと小さじで何杯か。整数または分数で答えなさい。ただし，食品の重量の目安(2007年　女子栄養大学の計測による)をもとに換算すること。

(☆☆☆◎◎◎)

【24】次の文は，ある学校で乳幼児と触れ合う活動の事前指導に用いた資料の一部である。(　ア　)～(　エ　)に当てはまる語句を答えなさい。また，(　ウ　)は，アルファベットで答えなさい。ただし，同じ記号には同じ語句が入る。

乳児(　ア　)症の予防は，(　イ　)歳未満の乳児には，(　ア　)菌の芽胞に汚染される可能性のある食品(はちみつ等)を食べさせないことである。
装飾の多い子ども服は，思わぬ事故につながる危険性があるため避ける。子ども服のひもやフードで窒息する事例もあるた

め，(　ウ　)では，子ども服のえり首のひもを付けないよう制定されている。
公園や園庭などに見られるブランコやすべり台は，自分では動かせない固定遊具の一つである。子どもたちは，固定遊具で全身を使った(　エ　)遊びを行うことが多い。大けがにつながるような事故が起きることがあるため，注意が必要である。

(☆☆☆◎◎◎)

【25】次の(1)，(2)は，裁縫ミシンについて述べている。各問いに答えなさい。

(1)　次は裁縫ミシンを示している。ア～ウの名称を答えなさい。

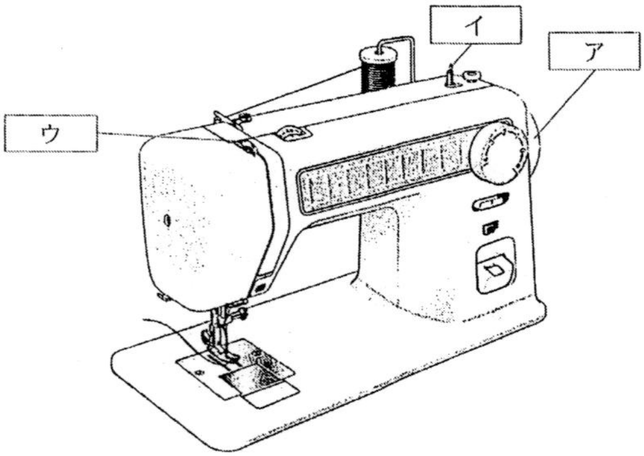

(2)　縫い目がとぶ場合の主な原因を，次の語群a～dから二つ選び，記号で答えなさい。

《語群》

a　上糸のかけ方が間違っている

b　針のつけ方が正しくない

c　布に対して針と糸の太さが適当でない

d　上糸の調子が強すぎる

(☆☆☆◎◎◎)

【中学校】

【1】次の文は，中学校学習指導要領解説技術・家庭編(平成20年文部科学省)「第2章　技術・家庭科の目標及び内容」「第3節　家庭分野」「2 家庭分野の内容」「A　家族・家庭と子どもの成長」「(3)『幼児の生活と家族』」の一部を抜粋したものである。文中の(a)～(e)に当てはまる語句を答えなさい。ただし，同じ記号には同じ語句が入る。

> ウ　幼児と触れ合うなどの活動を通して，幼児への関心を深め，かかわり方を工夫できること。
>
> ここでは，幼児と触れ合う活動などの(a)な体験を通して，幼児への関心を深めるとともに，幼児とのかかわり方を工夫できるようにする。
>
> 幼児と触れ合う活動については，生徒が自分なりの(b)をもって，幼児の(c)の状況に応じたかかわり方を工夫し実践できるようにする。
>
> (略)
>
> この学習では，A(3)のイの事項との関連を図り，幼稚園や保育所等の幼児との触れ合いが効果的に実施できるよう工夫するとともに，事前の打ち合わせを十分行い，幼児及び生徒の(d)に配慮することが大切である。また，地域の実態に応じて，子育て支援センターや育児サークルの親子との触れ合いや，教室に幼児を招いての触れ合いを工夫するなど，可能な限り(a)な体験ができるよう留意する。なお，幼児と触れ合う活動が困難な場合には，視聴覚教材や(e)などを活用してかかわり方の工夫をする学習も考えられる。

(☆☆☆◎◎◎)

【2】次の文は，中学校学習指導要領解説技術・家庭編(平成20年文部科学省)「第2章　技術・家庭科の目標及び内容」「第3節　家庭分野」「2 家庭分野の内容」「C　衣生活・住生活と自立」「(2)『住居の機能と住

まい方』」の一部を抜粋したものである。文中の(　a　)～(　e　)に当てはまる語句を答えなさい。ただし，同じ記号には同じ語句が入る。

> イ　家族の安全を考えた室内環境の整え方を知り，快適な住まい方を工夫できること。
>
> ここでは，住まいの安全性の視点から，家族が安心して住まうための室内環境の整え方を知り，住まいの在り方に関心をもって，快適な住まい方の工夫ができるようにする。
>
> (略)
>
> 室内の安全については，自然(　a　)を含む家庭内の事故やその原因について考え，(　a　)への(　b　)や事故の防ぎ方などの(　c　)の方法が分かり，安全な住まい方の工夫ができるようにする。
>
> (略)
>
> 指導に当たっては，(　d　)や観察・実験などの学習活動を通して具体的な工夫ができるようにする。その際，幼児や高齢者など様々な年齢で構成される家族が安全で快適な生活を送れるようにすることの重要性に気付かせるよう配慮する。例えば，家庭内の事故や自然(　a　)については，室内の写真や住空間の図などから危険な箇所を(　e　)したり，過去の(　a　)の例を取り上げ必要な(　b　)を検討したりすることなどが考えられる。

(☆☆☆◎◎◎)

【高等学校】

【1】次の各文は，高等学校学習指導要領解説家庭編(平成22年文部科学省)「第1部　各学科に共通する教科『家庭』」「第3章　各科目にわたる指導計画の作成と内容の取扱い」「2　指導計画の作成に当たっての配慮事項」の一部を抜粋したものである。文中の(　ア　)～(　オ　)に当てはまる語句を答えなさい。

(1) 「家庭基礎」,「家庭総合」及び「生活デザイン」の各科目に配当する総授業時数のうち，原則として10分の5以上を(ア)に配当すること。

(2) 「家庭基礎」は，原則として，(イ)で履修させること。

(3) 「家庭総合」及び「生活デザイン」を複数の年次にわたって分割して履修させる場合には，原則として(ウ)2か年において履修させること。

(4) 中学校技術・家庭科，(エ)，数学科，理科及び保健体育科などとの関連を図るとともに，教科の目標に即した(オ)のとれた指導が行われるよう留意すること。

(☆☆☆◎◎◎)

【2】次の文は，高等学校学習指導要領解説家庭編(平成22年文部科学省)「第2部　主として専門学科において開設される教科『家庭』」「第2章　各科目」「第1節　生活産業基礎」「第2　内容とその取扱い」「1　内容の構成及び取扱い」の一部を抜粋したものである。文中の(ア)～(オ)に当てはまる語句を答えなさい。

この科目は，(1)生活の変化と生活産業，(2)生活の変化に対応した商品・サービスの提供，(3)生活産業と職業，(4)職業生活と(ア)の4項目で構成しており，2単位程度履修されることを想定して内容を構成している。

(略)

指導に当たっては，情報通信ネットワークや業界紙等を活用した生活産業に関する調査，生活産業の現場見学，調査や見学結果の(イ)，店舗企画実習，職業人インタビュー，社会人講師の講話，学習プランの作成など，(　ウ　)な学習を通して学科に関連する生活産業や職業を具体的に理解させ，専門的な学習への(　エ　)を高めるとともに，(　オ　)，職業観の育成を図るようにする。

(☆☆☆◎◎◎)

解答・解説

【中高共通】

【1】⑤

〈解説〉① ESDは，「Education for Sustainable Development」の略で，持続可能な社会の実現に向けて行動を変革するための教育のことを言う。　② 日本のバーチャルウォーター輸入量は，日本国内で1年間に使用される水の量と同程度の約640億トンで，世界一の水輸入国である。　③ フェアトレードは，第2次世界大戦後の1940年代後半からはじまった。オルタナティブトレードとも言う。　④ 消費者が，環境負荷の低い商品を選び，環境に配慮している企業を支援すれば，さらに環境に配慮した商品が生産されることになる。　⑤ カーボンフットプリントとは，商品やサービスのライフサイクル全体を通して排出される温室効果ガスの総量をCO_2量に換算し，わかりやすく表示する仕組みのことである。自分では削減できない温室効果ガスの排出量について，他者の排出削減量や吸収量を買い取るなどして埋め合わせ(オフセット)することは，カーボン・オフセットという。

【2】④

〈解説〉日本の食料自給率は，1960年頃の約80％から現在では約40％まで減少しており，先進諸国の中で最も低い。品目別にみると，自給できるのは米のみで，大豆は約7%と，きわめて低い状態にあり，次いで小麦も15%と低い。野菜の自給率は比較的高い。果実は50年の間に大きく低下し，約40%となっている。食料自給率低下の要因は，食生活の変化に伴い，自給可能な米の消費が半減する一方，肉類や油脂類の消費が2，3倍に増加したことなどが挙げられる。今後も豊かな食生活を続けるためには，「地産地消」や「ご飯を中心とした食生活」，「食品ロスの削減」など，食料自給率の改善にむけた努力が必要である。

【3】③

〈解説〉ア　クーリング・オフ制度は，現金の場合3,000円以上でないと適用されない。　イ　連鎖取引販売(マルチ商法など)や業務提供誘引販売取引(内職・モニター商法)の場合，クーリング・オフできる期間は20日間。訪問販売や電話勧誘販売等は8日間である。　ウ　通信販売は，自らの意思で申し込み，考慮する期間もあるとみなされるため，クーリング・オフ制度の対象外である。　エ 「特定商取引に関する法律」第9条によると，クーリング・オフの適用期間内に契約の撤回を申し出た場合，「申込者の土地または建物その他の工作物の現状が変更されたときは販売業者に対し，その原状回復に必要な措置を無償で講ずることを請求することができる。」と定めている。従って，工事が始まっても8日間以内であれば，クーリング・オフ制度が適用され，工事前の状態に無償で戻してもらうことができる。

【4】②

〈解説〉ガーゼやブロード，ギンガムなどは，平織の織物で，たて糸とよこ糸が1本ずつたがい違いに組み合わされる織り方である。じょうぶで薄地のものをつくることができ，下着や実用的な布として用いられる。サージやデニム，ツィードなどは斜文織(綾織)で，1本の糸が2本以上の糸をまたいで交差する織り方である。布面に連続したななめの綾目があらわれる。柔軟で光沢があり，平織に比べると摩擦には弱い。デニムは外衣や作業衣，サージは学生服の材料となる。サテンやドスキン，りんずなどは朱子織で，たて糸とよこ糸の交差点をできるだけ少なくする織り方である。そのため糸の浮いている部分が多く，摩擦には弱いがすべりがよく光沢に富むので，外出着や裏地に用いられる。

【5】④

〈解説〉ア　糖質は，最も重要なエネルギー源である。食物繊維は，血糖値やコレステロール値の上昇を抑え，排便を促進させ，大腸がんを予防するはたらきをもつ。　イ　単糖類には，ぶどう糖・果糖・ガラクトースなどがある。果糖は天然の糖質の中でもっとも甘い糖である。ウ　炭水化物が消化・吸収されてからだの中で利用されるためには，必ず単糖類にまで分解される。　エ　吸収されたぶどう糖は，門脈を経て肝臓に取り込まれ，血液中に放出される時は，血糖となる。また，肝臓や筋肉では，グリコーゲンとして貯蔵される。

【6】①

〈解説〉①　夏は高温多湿になり細菌が繁殖しやすいため，細菌性の食中毒が多く発生する。冬は貝類が原因と考えられるノロウイルスによる食中毒の発生が増加する。　②　ノロウイルスのように感染力の強い食中毒もあるので，吐き気やおう吐，下痢などの症状がある人は，食品を直接取り扱う作業をしないこと。　③　ノロウイルスは感染者との接触感染や飛沫感染によって，集団発生することがある。アルコール消毒は効果がなく，必ず次亜塩素酸ナトリウムを用いて，消毒を行うこと。　④　食中毒予防の三原則は，調理の基本である。　⑤　手にはさまざまな雑菌がついているので，十分手洗いすることと，手に傷がある場合は，直接食品等に触れないようにすることが大切である。

【7】⑤

〈解説〉子どもの遊びは「何を楽しんでいるか」によっていくつかの種類に分類することができる。　ア　感覚遊びは生後間もないころから始まり，見る・聞く・触るなど，感覚の刺激を楽しむ遊びである。

イ　受容遊びは1歳前後から始まり，外界のはたらきかけを受け入れ，情報を得ることを楽しむ遊びである，　ウ　模倣遊びは想像遊びともいい1歳半ごろから始まる。身辺の生活を模倣したり，現実とは異なる自分の世界を想像したりして，その中で振る舞うことを楽しむ遊びである。年齢が上がるにつれ，複雑なものになっていく。　エ　構成遊びは2歳ごろから始まり，さまざまな材料を使って物を組み立てたり作り出したりすることを楽しむ遊びである。ごっこ遊びと結びつくことが多い。

【8】②

〈解説〉問A 「6つの基礎食品群」では，1群が魚・肉・卵・大豆類，2群が牛乳・乳製品・小魚・海藻，3群が緑黄色野菜，4群がその他の野菜・果物，5群が穀類・いも類・砂糖，6群が油脂類，と分類されている。　ア　牛乳は2群，卵・鶏肉・豆腐は1群。　イ　こまつなは3群，きゅうり・なす・いちごは4群。　問B 「4つの食品群」では，1群が乳・乳製品・卵，2群が魚介・肉・豆・豆製品，3群が野菜・いも類・果物，4群が穀類・砂糖・油脂である。なお，3群の野菜には，きのこ類・海藻類が含まれる。　ウ　チーズは1群，パン・マヨネーズ・砂糖は4群である。　エ　米は4群，じゃがいも・しいたけ・さつまいもは3群の食品である。

【9】①

〈解説〉ア　そで口の縫い代は，折り返した時に不足しないよう，そで下の部分で広げる必要がある。　イ　まち針を打つ順番は，両脇→中心→その間の順が基本である。　ウ　和服の製作では，耳ぐけや三つ折りぐけ，本ぐけなど，独特な縫いしろ・折りしろのしまつの方法がある。これらの作業を能率的に進めることのできる用具が，くけ台とかけ針器である。くけ台をテーブルに固定して，かけ針器を輪の部分に取り付け，布をかけ針器で挟んで引っ張りながらくける。　エ　ポリエステルや毛・絹のアイロン温度は，中温(140℃～160℃)が適温である。綿・麻は高温(180℃～210℃)，アクリルは低温(80℃～120℃)である。

【10】①

〈解説〉基本的生活習慣は，日々の生活の中で習慣化して身につける行為である。イの着脱衣，ウの睡眠のほか，食事，排泄，清潔などの基本的生活習慣は，子どもが日々の生活をくり返し行う中で，経験を通して身につけることができる。社会的生活習慣は，社会的規範にもとづいた社会との接点の中で必要とされる生活習慣である。アの公共の場でのマナーや，エの交通ルール，挨拶をする，順番やルールを守る，友達と仲よく遊ぶなどの社会的生活習慣は，大人からのしつけや働きかけだけでなく，地域社会の人々や他の子どもとのかかわりを通して，自然に身につけていくものである。

【11】③

〈解説〉①「食事バランスガイド」は，1日に「何を」「どれだけ」食べたらよいかの目安を，主食，副菜，主菜，牛乳・乳製品，果物の5つの料理グループごとに，ひと目でわかるイラストで示されている。
②「食生活指針」にある，「主食，主菜，副菜を基本に，食事のバランスを」という項目を具体化したものが「食事バランスガイド」である。　③は誤りで，「軸を水分とし，水分をとることの大切さを示す。」が正しい。　④「福岡県版食事バランスガイド」は，福岡県産の米や農産物を生かし，おきゅうと(海藻加工食品)，がめ煮(筑前煮)などの郷土料理を中心に作成されている。　⑤　1段目の「主食」は5～7つ，2段目の「副菜」は5～6つ，3段目の「主菜」は3～5つ，最下段は「牛乳・乳製品」2つ，「果物」2つで構成されている。

【12】②

〈解説〉ア　洗剤中の酵素には，脂質を分解するリパーゼのほか，たんぱく質を分解するプロテアーゼ，でんぷんを分解するアミラーゼ，繊維を分解するセルラーゼなどの種類がある。　イ　分散剤は，界面活性剤の一種で，細かい粒子を液体の中に均一に分散させる働きがあるが，変色には影響しない。　ウ　Bの洗濯用石けんは，天然の油脂とアルカリでつくられており，水温が高いほど洗浄力が高い。　エ　毛100%のセーターは，アルカリに弱いので，中性洗剤を使用して洗わないと傷む。

【13】①

〈解説〉新生児の反射運動は，原始反射と呼ばれる。　ア　吸啜反射により，初めてでもおっぱいが飲める。乳首以外に，指などが口にふれた時にも同様の反射が見られる。生後4～5か月ころ消失する。　イ　手のひらを指などで圧迫すると強くにぎりしめる反射を，把握反射という。ハンドリガードとは，目の前に自分の手をかざして眺めたり，近づけたり遠ざけたり両手をからませたりすることである。　ウ　モロー反射は，からだを持ち上げて急に下げたときにもおこる。生後4か月ころ消失する。　エ　歩行反射は原始歩行ともいい，人が生まれながらにして歩く能力をもっている証といわれている。

【14】②

〈解説〉ア　複合脂質は，単純脂質にリン酸などほかの成分が結合したものである。　イ　誘導脂質は，単純脂質および複合脂質から生成するものである。　ウ　中性脂肪は，一般に脂肪，あるいは油脂といわれる。中性脂肪の構造は，グリセリンに脂肪酸が3つ結合したもので，トリグリセリドともいう。　エ　リン脂質はおもに卵黄中に存在し，細胞膜などの構成成分である。分子中に親水性の部分と疎水性の部分の両方をもっており，水と油を乳化させる作用がある。表中のコリンとは，レシチンの一種である。　オ　複合脂質のリン脂質と糖脂質は，グリセリンと脂肪酸が結合した単純脂質に，他の成分が結合したものである。

【15】③

〈解説〉ア　SEKマークは，繊維評価技術協議会の認証基準に合格した，抗菌防臭加工や抗ウイルス加工，抗かび加工などの繊維製品を対象に品質保証するマークである。　イ　空気との接触面積の大きい衣類表面の毛羽だった繊維が，一瞬にして燃え広がる表面フラッシュ現象は，綿やレーヨンなどの易燃性セルロース系繊維を，ネル地のように表面を起毛処理した製品で起こりやすい。　ウ　パーマネントプレス加工はPP加工ともいい，綿や綿とポリエステルの混紡繊維に樹脂加工を施して，プリーツ保持性や保形性などの特性を与える加工である。
エ　水蒸気は通すが水滴は通さない透湿性防水加工布が開発されたことによって，アウトドアスポーツが快適になった。

【16】④

〈解説〉ア　この組織は，シルバー人材センターである。センターは，原則として市(区)町村単位に置かれており，基本的に都道府県知事の指定を受けた社団法人である。　イ　地域包括ケアシステムは，高齢者が住み慣れた地域で介護や医療，生活支援が受けられるよう，市区町村が中心となって包括的に整備する支援体制である。　ウ　介護保険制度は，介護保険法に基づき，2000年にスタートしている。ケアプランは本人や家族が立てることもできる。　エ　この機関は地域包括支援センターである。市町村が設置主体となり，保健師・社会福祉士・主任介護支援専門員等を配置して，これら3職種が，住民の健康の保持や生活の安定のために必要な援助を行うことにより，その保健医療の向上及び福祉の増進を包括的に支援することを目的とする施設である。

【17】②

〈解説〉ア　水溶性のしみは水で溶かして落とすことができるが，油性のしみは，ベンジンや洗剤液でないと落ちない。　イ　酸素系漂白剤は，しみの色素のみ分解し染料まで分解しないので色落ちしない。しみの色素と染料を分解するのは，塩素系漂白剤である。　ウ　還元型の漂白剤は，白物のすべての繊維に使えるが，色物，柄物には使えない。　エ　しみ抜きのポイントは，こすらず，たたいて，下地の布に移すことである。こすると布がいたみ，しみが広がってしまうことがある。

【18】④

〈解説〉ア　着替えの介助では，麻痺など障がいのない方から片そでずつ脱がせ，障がいのある方から腕を通すことを基本とする。これを脱健着患または着患脱健という。　イ　食事の介助では，固形の食べ物は少しずつ口に入れ，ゆっくりと食べさせるようにする。はじめに，汁物で口の中を潤してから，固形の物を食べさせるとよい。　ウ　急な坂を下ったり，段差のある所を下ったりするときは，危険のないよう介助者は車いすごと後ろ向きになり，一歩一歩下りるようにする。
エ　歩行介助のポイントは，原則として介助者は障がいのある側に立ち，脇の下や腰を支えるようにする。

【19】⑤

〈解説〉BMI値とは，体重と身長の関係から算出した肥満度を表す指数のことで，年齢や性別に関係なく，体重〔kg〕÷身長〔m〕÷身長〔m〕で算出する。身長157cm，体重60kgの場合，60÷1.57÷1.57を計算すると，BMI値は24.3になる。BMI値は18.5未満が「やせ」，18.5以上25.0未満が「標準」，25.0以上が「肥満」と判定する。

【20】①

〈解説〉ア　化学繊維は，再生繊維・半合成繊維・合成繊維に分類される。ぬれた時の強度が弱くなるのは，再生繊維の特徴である。　イ　動物繊維には毛と絹があるが，ぬれた状態でもむと縮むのは，毛である。
ウ　再生繊維には，レーヨンとキュプラがある。アセテートは半合成繊維なので該当しない。　エ　合成繊維には，ナイロン・ポリエステル・アクリル・ポリウレタンなどがあるが，保温性が高く，熱に弱いのはアクリルである。ポリウレタンは伸縮性の大きい繊維で，熱に弱い。

【21】④

〈解説〉ア 「ハザードマップ」は，地域で起こりやすい災害に合わせて，地域住民がすばやく安全に避難できるように，市区町村等が作成・発行している。　イ　フラッシュオーバー現象とは，火災のときに熱と可燃性ガスを含んだ煙が広がり，このガスや可燃性物質が熱の影響で発火し，一気に燃え広がる現象をいう。電源プラグの周辺にほこりや湿気が付着することにより差込口から出火することは，トラッキング現象という。　ウ　玄関扉の鍵は，ピッキングによって簡単に開けられてしまうので，補助錠によって二重にするとよい。　エ　ヒートショックによる事故は，冬場の高齢者の入浴中に多く発生する。入浴前に浴室や脱衣所を暖めることや，湯温を41℃以下，湯につかる時間は10分以内にするなどの対策が必要である。

【22】④

〈解説〉ア　住民基本台帳は，住民票をもとに世帯ごとに作成されるが，家族単位ではない。　イ　1970年の単独世帯の割合は10.8％であったが，2010年には32.4％に増加している。　ウ　核家族世帯とは，夫婦(あるいはその一方)と未婚のこどもからなる世帯のことである。結婚や血縁などの関係に当たる人を中心に構成される親族世帯のうち，夫婦とその両親からなる世帯は直系家族世帯という。　エ　国勢調査では，国内の人口，世帯，産業構造等について調査が行われる。第1回国勢調査は1920年に実施された。

【23】ア　9.6 g　　イ　38.4 g　　ウ　大さじ2杯・小さじ$\frac{2}{5}$杯

〈解説〉ア　8人分の汁物は1200mlで，塩分濃度の0.008を掛けると，9.6〔g〕になる。　イ　4人分の汁物は600mlで，塩分はアの2分の1でよいので，4.8〔g〕である。ただしみその塩分含有量は12.5％なので，

4.8÷0.125を計算すると38.4〔g〕になる。　ウ　みそは大さじ1杯が18g，小さじ1杯が6gである。38.4gのみそは，大さじ2杯で36gと，残りの2.4 gは小さじ5分の2で計量することができる。食品重量の目安や塩分濃度の計算，廃棄率の計算などは，調理実習の基本なので，よく覚えておくこと。

【24】ア　ボツリヌス　　イ　1　　ウ　JIS　　(2)　運動

〈解説〉ア・イ　1歳未満の乳児がはちみつを食べることによって，乳児ボツリヌス症に感染することがある。ほとんどの場合適切な治療により治癒するが，まれに死亡することもある。ボツリヌス菌は熱に強く，通常の加熱や調理では死なないので，腸内環境の整わない1歳未満の乳児に，はちみつやはちみつ入りの飲料・お菓子などは与えないこと。ウ　経済産業省は，2015年12月に，JIS規格による子ども用衣料のひもの安全基準を制定公示した。このJIS規格では，13歳未満向けの子ども服の頭・首回りや裾に垂れ下がったひも，背中から出ているひもや背中で結ぶひも等は禁止されている。特に7歳未満向けの子ども服では，頭・首回りにひもをつけること自体が禁止されている。　エ　ブランコやすべり台，ボール遊びなど，全身を使って体を動かすことを楽しむ遊びを運動遊びという。

【25】(1)　ア　はずみ車　　イ　糸巻き軸　　ウ　天びん　　(2)　b・c

〈解説〉(1)　ア　はずみ車は，手前に回して天びんとその先にあるミシン針を上下させることができる。　イ　糸巻き軸にボビンを差し込み，ボビン押さえに押し付けて下糸を巻く。　ウ　天びんに上糸が正しくかかっていないと，ミシン縫いはできない。　(2)　b　針を取り付ける時，針の向きが間違っていたり，針が針棒のみぞの一番奥まで差し込まれていないと，縫い目がとぶ。　c　厚地の布に対して細い針や細い糸で縫うと，縫い目がとぶ。このほかにも，針の先が曲がっていたり折れていたり，伸びる布地を普通の針や糸で縫うと縫い目がとぶ。

【中学校】

【1】a　直接的　　b　課題　　c　発達　　d　安全　　e　ロールプレイング

〈解説〉a 「直接的な体験」とは，幼稚園や保育所等に行ったり，教室に幼児を招いたりして，実際に幼児と遊んだり，話をしたり，世話をするなどの触れ合い体験をすることである。　b 「課題をもって」とは，触れ合い体験に参加する前に，各自の課題を決めて，幼児との触れ合い体験の計画を立て，実践することである。　c 「発達の状況に応じたかかわり方」とは，幼児の年齢や個人差などによって，接し方や話し方，遊びなどを工夫してかかわるようにすることである。　d 体験学習において最も重要なことは，安全に配慮することである。動きやすい服装で，髪や爪の衛生面に注意し，健康チェックをすることはもちろん，幼児とのかかわり方で配慮が必要なことについて，事前学習を十分にしておくことが大切である。　e ロールプレイングは，立場が違う人の役割をその人の立場を想像して演じる役割演技のことで，幼児や保育者になって遊びやけんかの場面を演じてみることで，幼児の発達の特徴とかかわり方を理解するなどの方法もある。

【2】a　災害　　b　備え　　c　安全管理　　d　調査　　e　点検

〈解説〉　a　大地震の際は，家屋の倒壊や家具の転倒・落下により多くの命が失わることがあるので，自然災害と安全対策を考えさせる。　b　家具の配置を見直したり，避難経路を確認したりするなど，災害への備えができるようにする。　c　地震対策や火災防止・防犯対策などの安全管理の方法を理解し，住まいや地域における工夫ができるようにする。　d　家庭内事故や自然災害等での事故内容や原因，死亡率などを調査することで，安全な住まい方を考えさせる。　e　住まいや地域の危険な箇所を点検し，必要な備えができるようにする。

【高等学校】

【1】ア　実験・実習　　イ　同一年次　　ウ　連続する　　エ　公民科　オ　調和

〈解説〉(1)　いずれの科目も，「生活の充実向上を図る能力と実践的な態度を育てる。」ことが目標であるため，「原則として総授業時数の10分の5以上を実験・実習に配当すること。」としている。実験・実習には，調査・研究，観察・見学，就業体験，乳幼児や高齢者との触れ合いや交流活動などの学習が含まれる。　(2)「家庭基礎」は標準単位数2単位の科目なので，同一年次で履修させることとなっている。

(3)「家庭総合」「生活デザイン」は標準単位数4単位の科目で，複数の年次にわたって分割して履修させる場合には，例えば，第1学年と第2学年で2単位ずつの分割履修をさせるなど，連続する2か年において履修させることとなっている。　(4)　教科・科目の目標の達成を目指すとともに，中学校技術・家庭科，公民科，数学科，理科および保健体育科などとの関連を図る必要がある。また，全体として調和のとれた指導が行われるよう留意し，問題解決能力と実践的な態度を育てるようにする。

【2】ア　自己実現　　イ　発表　　ウ　体験的　　エ　意欲　　オ　勤労観

〈解説〉「生活産業基礎」は「課題研究」とともに，専門学科の原則履修科目として位置付けられている。　ア　生活産業のスペシャリストとして働くことが自己実現につながることを理解させる。　イ　調査や見学結果の発表をすることで，言語活動の充実を図ることができる。　ウ　専門学科では，ものづくりなどの体験的な学習を通して実践力を育成することを重視している。　エ　資格取得や将来のスペシャリストを目指した学習プランの作成などを通して，専門的な学習への意欲を高めさせる。　オ「生活産業基礎」は，生活産業や関連する職業への関心を高め，勤労観，職業観を育てることを目標としている。

2017年度　実施問題

【中高共通】

【1】次の表は，「日本食品標準成分表2015年版(七訂)」の一部を示したものである。表中のア～エに当てはまる語句を語群a～eから選んだとき，正しい組合せを，下の①～⑤から一つ選びなさい。

食品名	エネルギー	たんぱく質	脂質	炭水化物	無機質		ビタミン			
					カルシウム	鉄	A β-カロテン当量	D	B_1	C
	kcal	g	g	g	mg	mg	μg	μg	mg	mg
ア	206	40.5	3.5	0.5	520	0.8	(0)	61.0	0.22	Tr
イ	67	3.3	3.8	4.8	110	0.02	6	0.3	0.04	1
ウ	14	1.5	0.2	2.4	170	2.8	3100	(0)	0.09	39
エ	253	17.1	19.2	0.1	4	0.6	0	0.3	0.63	2

（文部科学省「日本食品標準成分表2015年版（七訂）」から作成）

《語群》

a　こまつな(葉，生)　　b　乾燥わかめ(素干し)

c　しらす干し(半乾燥品)　　d　ぶた(かたロース，脂身つき，生)

e　普通牛乳

	ア	イ	ウ	エ
①	c	a	b	d
②	d	e	a	c
③	d	a	b	c
④	c	e	a	d
⑤	c	e	b	d

(☆☆☆◎◎◎)

【2】次のA～Cの各問いは，子どもの健康と安全について述べたものである。各問いにおいて，正しいものをa，bから1つ選んだとき，正しい組合せを，あとの①～⑤から一つ選びなさい。

A　次の表は，「不慮の事故」による子どもの年齢・原因別の死亡数を示している。表中の(　あ　)，(　い　)の正しい組合せは，a，bのどちらか。

	0歳	1～4歳
(　あ　)	7	32
転落や転倒	1	5
不慮の溺死・溺水	4	28
(　い　)	74	29
煙・火・火災への曝露	―	5
その他	3	10

(厚生労働省「平成25年人口動態統計」から作成)

a　あ　不慮の窒息　　い　交通事故

b　あ　交通事故　　い　不慮の窒息

B　次のSTマークは，安全基準の検査(物理的・化学的特性など)に合格した製品につけられる。a，bのうち，どちらの製品につけられるマークか。

ST

a　おもちゃ　　bシューズ

C　次のPSCマークは，消費生活用製品安全法の基準に適合した製品につけられる。このマークがない製品は販売できない。a，bのどちらにつけられるマークか。

PSC

a　電気アイロン　　b　ライター

	A	B	C
①	b	a	b
②	a	b	b
③	b	b	b
④	a	b	a
⑤	b	a	a

(☆☆☆◎◎◎)

【3】次のア～エの各文は，繊維及び繊維製品について述べたものである。正しいものを○，誤っているものを×としたとき，正しい組合せを，あとの①～⑤から一つ選びなさい。

ア　次のa～dの図は，天然繊維を顕微鏡で見てスケッチしたものである。この中で，絹をあらわした物はbである。

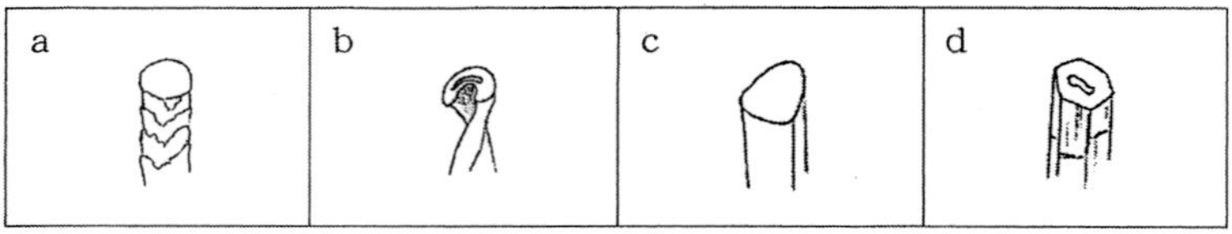

イ　糸の太さの表示には，恒重式(単位は番手)と恒長式(単位はデニール，テックス)がある。デニールはフィラメント糸に用いられ，デニールで示す数が大きいほど糸は太くなる。

ウ　次の図の糸を三子糸といい，aの部分はZ撚りである。

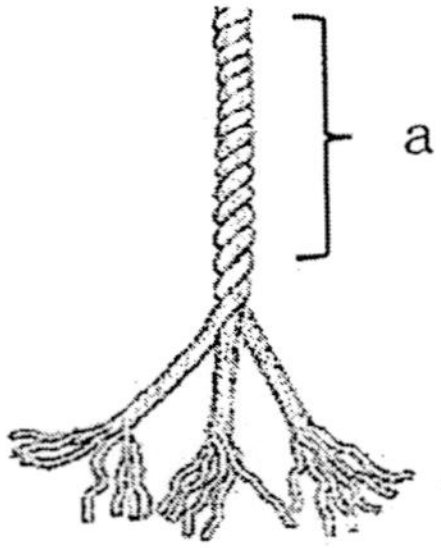

エ　次のa～dの織物で，平織はb，dである。

a　デニム　　b　ブロード　　c　サテン　　d　ギンガム

	ア	イ	ウ	エ
①	○	×	×	×
②	○	×	○	○
③	×	○	×	×
④	×	×	○	×
⑤	×	○	○	○

(☆☆☆◎◎◎)

【4】次のア～エは，日本工業規格(JIS)における平面表示記号(JIS A 0150)である。それぞれの表示記号が表すものの名称を語群a～hから選んだとき，正しい組合せを，下の①～⑤から一つ選びなさい。

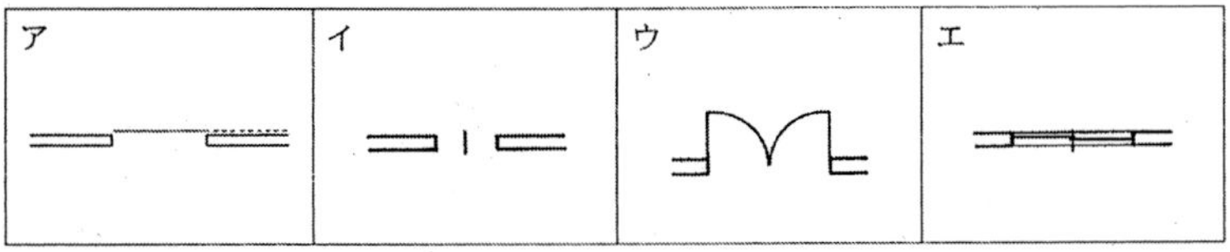

《語群》

a 出入口一般　b 両開き窓　c 両開きとびら
d 引違い戸　e 片引き戸　f 引込み戸
g 窓一般　h 引違い窓

	ア	イ	ウ	エ
①	f	a	c	h
②	f	g	b	d
③	e	a	c	h
④	e	g	b	d
⑤	f	a	c	d

(☆☆☆◎◎◎)

【5】次の文は，国際的な環境問題への取組について述べたものである。文中の(　ア　)～(　エ　)に当てはまる語句を語群a～hから選んだとき，正しい組合せを，あとの①～⑤から一つ選びなさい。

(　ア　)年，リオ・デ・ジャネイロにおいて，持続可能な開発の実現のために環境と開発を統合することを目的として，「国連環境開発会議」(「地球サミット」(UNCED))が開催されました。ここでは，「(　イ　)」，「国内立法の必要性」，「汚染者負担」，「環境悪影響評価」などを原則として掲げる「環境と開発に関するリオ宣言」が採択されました。また，行動計画「(　ウ　)」及び「森林に関する原則声明」が採択され，「(　エ　)」，「生物多様性条約(生物の多様性に関する条約)」の合意がなされました。

《語群》

a　1992　　　　b　1997

c　京都議定書　　　　d　アジェンダ21

e　共通のしかし差異のある責任　　　　f　グリーン経済(グリーン成長)

g　国連環境計画(UNEP)

h　気候変動枠組条約(気候変動に関する国際連合枠組条約)

	ア	イ	ウ	エ
①	a	e	d	h
②	b	f	d	c
③	a	f	g	h
④	b	e	g	c
⑤	a	e	d	c

(☆☆☆◎◎◎)

【6】次の表は，大豆の加工品の種類と特徴をまとめたものである。表中のア～エに当てはまる語句の正しい組合せを，あとの①～⑤から一つ選びなさい。ただし，同じ記号には同じ語句が入る。

非発酵食品	(　ア　)	大豆を粉砕・加熱し，不溶性の（　イ　）を除いたもの。
	(　ウ　)	(　ア　)を鍋で加熱して，表面に凝固するたんぱく質を集めたもの。
発酵食品	みそ	大豆のたんぱく質を米麹菌などで一部分解し，風味をもたせたもの。
	(　エ　)	大豆のたんぱく質を麹菌で分解し，さらに酵母で発酵して風味をもたせたもの。

	ア	イ	ウ	エ
①	大豆油	大豆たんぱく	豆腐	納豆
②	大豆油	おから	ゆば	納豆
③	豆乳	大豆たんぱく	ゆば	納豆
④	豆乳	大豆たんぱく	豆腐	しょうゆ
⑤	豆乳	おから	ゆば	しょうゆ

(☆☆☆◎◎◎)

【7】次のア～オの各文は，下の図「乳幼児の運動機能の発達」について述べたものである。誤っているものの組合せを，あとの①～⑤から一つ選びなさい。

ア　図中のaは，「ひとりすわり」を示している。

イ　図中のbは，「首のすわり」を示している。

ウ　図中のcは，「はいはい」を示している。

エ　図中のdは，「つかまり立ち」を示している。

オ　図中のeは，「ひとり歩き」を示している。

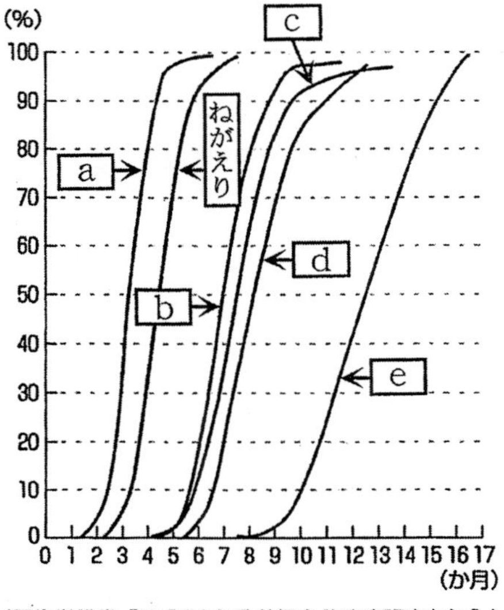

(厚生労働省「平成22年乳幼児身体発育調査」から)

①	ア と エ
②	イ と オ
③	ア と イ
④	エ と オ
⑤	ウ と エ

(☆☆☆◎◎◎)

【8】次のア～エは，ISO(国際標準化機構)3758による取り扱い絵表示である。ア～エのマークの説明として，正しいものを○，誤っているものを×としたとき，正しい組合せを，下の①～⑤から1つ選びなさい。

ア	イ	ウ	エ
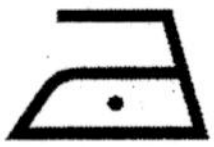			

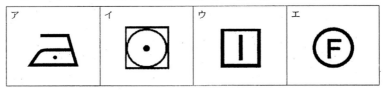

ア　アイロンは110℃まででかける。
イ　タンブル乾燥可。乾燥条件は普通(80℃以下)。
ウ　日陰で吊干し。
エ　ドライクリーニングができる。溶剤は石油系のもの，又はパークロロエチレン(テトラクロルエチレン)を使用する。

	ア	イ	ウ	エ
①	○	○	○	○
②	×	○	×	○
③	○	×	×	×
④	×	○	○	×
⑤	○	×	○	×

(☆☆☆◎◎◎)

【9】次の文は，日本における持続可能な社会を目指した取組について述べたものである。文中の(　ア　)～(　エ　)に当てはまる語句を語群

a～hから選んだとき，正しい組合せを，下の①～⑤から一つ選びなさい。ただし，同じ記号には同じ語句が入る。

我が国では，2001年に制定された(　ア　)により，廃棄物処理や資源の有効利用についても法的に整備された。

(　イ　)は，原料の生産から商品の生産，販売，廃棄までの全ての段階で，環境に与える影響を評価し，事業者も消費者も環境負荷の低減を目指そうとする考え方である。

(　イ　)を評価する環境マネジメントシステムとして，国際標準化機構が定める(　ウ　)がある。(　ウ　)はPDCAサイクルに基づき環境負荷を評価するものであり，企業の社会的(　エ　)に対する関心の高まりを受け，近年導入が増加している。

《語群》

a　戦略的環境アセスメント

b　環境基本法

c　活動

d　循環型社会形成推進基本法

e　LCA(ライフサイクルアセスメント)

f　責任

g　ISO　14001

h　ISO　27001

	ア	イ	ウ	エ
①	d	a	g	c
②	b	e	h	c
③	d	e	g	f
④	d	e	h	f
⑤	b	a	g	c

(☆☆☆◎◎◎)

【10】次の表は，ある家庭の家計についてまとめものである。あとのア～エの各問いにおいて，正しいものをa～cから1つ選んだとき，正しい組合せを，あとの①～⑤から一つ選びなさい。

収　　入(円)		支　　出(円)	
給与額	２００，０００	食料費	３０,０００
入学祝い	１０，０００	住居費	５０,０００
合　　計	２１０，０００	光熱費	１０,０００
		被服費	５,０００
		貯金	１０,０００
		社会保険料	２０,０００
		借金返済	６,０００
		所得税・住民税	１４,０００
		教育費	１０,０００
		交通・通信費	２０,０００
		合　　計	１７５,０００

ア　消費支出に相当する金額はどれか。

a　125,000円　　b　145,000円　　c　151,000円

イ　実支出以外の支払に相当する金額はどれか。

a　16,000円　　b　30,000円　　c　50,000円

ウ　可処分所得に相当する金額はどれか。

a　34,000円　　b　176,000円　　c　200,000円

エ　この家庭のエンゲル係数はどれか。(値は，小数第1位を四捨五入するものとする。)

a　17%　　b　21%　　c　24%

	ア	イ	ウ	エ
①	a	b	c	b
②	b	b	a	c
③	c	a	b	a
④	a	a	b	c
⑤	b	c	a	a

(☆☆☆◎◎◎)

【11】次のア～エの食生活に関するマークについての説明をa～fから選んだとき，正しい組合せを，下の①～⑤から一つ選びなさい。

ア　イ　ウ　エ

a　食品を製造する際に，工程上で危害を起こす要因を分析し，それを最も効率よく管理できる部分を連続的に管理し，安全を確保する工程管理がなされていると承認された商品につけられる。

b　遺伝子組換え食品を原材料として使用しているかどうかを表す。表示は，企業の自主表示である。

c　乳児，妊産婦，病者用等の食品で，認可を得たものにつけられる。消費者庁が許可を与える。

d　有機農産物やその加工食品の検査基準に合格したものにつけられる。認定機関名が下に記される。

e　事業者が生産者や生産地などの生産情報を正確に伝えていることを表す。認定機関名が下に記される。

f　地域の原材料の良さを生かしてつくられた原材料や製法など素性が明らかな特産品につけられる。

	ア	イ	ウ	エ
①	c	e	a	d
②	a	e	f	d
③	c	d	a	b
④	a	d	f	b
⑤	c	e	a	b

(☆☆☆◎◎◎)

【12】図下のア～オの各文は，次の図「スキャモンの発育曲線」について述べたものである。誤っているものの組合せを，あとの①～⑤から一つ選びなさい。

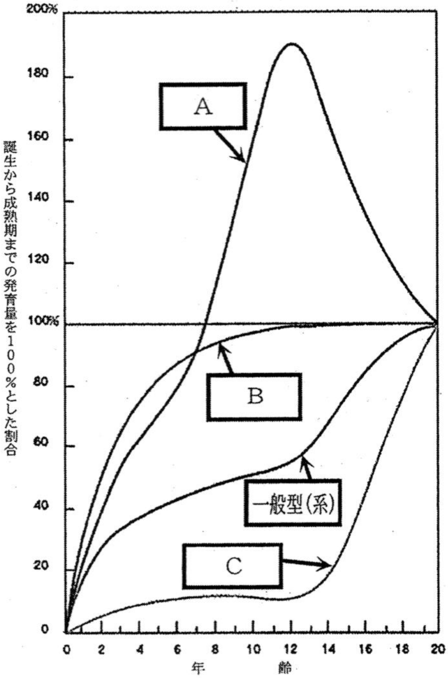

ア　からだの部位や器官によって，発達が起きる時期が異なる。

イ　図中のAの曲線は，リンパ節やリンパ組織の発育を示している。

ウ　図中のBの曲線は，生殖器などの発育を示している。

エ　図中のCの曲線は，脳などの神経の発育を示している。

オ　一般型(系)は，身長や体重などの発育を示している。

①	ウとエ
②	イとオ
③	イとエ
④	アとウ
⑤	ウとオ

(☆☆☆◎◎◎)

【13】次のア～エの各文は，被服製作について述べたものである。正しいものを○，誤っているものを×としたとき，正しい組合せを，下の①～⑤から一つ選びなさい。

ア　袖山の高さと袖の機能性の関係において，袖ぐりの寸法が同じでも袖山の高さが高くなると，袖幅と袖下寸法はそれぞれ長くなり，腕の運動量は大きくなる。

イ　90cm幅(無地のブロード)で次の図のブラウス(標準体型)を作る場合，布の見積もり方は，(ブラウス丈＋袖丈)×2である。

ウ　採寸の仕方で，また上丈は，腰かけて側面におけるウエストラインから座面までの長さをはかる。

エ　手縫い針の一種であるメリケン針は，番号が大きくなるほど細くなる。

	ア	イ	ウ	エ
①	×	×	○	○
②	×	○	×	×
③	○	○	○	○
④	×	×	○	×
⑤	○	×	×	×

(☆☆☆◎◎◎)

【14】次のア～オの各文は，住まいの安全を守る法制度について述べたものである。正しいものを○，誤っているものを×としたとき，正しい組合せを，あとの①～⑤から一つ選びなさい。

ア　2000年に，「住宅の品質確保の促進等に関する法律」(住宅の品質確保法)が施行された。

イ　住宅性能表示制度は，外からはわかりにくい住まいの性能を6分野の評価項目ごとに，専門機関が点検して数値で表すもので，住まいを借りたり建てたりする際のめやすとなっている。

ウ　2004年に消防法が改正され，すべての住宅で消火器の設置が義務づけられた。

エ　2006年に建築基準法が改正され，住宅の基礎や筋かいの強度，壁の量や配置の見直しにより，建築する際の検査を厳しくして，建物の安全・安心をより確保するようになった。

オ　2006年に「建築物の耐震改修の促進に関する法律」(耐震改修促進法)が施行され，より多くの建物の改修を義務づけた。

	ア	イ	ウ	エ	オ
①	×	×	○	○	○
②	○	×	×	○	○
③	○	○	○	×	×
④	×	○	○	×	○
⑤	○	○	×	○	×

(☆☆☆◎◎◎)

【15】次のア～エは，環境に関するマーク(ラベル)及び，その説明文である。マークと説明の組合せとして正しいものを○，誤っているものを×としたとき，正しい組合せを，あとの①～⑤から一つ選びなさい。

	マーク（ラベル）	説　　明
ア		メーカー，ブランドに関係なく携帯電話，ＰＨＳの本体，充電器，電池を回収している店を表すマーク。
イ		原料に古紙を規定の割合以上利用していることを示すマーク。古紙利用製品に表示することにより，古紙の利用を拡大し，紙のリサイクルの促進を図ることを目的としている。

ウ		牛乳パックのリサイクルシステムや使用済み牛乳パックを使用した製品の拡大を目的に，使用済み牛乳パックを原料とした商品に付けられている。
エ		パソコンなどのオフィス機器について，稼動時，スリープ・オフ時の消費電力に関する基準を満たす商品に付けられるマーク。

	ア	イ	ウ	エ
①	×	×	○	×
②	○	○	×	×
③	×	×	○	○
④	○	×	×	×
⑤	×	○	×	○

(☆☆☆◎◎◎)

【16】次のA～Dの各文は，魚の種類と調理上の性質について述べたものである。文中の(　ア　)～(　エ　)に当てはまる語句の正しい組合せを，下の①～④から一つ選びなさい。

A　白身魚には，(　ア　)たんぱく質が多い。

B　魚類は肉類に比べると，死後硬直時間は(　イ　)。

C　魚の脂質は，血液中の(　ウ　)を下げ，心筋梗塞，脳梗塞を防ぐといわれている。

D　魚を塩でしめた後で酢につけると，酸によって(　エ　)が凝固して肉は硬くなる。しめさばは，これを利用した料理である。

	ア	イ	ウ	エ
①	筋形質	長い	血糖値	たんぱく質
②	筋原繊維	短い	コレステロール値	たんぱく質
③	筋原繊維	短い	血糖値	脂質
④	筋原繊維	長い	コレステロール値	脂質

(☆☆☆◎◎◎)

【17】次のア～エの各文は，保育所保育指針(平成20年厚生労働省)に示してある幼児の発達過程について述べたものである。正しいものを○，誤っているものを×としたとき，正しい組合せを，下の①～⑤から一つ選びなさい。

ア　おおむね3歳になると，食事，排泄，衣類の着脱などもほぼ自立できるようになる。

イ　おおむね5歳になると，基本的な生活習慣が身に付き，運動機能はますます伸び，喜んで運動遊びをしたり，仲間とともに活発に遊ぶ。

ウ　おおむね2歳になると，食事，衣類の着脱など身の回りのことを自分でしようとする。

エ　おおむね4歳になると，仲間の意思を大切にしようとし，役割の分担が生まれるような協同遊びやごっこ遊びを行い，満足するまで取り組もうとする。

	ア	イ	ウ	エ
①	○	×	×	○
②	×	×	○	○
③	○	○	○	×
④	○	○	×	○
⑤	×	○	○	×

(☆☆☆◎◎◎)

【18】次の各文は，女物ひとえ長着と男物ひとえ長着について述べたものである。文中の(　ア　)～(　エ　)に当てはまる語句を語群a～hから選び，その正しい組合せを，あとの①～⑤から一つ選びなさい。ただし，同じ記号には同じ語句が入る。

○　女物ひとえ長着は，着丈より25～30cm長く身丈をとって仕立て，その分は腰のところで折って着装する。そのことを(　ア　)という。男物ひとえ長着では，(　ア　)をつけないで，着丈に仕立て，対丈(ついたけ)で着る。

○　男物ひとえ長着では，縫い直しを考えて，帯で隠れる位置に(イ)をする。

○　女物ひとえ長着のふりに当たる部分を男物ひとえ長着では(ウ)といい，縫い詰める。

○　男物ひとえ長着の袖つけは，女物ひとえ長着の袖つけより(エ)。

《語群》

a　長い　　b　短い　　c　身八つ口　　d　いしき当て

e　端折(はしょり)　　f　人形　　g　内揚げ　　h　くりこし揚げ

	ア	イ	ウ	エ
①	d	h	f	b
②	e	g	f	a
③	d	h	c	b
④	e	g	f	b
⑤	e	h	c	a

(☆☆☆◎◎◎)

【19】次のア～エの各文は，住居や室内環境に関して述べたものである。正しいものを○，誤っているものを×としたとき，正しい組み合わせを，あとの①～⑤から一つ選びなさい。

ア　建築基準法では，部屋の換気のための開口部の面積は，その居室の床面積の$\frac{1}{7}$以上と定めている。

イ　環境省による騒音環境基準では，住宅地において昼間60dB以下，夜間50dB以下である。

ウ　2006年，ハートビル法(1994年施行，2003年改正)と交通バリアフリー法(2000年施行)が統括されたバリアフリー新法が施行され，まち全体のバリアフリー化が進められている。

エ　建築基準法に基づくシックハウス対策には，ホルムアルデヒド，クロルピリポスに関する規制，新築住宅の24時間機械換気の義務付けなどの規制がある。

	ア	イ	ウ	エ
①	○	×	×	×
②	×	×	○	○
③	○	×	○	×
④	×	○	○	×
⑤	○	○	×	○

(☆☆☆◎◎◎)

【20】次の文は，日本の伝統的な食文化についてまとめたものである。下のア～エの各問いにおいて，正しいものをa，bから1つ選んだとき，正しい組合せを，あとの①～⑤から一つ選びなさい。

日本の伝統的な食文化の特徴の一つとして，健康的な食生活を支える栄養バランスがあげられる。一汁三菜を基本とする日本の食事スタイルは，理想的な栄養バランスと言われている。また，うま味を上手に使うことによって動物性油脂の少ない食生活を実現しており，日本人の長寿や肥満防止に役立っている。

ア　次の図は，一汁三菜の配膳図である。主菜はa，bのどちらに置くか。

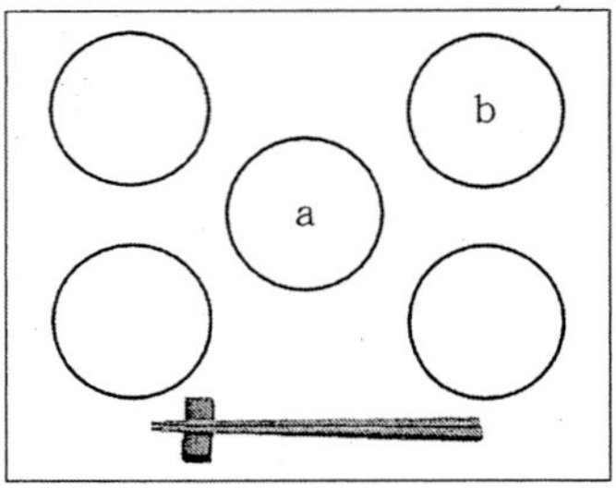

イ　次の表は，食品とその食品に多く含まれるうま味成分の組合せを示したものである。正しい組合せは，表中のa，bのどちらか。

	食　品	うま味成分
a	こんぶ	イノシン酸
b	しいたけ	グアニル酸

ウ　こんぶとかつおぶしの混合だしは，味の相互作用によりうま味が増強される。これは，a，bのどちらの効果によるものか。

a　相乗効果　　b　順応効果

エ　だしに少量の食塩を加えることで，味の相互作用によりうま味を強めることができる。これはa，bのどちらの効果によるものか。

a　変調効果　　b　対比効果

	ア	イ	ウ	エ
①	a	b	a	a
②	a	a	b	a
③	b	b	a	b
④	b	b	b	a
⑤	a	a	a	b

(☆☆☆◎◎◎)

【21】次のア～オの図は，袖の種類を表したものである。ア～オに当てはまる名称を語群a～iから選んだとき，正しい組合せを，下の①～⑤から一つ選びなさい。

《語群》

a　パフスリーブ　　b　フレンチスリーブ

c　ラグランスリーブ　　d　セットインスリーブ

e　ドロップショルダースリーブ　　f　ヨークスリーブ

g　キャップスリーブ　　h　ドルマンスリーブ

i　ケープスリーブ

	ア	イ	ウ	エ	オ
①	c	d	f	b	g
②	h	a	c	b	g
③	c	d	f	b	i
④	h	d	c	e	g
⑤	c	a	f	e	i

(☆☆☆◎◎◎)

【22】次のア～エの各文は，被服の配色について述べたものである。正しいものを○，誤っているものを×としたとき，正しい組合せを，下の①～⑤から一つ選びなさい。

ア　セパレーション
　多色配色で段階的にしだいに色を変化させていく方法

イ　ドミナント
　一つのデザインで使う色に何らかの共通の要素を加え，配色全体に統一した雰囲気を作り出す配色方法

ウ　コントラスト
　色の強さと弱さ，明るさと暗さのように対照的な色を配することでバランスをとる方法

エ　アクセント
　隣り合った色同士が互いに強烈すぎて配色が調和しない場合，その配色の間に別の色を入れることで表情を変える方法

	ア	イ	ウ	エ
①	×	○	×	○
②	○	○	○	×
③	○	×	×	○
④	×	○	○	×
⑤	×	×	○	○

(☆☆☆◎◎◎)

【23】地球の資源や美しい環境をまもり，次世代に残していくために「3つのR」が提唱されている。福岡県では，2008年に「みんなでつくろう3R～持続可能な循環型社会づくり～」という副読本を作成し啓発している。次のア～オの各文の具体的な行動は，「3つのR」の「リデュース(Reduce)」「リユース(Reuse)」「リサイクル(Recycle)」のどれに当てはまるか，語群a～cから選び，その正しい組合せを，あとの①～⑤から一つ選びなさい。

ア　マイバックを持参し，レジ袋や過剰包装は断る。

イ　資源ごみを分別回収する。

ウ　本当に必要なものだけを購入する。
エ　不用品は，フリーマーケットなどを活用する。
オ　生ごみはコンポストなどを利用して堆肥にし，家庭菜園で利用する。

《語群》

a　リデュース(Reduce)　　b　リユース(Reuse)
c　リサイクル(Recycle)

	ア	イ	ウ	エ	オ
①	a	b	b	c	a
②	b	a	a	a	c
③	c	a	c	b	b
④	a	c	a	b	c
⑤	b	c	b	a	b

(☆☆☆◎◎◎)

【24】次の文は，食品に含まれる有害物質の除去についてまとめたものである。文中の(　ア　)～(　エ　)に当てはまる語句の正しい組合せを，あとの①～⑤から一つ選びなさい。ただし，同じ記号には同じ語句が入る。

じゃがいもは，よく食される身近な食品の一つであり，学校菜園や家庭菜園でも栽培されることが多い。主に小学校の調理実習などで，じゃがいもの芽やその根元，光に当たって(　ア　)色になった部分に含まれる(　イ　)による食中毒の事例が毎年報告されている。調理する際は，これらの部分を十分取り除くことが大切である。

ほうれんそうは，鉄を多く含む緑黄色野菜である。ほうれんそうに含まれる(　ウ　)は，鉄やカルシウムといった無機質の吸収を阻害する。調理する際は，ゆでることによって，ほうれんそうに含まれる(　ウ　)を除去することが大切である。

生の大豆やいんげん豆には，ひとの消化酵素の活性を阻害する物質が存在しており，これを(　エ　)という。そのため，豆類の加工では必ず加熱調理をする。

	ア	イ	ウ	エ
①	緑	ソラニン	たんぱく質	しゅう酸
②	赤	ヤラピン	しゅう酸	トリプシンインヒビター
③	赤	ソラニン	たんぱく質	しゅう酸
④	緑	ヤラピン	しゅう酸	トリプシンインヒビター
⑤	緑	ソラニン	しゅう酸	トリプシンインヒビター

(☆☆☆◎◎◎)

【25】次のア～オの各文は，高齢者等の生活について述べたものである。正しいものを○，誤っているものを×としたとき，正しい組合せを，下の①～⑤から一つ選びなさい。

ア　労働基準法では，急激な高齢化の進行などに対応して，高齢者の安定した雇用の確保などをはかるため，定年の引き上げ，希望者を定年後も引き続いて雇用する継続雇用制度の導入，定年の定めの廃止のいずれかを事業主に求めている。

イ　育児・介護休業法は，育児や家族の介護をおこなう労働者の，仕事と家庭の両立を推進する法律である。

ウ　国立社会保障・人口問題研究所「日本の将来推計入口(平成24年1月推計)」(2012年)及び「人口総計資料集(2010)」(2010)によると，日本をはじめ先進国の人口ピラミッドは，少子化の影響により，三角形にならず，つぼ状になる。

エ　公的年金制度において，老齢基礎年金の国庫負担割合は，3分の1である。

オ　近年，一人暮らしの高齢者や夫婦だけで暮らす高齢者が増加し，核家族世帯が減少している。

	ア	イ	ウ	エ	オ
①	×	×	○	○	×
②	×	○	×	×	○

③	○	×	○	○	○
④	×	○	○	×	×
⑤	○	×	×	×	○

(☆☆☆◎◎◎)

【26】加工食品は，食品表示基準(平成27年内閣府令第10号)により名称等の表示が義務付けられている。次のA，Bは，いちごジャムの表示の一部を抜粋したものである。これらの表示について説明した文中の[ア]～[エ]に当てはまる語句を答えなさい。ただし，同じ記号には同じ語句が入る。

A

名　　称	いちごジャム
原材料名	いちご，砂糖／[イ]化剤（[ウ]），酸味料

B

エネルギー	40kcal
たんぱく質	0.1g
脂　　質	0.0g
炭水化物	10.2g
食塩相当量	0.0g

○　Aのうち原材料名は，原材料に占める[ア]の割合の多いものから順に，その最も一般的な名称をもって表示する。

○　このいちごジャムの原材料には，[イ]化剤が含まれている。このジャムは，[ウ](リンゴジュースを製造する際に出る絞り粕や，かんきつ類の皮にいろいろな化学物質を加えて抽出したもの)が酸と糖と一緒に加熱されると[イ]化する性質を利用してできている。

○　Bは，[　エ　]成分(たんぱく質，脂質，炭水化物及びナトリウムという。)の量及び熱量を示している。

(☆☆☆◎◎◎)

【27】次の図，文及び表は，界面活性剤の構造，洗剤の成分，界面活性剤の働きにより汚れが落ちる仕組みをそれぞれ表している。以下の(　ア　)～(　オ　)の空欄に当てはまる語句を記入しなさい。

界面活性剤の構造(石けんの例)

(　ア　)基

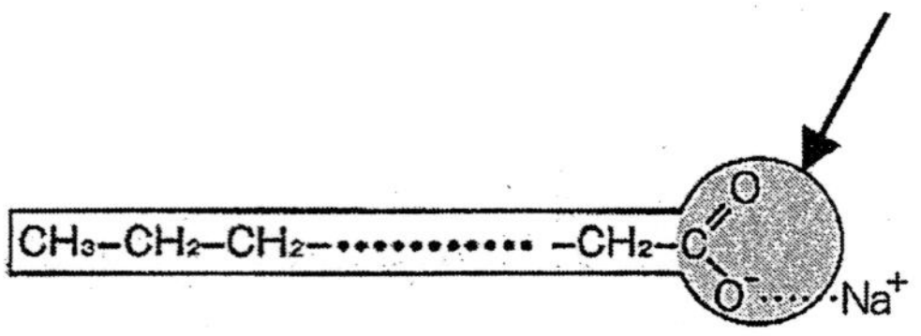

洗濯用洗剤は，界面活性剤の種類と配合割合により，石けん，複合石けん，(　イ　)に分けられる。洗濯用洗剤の主成分は洗浄作用をもつ界面活性剤であり，これに(　ウ　)として，アルカリ剤や硬水軟化剤が，添加剤として蛍光増白剤，酵素などが配合されているものなどもある。

汚れが落ちる仕組み

	汚れが落ちる様子	界面活性剤の作用
1	界面活性剤は繊維と汚れの間に浸透する。	浸透作用
2	界面活性剤の働きにより，汚れが細かくなり少しずつ取り出される。	(　エ　)・分散作用
3	界面活性剤が汚れや繊維を覆い，汚れが再び繊維に付くのを防ぐ。	(　オ　)作用

(☆☆☆◎◎◎)

【28】Aは，「さけのムニエル」一人分の材料と分量を示している。Aのエネルギーを Bの食品成分表を使って求めなさい。値は小数第1位を四捨五入するものとする。

A 「さけのムニエル」材料と分量

材料名	分量
さけ（生）	80 g
小麦粉	5 g
バター	10 g

B 食品成分表

食品名	エネルギー	たんぱく質	脂質
	kcal	g	g
べにざけ（生）	138	22.5	4.5
小麦粉（薄力粉）	368	9.3	1.9
有塩バター	745	0.6	81.0

(文部科学省「日本食品標準成分表2015年版（七訂）」より作成)

(☆☆☆◎◎◎)

【中学校】

【1】次の文は，中学校学習指導要領解説技術・家庭編(平成20年文部科学省)「第3章　指導計画の作成と内容の取扱い」「3　実習の指導」の一部を抜粋したものである。文中の(　ア　)～(　オ　)に当てはまる語句を答えなさい。

> ①　実習室の使用等
>
> 各学校の実態に即して実習室の使用規定や機器類の使用などに関する(　ア　)を定め，これらを指導計画の中に位置付けて指導の徹底を図るようにする。その際，事故が起きる状態とその理由などを予想させたり，その防止対策を考えさせるなど具体的に指導するようにする。また，事故・災害が発生した場合の(　イ　)と連絡の徹底等，緊急時の対応についても指導する。
>
> ②　学習時の服装
>
> 服装については，活動しやすいものを身に付けさせ，安全と衛生に配慮するようにする。
>
> 機器類の操作場面では，皮膚を露出しない作業着等を着用させたり，作業内容に応じて保護眼鏡，マスク，手袋などの適切な保護具を着けさせたりする。食品を扱う場面では，エプロンや(　ウ　)を着用させて，清潔を保つようにするとともに，　　(　エ　)を励行させるなど衛生面に配慮するように指導する。
>
> ③　校外での学習
>
> 見学，調査，実習等を校外で実施する場合には，目的地に到着するまでの移動経路等を事前に調査し，(　オ　)などの安全の確認や生徒自身の安全の確保に留意する。また，学習の対象が幼児や高齢者など人である場合には，相手に対する配慮や安全の確保などに十分気を配るように指導する。

(☆☆☆◎◎◎)

【2】次の文は，中学校学習指導要領解説技術・家庭編(平成20年文部科学省)「第3章　指導計画の作成と内容の取扱い」「1　指導計画の作成」の一部を抜粋したものである。文中の(　ア　)～(　オ　)に当てはまる語句を答えなさい。ただし，同じ記号には同じ語句が入る。

> 技術・家庭科における(　ア　)とは，教科の目標及び各分野の目標の実現を目指して，各項目に示される指導内容を指導単位にまとめて組織したものである。したがって，(　ア　)の設定に当たっては，各項目及び各項目に示す事項との関連を見極め，相互に有機的な関連を図り，系統的及び総合的に学習が展開されるよう配慮することが重要である。
>
> (略)
>
> 家庭分野では，例えば，「D身近な消費生活と環境」の各項目を履修する場合，「A家族・家庭と子どもの成長」，「B食生活と自立」，「C衣生活・住生活と自立」の各項目との関連を図って(　ア　)を設定することが考えられる。
>
> また，地域や学校及び生徒の実態等を十分考慮するとともに，次の観点に配慮して(　イ　)的・(　ウ　)的な学習活動を中心とした(　ア　)を設定して計画を作成することが必要である。
>
> ①　小学校における家庭科及び図画工作科等の関連する教科の指導内容や中学校の他教科等との関連を図り，教科のねらいを十分達成できるよう(　エ　)的・基本的な内容を押さえたもの。
>
> ②　生徒の発達の段階に応じたもので，興味・関心を高めるとともに，生徒の(　オ　)的な学習活動や個性を生かすことができるもの。
>
> ③　生徒の日常生活とのかかわりや社会とのつながりを重視したもので，自己の生活の向上とともに家庭や地域社会における(　イ　)に結び付けることができるもの。

(☆☆☆◎◎◎)

【高等学校】

【1】次の文は，高等学校学習指導要領解説家庭編(平成22年文部科学省)「第1部　各学科に共通する教科『家庭』」「第2章　各科目」「第1節　家庭基礎」の一部を抜粋したものである。文中の(　ア　)～(　オ　)に当てはまる語句を答えなさい。

> この科目は，(　ア　)への対応や持続可能な社会の構築，(　イ　)の推進，男女共同参画社会の推進等を踏まえて，(　ウ　)して生活する能力と異なる世代とかかわり共に生きる力を育てることを重視している。
> 従前の「家庭基礎」の内容を再構成し，(　エ　)を見通し，衣食住生活についての科学的な理解を深めるとともに，生涯の(　オ　)の学習を通して，生涯にわたってこれらの能力を活用して課題を解決できるよう改善を図った。

(☆☆☆◎◎◎)

【2】次の文は，高等学校学習指導要領解説家庭編(平成22年文部科学省)「第2部　主として専門学科において開設される教科『家庭』」「第2章　各科目」「第2節　課題研究」「第2　内容とその取扱い」「1　内容の構成及び取扱い」の一部を抜粋したものである。文中の(　ア　)～(　オ　)に当てはまる語句を答えなさい。

> この科目は，(1)調査，研究，実験，(2)作品製作，(3)(　ア　)等における実習，(4)(　イ　)の取得，(5)(　ウ　)の5項目で構成しており，2～4単位程度履修されることを想定して内容を構成している。
> (略)
> 指導に当たっては，生徒の主体的な学習活動のための(　エ　)の支援，情報通信ネットワークや教材・教具など学習環境の整備に十分留意する。また，学習内容が広範囲にわたることもあ

ることから，教員相互の協力や連携が必要であり，(　オ　)を超えた指導も考えられる。さらに，社会人講師を活用したり，就業体験を取り入れたりして指導の効果を高めるよう工夫する。

(☆☆☆◎◎◎)

解答・解説

【中高共通】

【1】④

〈解説〉各食品の特徴について，アはカルシウムを多く含み，たんぱく質の量も多い。イはエネルギー量が低い一方で各栄養素を万遍なく含んでいる。ウはビタミンAが突出して豊富。エは4つの食品中，脂質が最も多い。これらを踏まえると，まずイはe，ウは緑黄色野菜のa，エは脂身つきのdとなる。残るアについては，たんぱく質の量からcと判断する。

【2】①

〈解説〉A　子どもの年齢別の死因について，乳児では窒息事故，幼児は交通事故が最も多く，次いで溺死・溺水が多い傾向にある。　B　STマークは，日本玩具協会が定めた安全基準に合格したおもちゃにつけられるマークである。　C　菱形のPSCマークは，特別特定製品(乳幼児用ベッド，携帯用レーザー応用装置，浴槽用温水循環器，ライター)につけられる。また，丸形のPSCマークは，特定製品(家庭用の圧力なべ及び圧力がま，石油給湯器など)につけられる。特定製品，特別特定製品については，消費生活用製品安全法および同法施行令において定義されている。

【3】⑤

〈解説〉ア　aは毛，bは綿，cは絹，dは麻の断面スケッチである。

【4】③

〈解説〉b，d，f，gについても確認しておこう。bはウと間違えやすいので注意。

【5】①

〈解説〉1992年の国連環境開発会議は，1972年の国連人間環境会議(ストックホルム会議)以来，環境問題への取り組みが本格化したことを受け，地球温暖化，酸性雨等の地球環境問題を人類共通の課題とし，「持続可能な開発」を掲げて，環境と開発の両立を目指すとして開催された。その結果，環境と開発に関するリオ宣言の採択(基本原則の集大成)，気候変動枠組み条約の署名(温室効果ガス排出抑制，吸収源保全のための政策・対応措置)，生物多様性条約の署名(生物多様性の保全や，その要素の持続的利用など)，森林に関する原則の採択(森林の利用権利，森林の多様な機能の維持及び持続的経営の強化など)，アジェンダ21の採択(リオ宣言実施の行動プログラム)について合意がなされた。

【6】⑤

〈解説〉大豆油は，大豆から溶剤を使用して抽出する。大豆たんぱくは，大豆から分離させたたんぱく質のこと。豆腐は，大豆のしぼり汁に凝固剤を加えて固めたもの。納豆は，大豆を蒸して納豆菌を加え，発酵させたもの。

【7】③

〈解説〉体の動きの発達は，あおむけ→うつぶせになる→首がすわる(生後3か月頃)→ねがえりをする(生後5か月頃)→おすわりをする(生後7か月頃)→はいはいをする(生後9か月頃)→つかまり立ちをする→伝い歩きをする(生後10か月頃)→1人で立つ→1人で歩く(生後12か月頃)，といったステップを踏む。よって，aが「首のすわり」，bが「ひとりすわり」となる。

【8】③

〈解説〉ISO 3758に合わせたJIS L0001洗濯表示が2016年12月から使用されている。従来の22種類から41種類に大幅に増えたので，必ず確認しておくこと。　イ　乾燥条件は低温乾燥(排気温度の上限は最高60℃)。ウ　つり干し乾燥がよいことを示す。「日蔭で」という条件を示す場合は，□囲みの中の左上に斜線を入れる。　エ　パークロロエチレンを使用するものは，Ⓟで示す。

【9】③

〈解説〉環境問題に対応するため，1993年に環境基本法が制定され，地球環境保全の視点が盛り込まれ，基本理念と枠組みが示された。なお，戦略的環境アセスメントとは，「今後の環境影響評価制度の在り方について(答申)」(平成22年2月，中央環境審議会)によると「本来，個別の事業に先立つ「戦略的な意志決定段階」，すなわち，個別の事業の実施に枠組みを与えることになる計画(上位計画)，さらには政策を対象とする環境影響評価」のことである。また，ISO 27001とは，組織が保有する情報にかかわるさまざまなリスクを適切に管理し，組織の価値向上をもたらすISMSの国際規格である。

【10】④

〈解説〉ア　消費支出は，実支出(175,000)－非消費支出(社会保険料20,000＋所得税・住民税14,000)－実支出以外の支払(貯金10,000＋借金返済6,000)=125,000〔円〕。　イ　実支出以外の支払とは，預貯金，保険掛け金，借金返済，財産購入などをさすので，本問の場合は，アを参照して，16,000〔円〕。　ウ　可処分所得は，実収入(経常収入200,000＋特別収入10,000)－非消費支出(34,000)＝176,000〔円〕。

エ　エンゲル係数は，$\frac{食費}{消費支出}$×100で求められるので，$\frac{30,000}{125,000}$×100＝24〔%〕。

【11】①

〈解説〉b　遺伝子組換え食品に関する表示について，官公庁や全国規模の組織によって定められているマークはないが，地方自治体や協同組合によって独自にマークが定められている場合がある。　f　Eマークのことである。アルファベットのEの意匠を品の字様に重ねたものを基本デザインとして，都道府県ごとにアレンジを加えている。

【12】①

〈解説〉ウ　神経系統は生まれてから5歳頃までに80%の成長を遂げ12歳でほぼ100%になるので，Bである。　エ　13～14歳あたりから急激に発達するのが生殖器なので，Cである。

【13】①

〈解説〉ア　袖幅と袖下寸法は変わらず，腕の運動量は小さくなる。
イ　ブラウス丈×2＋袖丈＋えり分＋縫いしろ(20cm)で見積もる。

【14】②

〈解説〉イ　新築住宅の場合，全10分野のうち，従来必須項目となっていた9分野について，平成27年4月より4分野となった。　ウ　2004年の消防法改正により，2006年から住宅用火災警報器等の設置が義務付けられている。

【15】⑤

〈解説〉ア　マークは，回収・リサイクルが必要であることを示すスリーアローマーク。説明は，モバイル・リサイクル・ネットワークのマークのもの。　ウ　マークは，日本ガラスびん協会が認定する規格統一リターナブルびんに付けられるリターナブルびんマーク。説明は，牛乳パック再利用マークのもの。

【16】②

〈解説〉A　筋肉たんぱく質には，ミオシンなど糸状たんぱく質からなる筋原繊維たんぱく質と，ミオゲンなど球状たんぱく質からなる筋形質たんぱく質がある。白身魚は赤身魚と比べると筋原繊維たんぱく質の割合が多い。これは粘りのある練り製品を作るのに適した理由の1つとなっている。　B　死後硬直を経ると，自己消化により肉質が柔らかくなりうまみが増す。肉では，魚に比べ筋肉組織が密であるため，時間がかかる。　C　魚に含まれるイコサペンタエン酸やドコサヘキサエン酸は，n-3系脂肪酸と呼ばれ，α－リノレン酸系の多価不飽和脂肪酸である。これらは，血液中のコレステロール値を下げるといわれる。　D　酢のたんぱく質凝固作用により，しっかりした歯ごたえのものができる。

【17】③

〈解説〉エ　協同遊びは，5歳頃からのものである。4歳の頃は，役割分担のない，数人でやり取りをしながら一緒に遊ぶ連合遊びをする。

【18】②

〈解説〉男物ひとえ長着の特徴は，身丈は，端折をつけず着丈に仕立て，対丈で着ること，身八つ口がないこと，女物のふりに当たる部分は人形といい，縫い詰め，袖つけは女物より長いこと，などである。なお，内揚げの役目は，先々で裾切れしたとき裾を切り捨てて，この部分を解いて切り捨てた部分を補って着用することにある。成長した子どもや孫にも仕立て直すことが可能となる。

【19】②

〈解説〉ア　「$\frac{1}{7}$」ではなく「$\frac{1}{20}$」が正しい。なお，$\frac{1}{7}$は，

$\frac{採光に有効な部分の面積}{居室の床面積}$の値。　イ「昼間60dB以下，夜間50dB以下」ではなく「昼間55dB以下，夜間45dB以下」が正しい。生活音でいうと，人の普通の話し声で50～61dBといわれる。

【20】③

〈解説〉ア　aには副菜または副々菜を置く。　イ　こんぶのうま味成分はグルタミン酸である。また，イノシン酸はかつおぶしをはじめとするふし類のうま味成分である。　ウ　相乗効果は，同じ種類の味を混合した場合，それ以上の味の強さを足した以上の強さの味を示すこと。順応効果は，同じ味覚刺激が持続すると，感度が低下し，消失するようなこと。　エ　対比効果は，一方の味の刺激により他方の味の刺激がより強くなること。変調効果は，先に摂取した味物質の影響で後に摂取するものの味が変わって感じられること。

【21】②

〈解説〉ア　袖ぐりが大きくゆったりし，袖先に向かってだんだん細くなっている。　イ　肩先と袖口をギャザーで絞って，袖の部分を丸く膨らませている。　ウ　袖の付け根が襟から袖下にかけて斜めになっていて，肩とひと続きになっている。　エ　身頃と袖の切り替えがなく，身頃からそのまま続いてカットされた布で作られている。　オ　肩先が隠れる程度のごく短めの袖になっている。

【22】④

〈解説〉ア　この説明は，グラデーションのこと。　エ　この説明は，セパレーションのこと。アクセントは，同一色相配色や同一トーン配色などのように，統一感がある反面単調になってしまう配色の場合，使用されている色と対照的な属性の，目立つような色を少量配色に加え，全体を引き締めより効果的にさせる方法。

【23】④

〈解説〉a　リデュースは廃棄物の発生を抑制することであり，ごみになるものを買わない，もらわない，長く使える製品を買うなど，ごみも資源ももとから減らす行動である。　b　リユースは再使用のことで，リターナブル容器を買う，リサイクルショップを利用するなど繰り返し使う行動である。　c　リサイクルは再資源化のことで，ごみを分別する，リサイクルされた製品を買うなど資源として再び利用する行動である。

【24】⑤

〈解説〉エのトリプシンインヒビターとは，体内でたんぱく質を分解する酵素トリプシンの作用を阻害する物質のことである。摂取するとトリプシンに結合し，その働きを失わせてしまう。ただし，加熱によりその働きはなくなるので，豆類を加工するときは加熱処理をする。なお，ヤラピンはさつまいもに含まれる成分で，切り口から滲み出る乳状の物質である。食物繊維との相乗効果による整腸作用があるとされる。

【25】④

〈解説〉ア「労働基準法」ではなく「高年齢者等の雇用の安定等に関する法律」が正しい。　エ　2004年の国民年金法改正により，国庫負担率は「3分の1」から「2分の1」になった。　オ　核家族とは，「夫婦と未婚の子ども」「ひとり親と未婚の子ども」「夫婦のみ」のように家族の最小単位をいう。近年は，夫婦のみの核家族世帯が増加している。

【26】ア　重量　　イ　ゲル　　ウ　ペクチン　　エ　栄養

〈解説〉ア　個別食品ごとの品質表示基準では，原材料の重量の多いもの順に並んでいる。　イ・ウ　ゲル化とは，液体の流動性をなくすことである。また，ペクチンは植物の細胞壁の構成成分で，セルロースなど他の成分と結合して植物細胞をつなぎ合わせる働きをする天然の多糖類である。本問の場合，いちごを煮ると含まれているペクチンが水に溶け出し，糖分とともに煮詰めることでいちごの中の酸との作用によりゲル化する。　エ　栄養成分表示は，健康増進法により，エネルギー，たんぱく質，脂質，炭水化物，食塩相当量の5種類の成分の表示が義務付けられている。

【27】ア　親水　　イ　合成洗剤　　ウ　助剤(洗浄補助剤)　　エ　乳化　オ　再汚染防止(再付着防止)

〈解説〉界面活性剤は，水になじみやすい親水基と，油になじみやすい親油基からなる。まず，親油基が布の汚れに吸着して表面張力を低下させ，汚れと繊維の間に入り込む(浸透作用)。布と汚れの結合力が弱まり，水と汚れ(油)が混ざり，布から離れて水中へ取り出されていく(乳化・分散作用)。界面活性剤には，分散した汚れが再び布に付着するのを防止する働きもある(再汚染防止(再付着防止)作用)。

【28】203 kcal

〈解説〉食品成分表は，食品の可食部100g中の成分値を示すものである。よって，材料ごとの分量あたりのエネルギーを求め，合計することでAのエネルギーを求めることができる。$\frac{80}{100}\times 138+\frac{5}{100}\times 368+\frac{10}{100}\times 745=110.4+18.4+74.5=203.3$〔kcal〕。小数第1位を四捨五入して，203kcalとなる。

【中学校】

【1】ア　安全規則　　イ　応急処置　　ウ　三角巾　　エ　手洗い　オ　交通

〈解説〉中学校学習指導要領(平成20年3月告示)技術・家庭科家庭分野において，「実習の指導に当たっては，施設・設備の安全管理に配慮し，学習環境を整備するとともに，火気，用具，材料などの取扱いに注意して事故防止の指導を徹底し，安全と衛生に十分留意する」としている。

【2】ア　題材　　イ　実践　　ウ　体験　　エ　基礎　　オ　主体

〈解説〉中学校学習指導要領(平成20年3月告示)技術・家庭科家庭分野において，「各項目及び各項目に示す事項については，相互に有機的な関連を図り，総合的に展開されるよう適切な題材を設定して計画を作成すること。その際，小学校における学習を踏まえ，他教科等との関連を明確にして，系統的・発展的に指導ができるよう配慮すること」としている。

【高等学校】

【1】ア　少子高齢化　　イ　食育　　ウ　自立　　エ　人の一生
オ　生活設計

〈解説〉「家庭基礎」の科目の性格からの出題である。「家庭総合」が「家族や家庭の生活の営みを人の一生とのかかわりの中で総合的に捉える」科目であること，「生活デザイン」が「生活の文化的な意味や価値への理解を深めること」を重視する科目であることなどの特徴と区別しておきたい。

【2】ア　産業現場　　イ　職業資格　　ウ　学校家庭クラブ活動
エ　計画立案　　オ　学科の枠

〈解説〉「課題研究」は「生活産業基礎」とともに専門教科「家庭」の中の必履修科目であり，出題頻度が高い。この2科目については目標，内容とその取り扱いを重点的に把握しておきたい。

2016年度　実施問題

【中高共通】

【1】次の文は，高齢期の特徴について述べたものである。文中の(　ア　)～(　オ　)に当てはまる語句を語群a～hから選んだとき，正しい組合せを，下の[　　]の①～⑤から一つ選びなさい。

私たちの心身は，加齢とともにその形態や機能が変化する。記憶力や瞬時の判断力といった機能は低下するが，それまでの人生の経験によって習得した(　ア　)は高齢者になってもあまり低下がみられない。

また，年齢の上昇とともに，介護を要する状態になる高齢者も増えている。「平成25年国民生活基礎調査の概況」(厚生労働省)において，平成25年の要介護者等の年齢を性別にみると，男は(　イ　)，女は(　ウ　)が最も多くなっている。介護が必要となった主な原因を要介護度別にみると，要支援者では(　エ　)が最も多い。また，要介護者では(　オ　)が最も多い。

《語群》

a　流動性知能　　b　結晶性知能　　c　関節疾患
d　脳血管疾患(脳卒中)　　e　80～84歳　　f　85～89歳
g　高齢による衰弱　　h　認知症

	ア	イ	ウ	エ	オ
①	a	f	e	g	d
②	a	e	f	g	h
③	b	e	f	c	d
④	a	f	e	c	h
⑤	b	f	e	g	d

(☆☆☆◎◎◎)

【2】次のア～エの各文は，衣生活と環境について述べたものである。ア～エが示す内容に当てはまる語句を語群a～gから選んだとき，正しい組合せを，下の［　　］の①～⑤から一つ選びなさい。

ア　使わなくなったものを製品の原料とするリサイクルのこと。再生後の製品の性質は基本的に変わらない。

イ　衣料廃棄物を，化学反応などにより原料の状態まで戻し，それを原料として新しい製品につくりかえること。

ウ　とうもろこしを原料につくられる生分解性繊維。ポリエステルなどと同様に加工が容易で，十分な強度もある。

エ　生産から消費，廃棄までのすべての過程において，環境負荷を計量し評価することをいう。環境負荷の少ない製品の開発などが期待される。

《語群》

a　サーマルリサイクル　　b　マテリアルリサイクル
c　ケミカルリサイクル　　d　炭素繊維
e　ポリ乳酸繊維　　f　ライフサイクルアセスメント
g　エネルギーラベル

	ア	イ	ウ	エ
①	a	c	d	f
②	a	c	e	g
③	b	a	d	f
④	b	c	e	f
⑤	b	a	d	g

(☆☆☆◎◎◎)

【3】次のア～オの各文は，乾物（かんぶつ）のもどし方と重量変化について述べたものである。正しいものを○，誤っているものを×としたとき，正しい組合せを，あとの［　　］の①～⑤から一つ選びなさい。

ア　干ししいたけは，しいたけがつかる程度の水または40℃以下の湯につけてもどす。重量変化は約3～5倍である。

イ　かんぴょうは，塩でもんで水洗いしてから，半透明になるまで水からゆでる。重量変化は約2倍である。

ウ　大豆は，4～5倍ほどの容量の水に30分～1時間浸す。重量変化は約2倍である。

エ　高野豆腐は熱湯につけ，膨潤(ほうじゅん)させる。さらに水の中で白い水が出なくなるまでおし洗いする。重量変化は約3～5倍である。

オ　はるさめは，熱湯でもどす。重量変化は約5倍である。

	ア	イ	ウ	エ	オ
①	×	○	×	○	×
②	○	×	×	×	○
③	×	×	○	○	○
④	○	×	○	×	×
⑤	×	○	×	○	○

(☆☆☆◎◎◎)

【4】次の各文は，民法における家族に関する内容について述べたものである。文中の(　ア　)～(　オ　)に当てはまる語句を語群a～iから選んだとき，正しい組合せを，あとの[　　]の①～⑤から一つ選びなさい。

○　現行民法では，裁判離婚の訴えを提起することができる条件の一つに，配偶者の生死が(　ア　)以上明らかでない場合がある。

○　1996年の「民法の一部を改正する法律案要綱」(答申)では，女性の再婚禁止期間を(　イ　)から(　ウ　)に，婚姻最低年齢を男女とも(　エ　)歳にする改正案がある。

○　2013年12月5日，民法の一部を改正する法律が成立し，嫡出でない子の法定相続分について，嫡出である子の法定相続分の(　オ　)から同等になった。

《語群》

a　100日　　b　300日　　c　18　　d　6ヶ月　　e　1年
f　3年　　g　二分の一　　h　三分の一　　i　16

	ア	イ	ウ	エ	オ
①	f	d	a	c	g
②	e	b	d	i	g
③	f	b	d	i	h
④	e	d	a	c	g
⑤	f	b	d	c	h

(☆☆☆◎◎◎)

【5】次の文は，将来を考えた経済計画・家計管理について述べたものである。文中の(　ア　)～(　エ　)に当てはまる語句を語群a～fから選んだとき，正しい組合せを，あとの□の①～⑤から一つ選びなさい。ただし，同じ記号には同じ語句が入る。

限りある収入の中で，満足の得られる生活をするためには，収入・支出の現状を知り，予算を適切に配分するなどの家計管理が有効である。家計管理には，収支のバランスをはかるだけではなく，貯蓄や借金の管理も含まれる。そのため金融機関を利用することも多い。

預貯金，私的保険，債券，株式などは，金融機関が取り扱うさまざまな金融商品である。商品により(　ア　)，(　イ　)，(　ウ　)などの特性が異なる。(　ア　)が高いものは，利子率は低いが，元本を割らない元本保証型個人年金など，(　イ　)が高いものは，いつでも換金可能で元本を割らない普通預金，(　ウ　)が高いものは，元本を割ることもあるが，利子率の高い株券，(　エ　)などである。この3つの条件すべてを満たす金融商品はないので，商品の特性をじゅうぶん理解し，利用目的や利用期間などに応じて適切な選択をする必要がある。

《語群》

a　収益性　　b　安全性　　c　流動性　　d　簡便性

e　定期預金　　f　投資信託

	ア	イ	ウ	エ
①	d	b	c	e
②	d	b	c	f
③	d	c	a	f
④	b	c	a	f
⑤	b	c	a	e

(☆☆☆◎◎◎)

【6】次のア～エの各文は，持続可能な住居及び環境に配慮した住まいづくりについて述べたものである。正しいものを○，誤っているものを×としたとき，正しい組合せを，あとの［　　］の①～⑤から一つ選びなさい。

ア　エコハウス

長期間にわたって循環利用できる，質の高い住宅のこと。住宅の寿命を延ばすには，耐震性，耐久性に加えて，維持管理の容易性やライフステージに応じた可変性を備えていることが重要である。

イ　スケルトン・インフィル方式

今までは分離されていた建物の骨格・構造体(スケルトン)と内装・設備(インフィル)を一緒に造ることで，スケルトンに高度の耐久性を持たせること。

ウ　コンバージョン

使われなくなった給水塔やガスタンク，小学校校舎などを集合住宅やホテル，ショッピングセンターなどに用途変換することで，建築物を解体し壊すことなく，まちの景色も変えずに使い続けること。

エ　環境共生住宅

住まいの計画・建設・居住・改修・廃棄のすべてにおいて環境に負荷をかけない住まいづくり。周辺の自然環境と調和し，住み手が主体的にかかわり，健康で快適に生活できるように工夫された住まいやその周りの環境のこと。

	ア	イ	ウ	エ
①	○	○	×	×
②	×	×	○	○
③	×	○	○	×
④	○	×	×	○
⑤	○	×	○	×

(☆☆☆◎◎◎)

【7】次の文は，牛乳の特徴と性質についてまとめたものである。文中の(　ア　)～(　オ　)に当てはまる語句を語群a～jから選んだとき，正しい組合せを，下の[　　]の①～⑤から一つ選びなさい。

牛乳は，含まれる各種成分の性質を利用して，多様な調理に応用されている。カゼインは，酸や(　ア　)によって凝固し，(　イ　)℃以上で加熱すると，乳糖と反応してかっ色になる。

牛乳を遠心分離すると，脂肪分を多く含むクリームと脱脂乳に分かれる。クリームには，脂肪分(　ウ　)%の高脂肪クリームと(　エ　)%の低脂肪クリームがある。高脂肪クリームを泡立てたものをホイップクリームという。ホイップクリームの泡立ては，10℃以下に冷やして静かに行う。泡立てるときに砂糖を加えると，泡立て時間が(　オ　)。

《語群》

a　レシチン　　b　40　　c　長くなる　　d　120
e　20　　f　15　　g　短くなる　　h　80
i　レンネット　　j　60

	ア	イ	ウ	エ	オ
①	i	h	j	f	g
②	a	h	b	e	g
③	i	d	b	e	c
④	a	h	j	e	c
⑤	i	d	j	f	g

(☆☆☆◎◎◎)

【8】次のア～エの各文は，子どもの事故の応急処置と救急用品について述べたものである。正しいものを○，誤っているものを×としたとき，正しい組合せを，下の[　　]の①～⑤から一つ選びなさい。

ア　鼻出血の場合は，いすに腰かけさせ，口を開けて呼吸をさせ，出血している側の鼻の穴を指で外から押さえる。止血しにくいときには，鼻の外から氷などで冷やすほか，鼻にティッシュペーパーを詰めたり，あおむけに寝かせたりするとよい。

イ　切り傷による出血の場合は，まず，出血している部分をガーゼなどで圧迫する。それだけで止血できないときは，傷口に近い心臓よりの太い血管(動脈)を圧迫すると，血流が少なくなって止血しやすくなる。

ウ　熱傷の場合は，まず，清潔な冷たい水で冷やす。水疱(水ぶくれ)ができている時には，清潔なガーゼで覆って病院に行く。広い範囲の熱傷の場合は，救急車を呼ぶ。

エ　おもちゃや硬貨などを誤飲し，のどに物を詰まらせ気道がふさがった場合には，すぐに頭を下に向ける。このとき，けがをするおそれがあるので，背中をたたいてはいけない。

	ア	イ	ウ	エ
①	×	○	○	×
②	○	×	○	×
③	×	×	○	○
④	○	○	×	×
⑤	×	○	×	○

(☆☆☆◎◎◎)

【9】次のア～オの各文は，和服の素材について述べたものである。ア～オが示す内容に当てはまる名称を語群a～jから選んだとき，正しい組合せを，あとの[　　]の①～⑤から一つ選びなさい。

ア　よこ糸に強いよりをかけて織り上げた後，精錬・仕上げによってしぼを出した高級織物で，絹織維の着尺地(きじゃくじ)。

イ　生糸を使って朱子の表組織と裏組織を組み合わせて模様を織り出し，精錬後，後染めした絹織維の着尺地。

ウ　からみ織りの一種で，透き間が多く，通気性に富んでいる。盛夏の礼服として使用される絹織維の着尺地。

エ　よこ糸に強いよりをかけて，たて方向に縮れを生じさせたもの。柄は絣(かすり)が多いが，縞柄(しまがら)・無地もあり，夏の高級婦人着物として使用される麻織維の着尺地。

オ　単糸を使って織った薄地の平織物で，長じゅばんとして使用される毛織維の着尺地。

《語群》

a　縮緬(ちりめん)　b　羽二重(はぶたえ)　c　綸子(りんず)　d　紗(しゃ)　e　絽(ろ)
f　紬(つむぎ)　g　小地谷縮(おじや)　h　上布(じょうふ)　i　モスリン　j　お召(めし)

	ア	イ	ウ	エ	オ
①	a	d	e	h	j
②	a	c	e	g	i
③	a	c	f	h	j
④	b	c	e	g	j
⑤	b	d	f	h	i

(☆☆☆◎◎◎)

【10】次の文は，ビタミンの種類についてまとめたものである。文中の(　ア　)～(　オ　)に当てはまる語句を語群a～hから選んだとき，正しい組合せを，あとの[　　]の①～⑤から一つ選びなさい。ただし，同じ記号には同じ語句が入る。

(　ア　)は，強化米・豚肉・うなぎ・玄米・大豆などに多く含まれている。貝・えび・かに・山菜などには(　ア　)を分解する酵素(アノイリナーゼ)が含まれている。

(　イ　)を多く含む食べ物には，油脂類・種実類・魚介類などがある。(　イ　)は，α―トコフェロールの型のものが最も有効で，からだの中のはたらきが強い。また，抗酸化作用をもち，生体内や食品中で脂質の酸化を防いでいる。

ビタミンDは，きくらげ・しめじ・まつたけ・干ししいたけなどの植物性食品に含まれている(　ウ　)(エルゴステロール)と，あんこうのきも・さけ・かつお・あじなどの動物性食品に含まれている(　エ　)(7―デヒドロコレステロール)がある。

(　オ　)は，植物には存在せず，動物にだけに存在する。植物にはカロテノイド(α―カロテンや β―カロテン〉があり，からだの中で(　オ　)にかわる。

《語群》

a　ビタミンB_2　　b　ビタミンA　　c　ビタミンB_{12}
d　プロビタミンD_2　　e　ビタミンB_1　　f　ビタミンE
g　ビタミンK　　h　プロビタミンD_3

	ア	イ	ウ	エ	オ
①	g	f	d	h	b
②	e	a	d	h	c
③	e	a	h	d	c
④	g	a	h	d	c
⑤	e	f	d	h	b

(☆☆☆◎◎◎)

【11】次のア～エの各文は，介護サービスについて述べたものである。ア～エが示す内容に当てはまる語句を語群a～hから選んだとき，正しい組合せを，あとの□の①～⑤から一つ選びなさい。

ア　病状安定期にあり，入院治療をする必要はないが，リハビリテーションや看護・介護を必要とする要介護者がサービスを受ける。

イ　利用者が老人デイサービスセンターなどに通って，入浴，排泄，食事などの介護，その他の日常生活上の世話や機能訓練を受ける。

ウ　有料老人ホーム・軽費老人ホームなどに入居する要介護者が，介護サービス計画に基づき，入浴，排泄，食事などの介護，その他の日常生活上の世話，機能訓練，療養上の世話を受ける。

エ　利用者が心身の状況や置かれている環境などに応じて，本人の選択に基づいて，居宅または一定のサービスの拠点に通所または短期間宿泊により，入浴，排泄，食事などの介護，その他の日常生活上の世話及び機能訓練を受ける。

《語群》

a　介護老人福祉施設　　b　介護老人保健施設

c　地域密着型介護老人福祉施設入所者生活介護

d　特定施設入居者生活介護　　e　通所介護

f　通所リハビリテーション　　g　小規模多機能型居宅介護

h　地域密着型特定施設入居者生活介護

	ア	イ	ウ	エ
①	a	f	c	g
②	b	f	d	h
③	b	f	c	h
④	a	e	c	g
⑤	b	e	d	g

(☆☆☆◎◎◎)

【12】次のア～オの問題商法(悪質商法，悪徳商法ともいう)の名称と主な勧誘の手口・特徴等について，正しいものを○，誤っているものを×としたとき，正しい組合せを，あとの［　　］の①～⑤から一つ選びなさい。

ア　サイドビジネス商法

契約の相手先ではないA社(勧誘業者)がB社(販売業者)の販売する商品・役務・権利を，購入額を上回る金額で買い取るなどという勧誘を行い，B社と契約するように仕向ける商法。

イ　マルチ商法

販売組織の加入者が新規加入者を誘い，その加入者がさらに別の加入者を誘引することで組織を拡大して行う商品・サービスの取引。新規加入者の支払う加入料や商品購入代金等によって自分の利益が得られると勧誘する商法。

ウ　ネガティブ・オプション

注文していないのに勝手に送りつけてきて，受け取ったことで，支払い義務があると勘違いさせて代金を支払わせようとする商法。

エ　SF商法

締め切った会場に高齢者等を集め，日用品などをただ同然で配って雰囲気を盛り上げた後，最終的に高額な商品を契約させる商法。

オ　キャッチセールス

「抽選に当たったので景品を取りに来て」などと販売目的を明らかにしないで電話やダイレクトメールで事務所などへ呼び出し，契約しないと帰れない状況にするなどして商品やサービスを契約させる商法。

	ア	イ	ウ	エ	オ
①	×	○	○	○	×
②	○	○	×	×	×
③	○	×	×	○	○
④	×	○	○	×	×
⑤	○	×	×	×	○

(☆☆☆◎◎◎)

【13】次のア～エの図は，スカートの種類を表したものである。ア～エに当てはまる名称を語群a～fから選んだとき，正しい組合せを，あとの□の①～⑤から一つ選びなさい。

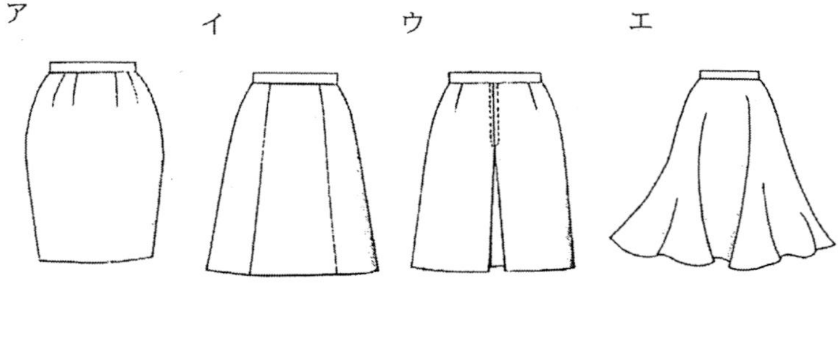

《語群》

a　ティアードスカート　　b　バレルスカート
c　ゴアードスカート　　d　インバーテッドスカート
e　サーキュラースカート　　f　エスカルゴスカート

	ア	イ	ウ	エ
①	a	c	d	f
②	a	d	c	e
③	b	c	d	f
④	a	d	c	f
⑤	b	c	d	e

(☆☆☆◎◎◎)

【14】次の各文は，新たな集合住宅の形態について述べたものである。文中の(　ア　)～(　エ　)に当てはまる語句を語群a～fから選んだとき，正しい組合せを，あとの□の①～⑤から一つ選びなさい。ただし，同じ記号には同じ語句が入る。

○　住む人が敷地を選び，建築家などの支援を受けながら，各自の暮らしにあった集合住宅を，自由に設計，建設，入居する，プロセスを重視した住まいを(　ア　)という。

計画・建設の段階で，居住者による話し合いが何回も行われるため，強い連帯感をはぐくむことができ，(　イ　)形成が容易になるという利点がある。

○　家族構成や年齢が多様な居住者が，共通の価値観のもとに(　イ　)を形成して集住(しゅうじゅう)することを(　ウ　)という。各住戸は個別に独立しながらも，食堂や家事スペース，休憩室や作業室など共同のスペースを設け，プライバシーを守りながらも入居者が共に暮らしを楽しもうとする集合住宅のことである。生活の共同化やスペースの共用化を組み込んだ共生型集住といえる。

○　20代から30代の若い世代が，古い大きな住居の設備や共用のスペースを分かち合いながら暮らす住まいのことを(　エ　)という。居住者の個室を数室に改築して賃貸住宅として提供する住居である。共用設備を利用しながら，入居者同士の会話をうながすような住空間があり，コミュニケーションを重視した住居である。

《語群》

a　コーポラティブハウス　　b　コレクティブハウス
c　シェアハウス　　d　グループホーム
e　コミュニティ　　f　コモン

	ア	イ	ウ	エ
①	a	e	b	c
②	a	f	b	d
③	a	e	b	d
④	b	f	a	d
⑤	b	f	a	c

(☆☆☆◎◎◎)

【15】次の表のア～オは，いも類の加工品の種類と特徴をまとめたものである。正しいものを○，誤っているものを×としたとき，正しい組合せを，あとの□の①～⑤から一つ選びなさい。

	種　類	特　徴
ア	でんぷん	じゃがいもに水を加えながら磨りつぶし，でんぷん粒を水に溶かす。その後，その水溶液を加熱し，水分だけを蒸発させ，その残留物を取り出したものである。
イ	はるさめ	じゃがいもやさつまいものでんぷんを一部糊化させて練り，麺状にして乾燥させたものである。
ウ	ポテトチップ	じゃがいもを薄切りにし，食塩水につけて表面のでんぷんを除いて，水を切って油で揚げたものである。
エ	乾燥マッシュポテト	じゃがいもを切って洗い，蒸した後押しつぶし，裏ごししてから乾燥・脱水させたものである。
オ	こんにゃく	こんにゃくいもを乾燥・磨りつぶしてでんぷんを除き，こんにゃく粉（グルコマンナン）を集める。これに塩化マグネシウム溶液を加えてかき混ぜ，型に入れて加熱・凝固させ，水につけて灰汁（あく）を取り除いたものである。

	ア	イ	ウ	エ	オ
①	○	○	×	×	○
②	○	×	○	×	○
③	×	○	○	○	×
④	○	×	×	○	×
⑤	×	○	×	○	×

(☆☆☆◎◎◎)

【16】次の文は，クレジットカードを利用した支払い方法について述べたものである。文中の(　ア　)～(　オ　)に当てはまる語句を語群a～fから選んだとき，正しい組合せを，あとの[　　]の①～⑤から一つ選びなさい。ただし，同じ記号には同じ語句が入る。

クレジットカードを利用した支払い方法には，一括払い，(　ア　)払い，(　イ　)払いなどの方法がある。手数料がかかるのは，(　ウ　)以上の(　イ　)払いと(　ア　)払いである。(　ア　)払いには様々な支払い方法があるが，利用金額にかかわらず，毎月の支払額をあらかじめ指定した額にする方式(定額方式)が主流である。月々の支払いが決まっているため，家計の管理がしやすい方法である。ただし，手数料が，残高に対して発生し，実質年率も決して低くはない。また，(　ア　)払いの定額方式は，(　エ　)方式と(　オ　)方式の2種類があり，(　オ　)方式は元金が減りにくく，返済期間が長期化するため返済総額が多くなる。

《語群》

a　2回　　b　3回　　c　分割　　d　リボルビング
e　元利定額　　f　元金定額

	ア	イ	ウ	エ	オ
①	c	d	a	e	f
②	c	d	b	f	e
③	d	c	a	f	e
④	d	c	a	e	f
⑤	d	c	b	f	e

(☆☆☆◎◎◎)

【17】次の文は，「児童虐待の防止等に関する法律」(平成12年法律第82号)の一部を抜粋したものである。文中の(　ア　)～(　エ　)に当てはまる語句を語群a～fから選んだとき，正しい組合せを，あとの□の①～⑤から一つ選びなさい。

(児童虐待の定義)

第2条　この法律において，「児童虐待」とは，保護者(親権を行う者，未成年後見人その他の者で，児童を現に監護するものをいう。以下同じ。)がその監護する児童((　ア　)に満たない者をいう。以下同じ。)について行う次に掲げる行為をいう。

一　児童の身体に外傷が生じ，又は生じるおそれのある(　イ　)を加えること。

二　(略)

三　児童の心身の正常な発達を妨げるような著しい減食又は長時間の放置，保護者以外の(　ウ　)による前二号又は次号に掲げる行為と同様の行為の放置その他の保護者としての監護を著しく怠ること。

四　児童に対する著しい暴言又は著しく拒絶的な対応，児童が同居する家庭における(　エ　)に対する暴力…(中略)…その他の児童に著しい心理的外傷を与える言動を行うこと。

《語群》

a　18歳　　b　同居人　　c　配偶者　　d　危害　　e　暴行
f　16歳

	ア	イ	ウ	エ
①	f	e	b	c
②	a	e	b	c
③	a	d	c	b
④	f	e	c	b
⑤	f	d	c	b

(☆☆☆◎◎◎)

【18】次のア～オの各文は，男女共同参画社会について述べたものである。正しいものを○，誤っているものを×としたとき，正しい組合せを，あとの[　　]の①～⑤から一つ選びなさい。

ア　少子高齢化が進み，社会で働く女性が増え，家庭生活や家族関係のあり方は多様化している。このような変化を背景として，1995年に男女共同参画社会基本法が制定された。

イ　男女雇用機会均等法(2006年改正)において，男女の均等な雇用機会及び待遇を図るために，女性労働者だけでなく男性労働者に対する雇用差別も禁止された。

ウ　2003年に制定された次世代育成支援対策推進法では，働き方の見直しや仕事と家庭の両立について，次世代育成支援計画の策定を企業や地方自治体に求めている。

エ「男女共同参画白書」(平成26年版内閣府男女共同参画局)によると，共働き世帯数は年々増加し，平成25年には，男性雇用者と無業の妻からなる世帯数の約1.8倍となった。

オ　従業員の子育て支援のための行動計画を策定・実施し，その結果が一定の成果をあげた会社は，厚生労働大臣から，次世代認定マーク(「くるみん」マーク)を取得できる。

	ア	イ	ウ	エ	オ
①	×	○	○	×	○
②	×	○	×	○	×
③	×	×	○	○	×
④	○	○	×	×	○
⑤	○	×	○	○	×

(☆☆☆◎◎◎)

【19】次の図は，語群a～hの繊維の吸湿性について示したものである。図中の[ア]～[エ]に当てはまる繊維名を語群a～hから選んだとき，正しい組合せを，あとの[　　]の①～⑤から一つ選びなさい。

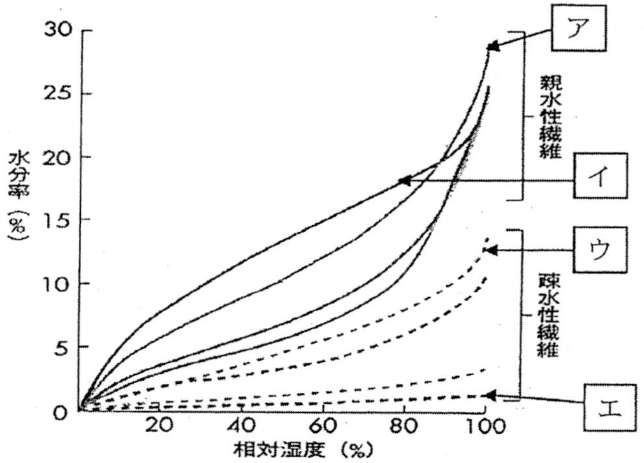

《語群》

a　絹　　b　毛　　c　綿
d　ナイロン　　e　アクリル　　f　アセテート
g　ポリエステル　　h　レーヨン・キュプラ

	ア	イ	ウ	エ
①	a	c	f	g
②	a	b	d	e
③	h	c	f	e
④	h	b	f	g
⑤	h	c	d	e

(☆☆☆◎◎◎)

【20】次のア～エの各文は，高齢者に関わる内容について述べたものである。正しいものを○，誤っているものを×としたとき，正しい組合せを，あとの□の①～⑤から一つ選びなさい。

ア 「平成25年国民生活基礎調査の概況」(厚生労働省)によると平成25年の65歳以上の者のいる世帯は全世帯の4割を超えており，その中で最も多いのは単独世帯である。

イ 摂食機能や嚥下(えんげ)機能は，加齢とともに，低下しがちである。誤嚥(ごえん)を起こしやすい食品は，焼き魚やゆで卵などのパサつくものである。さらっとした水やお茶などの水分は誤嚥を起こしにくい。

ウ 「平成25年(2013年)人口動態統計(確定数)の概況」(厚生労働省)によると，65歳以上の者の家庭内における不慮の事故死の原因は，不慮の溺死及び溺水並びにその他の不慮の窒息によるものが過半数を占める。

エ エイジズムとは，アメリカの精神科医・老年学者のロバート・バトラーによってつくられた用語で，年齢に基づく偏見や，ステレオタイプに基づく差別を総称したものである。

	ア	イ	ウ	エ
①	×	○	○	×
②	○	○	×	×
③	○	×	○	×
④	×	×	○	○
⑤	○	×	×	○

(☆☆☆◎◎◎)

【21】次の文は，食中毒の種類について述べたものである。文中の(　ア　)～(　オ　)に当てはまる語句を語群a～fから選んだとき，正しい組合せを，あとの[　　]の①～⑤から一つ選びなさい。ただし，同じ記号には同じ語句が入る。

食中毒の原因には，(　ア　)，(　イ　)，自然毒，化学物質等がある。

(　ア　)食中毒は，その発症のメカニズムにより，感染型と毒素型に分けられる。感染型のおもな病原菌となる(　ウ　)の原因食品は，生の魚介類や漬け物等で，サルモネラ属菌の原因食品は，生卵や生肉等である。

(　イ　)食中毒の場合，冬にはおもに二枚貝(カキ等)の生食が原因と疑われる事例が多い。

自然毒食中毒とは，体内に毒成分(自然毒)を持つ動植物を摂取し，起こる食中毒のことをいう。この食中毒の発生率は(　ア　)食中毒に比べて(　エ　)が，致死率は(　オ　)。

《語群》

a　高い　　b　低い　　c　細菌性　　d　ボツリヌス菌

e　ウイルス性　　f　腸炎ビブリオ

	ア	イ	ウ	エ	オ
①	c	e	d	a	b
②	c	e	d	b	a
③	e	c	f	a	b
④	e	c	d	a	b
⑤	c	e	f	b	a

(☆☆☆◎◎◎)

【22】次のア～エの図は，日本の住居の畳と明り障子の種類を示したものである。ア～エに当てはまる名称を語群a～fから選んだとき，正しい組合せを，下の[ ]の①～⑤から一つ選びなさい。

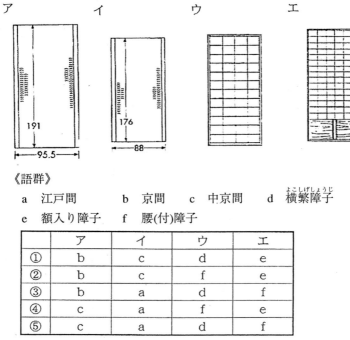

ア

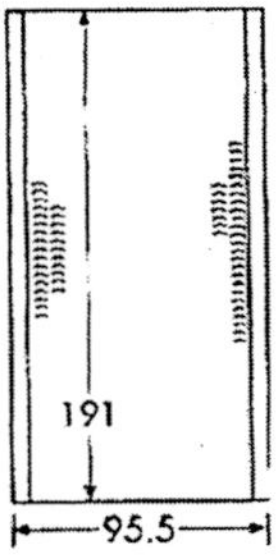

イ

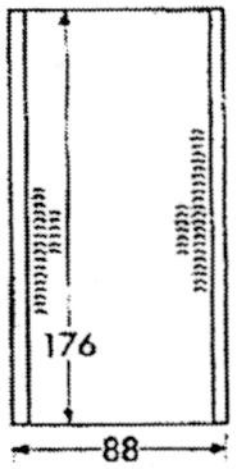

ウ

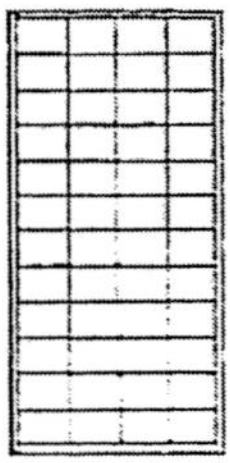

エ

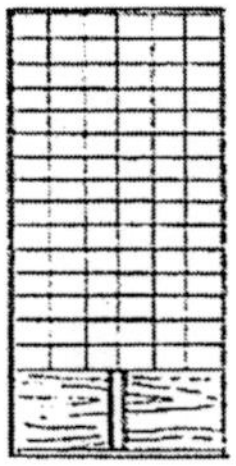

《語群》

a　江戸間　　b　京間　　c　中京間　　d　横繁障子（よこしげしょうじ）
e　額入り障子　　f　腰(付)障子

	ア	イ	ウ	エ
①	b	c	d	e
②	b	c	f	e
③	b	a	d	f
④	c	a	f	e
⑤	c	a	d	f

(☆☆☆◎◎◎)

【23】次の表は，衣服の保管のために使用する防虫剤と乾燥剤の種類と特徴について示したものである。表中の(　ア　)～(　オ　)に当てはまる語句を語群a～fから選んだとき，正しい組合せを，下の□の①～⑤から一つ選びなさい。

	種　類	特　　徴
防虫剤	(　ア　)	低濃度での殺虫効果があり，持続性が高い。他の防虫剤と併用できる。 他の防虫剤と比べて臭気がほとんどない。
	(　イ　)	昇華しやすく，即効性がある。殺虫効果が強い。 金糸や銀糸が黒く変色し，塩化ビニルやスチロール製品が変質する。
	(　ウ　)	昇華速度が遅く，効果があらわれるのに時間がかかる。 忌避効果があり，長期保管に適している。
	(　エ　)	殺虫効果は低いが，忌避効果がある。 金糸，銀糸などの変色，変質を引き起こさない。
乾燥剤	(　オ　)	乾燥状態ではブルーであるが，吸湿するとピンクに変色するため，効果が一目でわかる。 乾燥させれば，何度でも使用できる。

《語群》

a　ナフタリン　　　b　パラジクロロベンゼン
c　しょうのう　　　d　ピレスロイド系
e　塩化カルシウム　f　シリカゲル

	ア	イ	ウ	エ	オ
①	c	a	b	d	f
②	d	b	a	c	f
③	d	b	a	c	e
④	c	b	a	d	f
⑤	d	a	b	c	e

(☆☆☆◎◎◎)

【24】次のア～エの各文は，予防接種の種類や接種方法について述べたものである。正しいものを○，誤っているものを×としたとき，正しい組合せを，下の［　　］の①～⑤から一つ選びなさい。

ア　BCGは，ジフテリアの予防をするもので，接種方法はスタンプによるものである。

イ　弱毒性ワクチンとは，集団発生しやすい感染症の病原体を，弱毒化して作成したワクチンである。麻疹(はしか)や日本脳炎，流行性耳下腺炎(おたふくかぜ)を予防するワクチンは，弱毒性ワクチンである。

ウ　水痘ワクチンの定期接種は，生後12月から生後36月に至るまでの間にある者を対象とする。

エ　日本脳炎の予防接種の接種時期は，1期と2期に分かれている。1期では，1～4週間あけて2回受ける。1期追加として，1期初回終了後，1年あけて1回受ける。

	ア	イ	ウ	エ
①	○	×	×	○
②	×	○	○	×
③	○	×	○	×
④	×	×	○	○
⑤	○	○	×	×

(☆☆☆◎◎◎)

【25】次のア～オの各文は，成年後見制度について述べたものである。正しいものを○，誤っているものを×としたとき，正しい組合せを，あとの［　　］の①～⑤から一つ選びなさい。

ア　成年後見制度のうち，法定後見制度は「後見」「保佐」「補助」の3つに分かれており，「後見」の対象となる者は，判断能力が欠けているのが通常の状態の者である。

イ　成年後見制度を利用するために申立てをすることができる人は，本人・配偶者・三親等内の親族のみである。

ウ　成年後見人は，家庭裁判所が選任する。本人の親族以外にも，法律・福祉の専門家，その他第三者や，福祉関係の公益法人，その他の法人が選ばれる場合がある。

エ　成年後見人は，1人しか選任できない。

オ　成年後見人の職務は，本人の財産管理や契約などの法律行為に関するものに限られており，食事の世話や実際の介護は職務ではない。

	ア	イ	ウ	エ	オ
①	○	×	×	○	○
②	×	○	×	×	○
③	○	×	○	×	○
④	×	○	○	○	×
⑤	○	○	×	○	×

(☆☆☆◎◎◎)

【26】次の文は，日本の住まいの変遷について述べたものである。また，あとの図のa～dは近世の住宅の平面図を示したものである。文中の(　ア　)～(　ウ　)に当てはまるものをa～dから選びなさい。また，(　エ　)～(　カ　)に当てはまる語句を答えなさい。

日本の住まいの原形は，農家＝(　ア　)，町家＝(　イ　)，武家＝(　ウ　)であり，これらのもつ伝統的様式は，現代の住まいにも受け継がれている。明治時代から大正時代にかけて給与生活者の住まいの多くは，江戸時代の武士が住んでいた(　エ　)造りの形式である。明治時代後期には，家族の団らんが重視され，家族のプライバシーと主婦の労働軽減が配慮されるようになり，(　オ　)型住宅が誕生した。第二次世界大戦後から昭和時代の高度経済成長期にかけて，日本住宅公団(現都市再生機構)のつくる団地にダイニングキッチン(DK)が採用され，寝る場所と食事をする場所を分ける(　カ　)を取り入れた住まいが広がっていく。さらに，家族の共同生活の場所と個人生活の場所を分ける公私室分離が広がり，現在の住まいへと変化してきた。

a

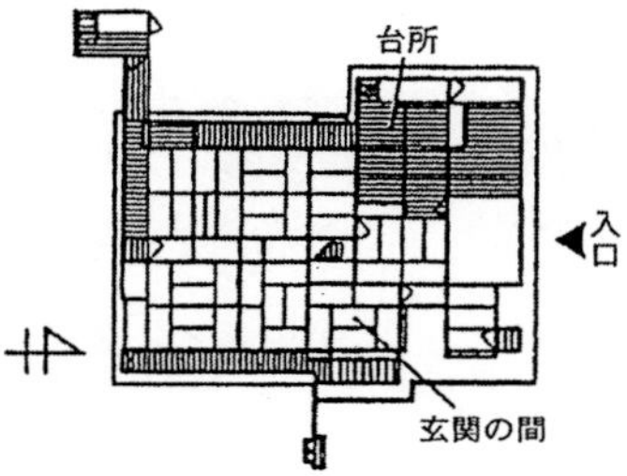

b

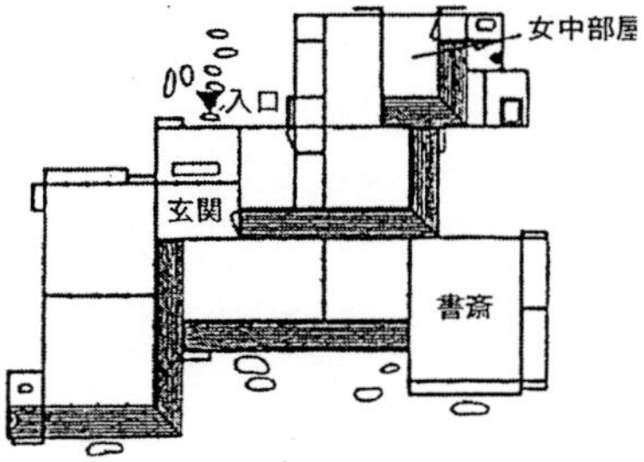

c

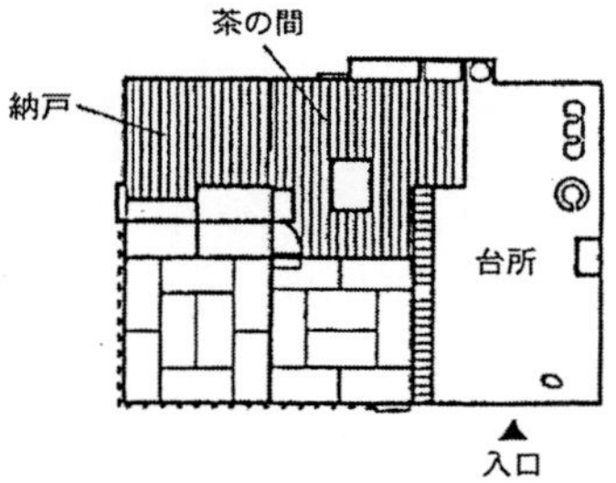

d

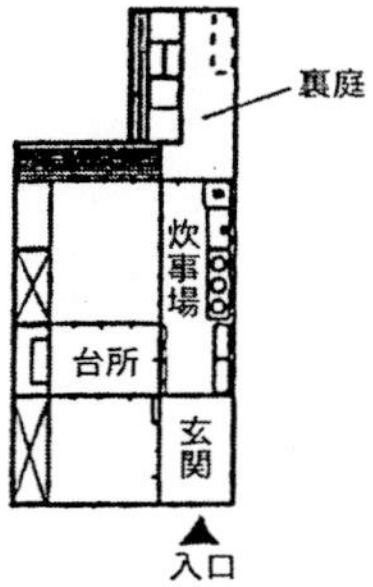

(小澤紀美子編「豊かな住生活を考える－住居学」より)

(☆☆☆◎◎◎)

【27】次の文は，食品の安全について述べたものである。文中の(　ア　)～(　オ　)に当てはまる語句を答えなさい。

(　ア　)とは牛の脳の組織がスポンジ状に変化し，起立不能等の症状を引き起こす中枢神経系の疾病である。我が国では2001年9月に初めて発生を確認した。

このことがきっかけとなり，我が国では，2003年に(　イ　)(平成15年5月23日法律第48号)が制定された。この法律の第2条において「食品」とは全ての(　ウ　)と定義されており，第3条では，その安全性の確保のためには国民の(　エ　)の保護が最も重要であるという基本的認識が示された。

さらに，2003年6月「牛の個体識別のための情報の管理及び伝達に関する特別措置法(牛肉トレーサビリティ法)」により，10桁の(　オ　)が印字された耳標を牛に装着するよう定められた。これにより，出生から食肉処理されるまでの生産履歴が公表され，流通過程が記録・保存されるようになった。

(☆☆☆◎◎◎)

【28】次のア～エの各文は，調理について述べたものである。それぞれの調理法の名称や数値を答えなさい。

ア　切った野菜の角を薄く切り取り，丸みをつけること。煮崩れを防ぐ。

イ　材料に塩をふって，まな板の上で押し転がすこと。

ウ　中華料理などで，材料を低温の油で，短時間さっと揚げること。

エ　ほうれん草のお浸し(3人分)を作る。ほうれん草(可食部)1人分85g準備する場合，ほうれん草(3人分)は何gになるか答えなさい。ただし，ほうれん草の廃棄率は10%，答えは整数で答えること。

(☆☆☆◎◎◎)

【中学校】

【中学校志願者(中高志願者のうち中学校を第1希望とする者を含む。)】

【1】次の文は，中学校学習指導要領解説技術・家庭編(平成20年文部科学省)「第1章　総説」「2　技術・家庭科改訂の趣旨」の一部を抜粋したものである。文中の(　A　)～(　J　)に当てはまる語句を答えなさい。ただし，同じ記号には同じ語句が入る。

(i)　改善の基本方針

○　家庭科，技術・家庭科については，その課題を踏まえ，実践的・体験的な学習活動を通して，家族と家庭の役割，生活に必要な衣，食，住，情報，産業等についての基礎的な理解と技能を養うとどもに，それらを活用して課題を解決するために工夫し創造できる能力と実践的な態度の育成を一層重視する観点から，その内容の改善を図る。

その際，他教科等との連携を図り，社会において子どもたちが(　A　)に生きる基礎を培うことを特に重視する。

(ア)　家庭科，技術・家庭科家庭分野については，自己と(　B　)，(　B　)と社会とのつながりを重視し，生涯の(　C　)をもって，よりよい生活を送るための能力と実践的な態度を育成する視点から，子どもたちの発達の段階を踏まえ，学校段階に応じた(　D　)な目標や内容に改善を図る。

(略)

○　社会の変化に対応し，次のような改善を図る。

(ア)　少子高齢化や(　E　)が十分に果たされていないといった状況に対応し，家族と家庭に関する教育と(　F　)理解のための体験や(　G　)との交流を重視する。

(略)

○　(　H　)から，知識と技能などを獲得し，基本的な概念などの理解を深め，実際に活用する能力と態度を育成するために，実践的・体験的な学習活動をより一層重視する。また，知識と技術などを活用して，学習や実際の生活において課題を発見し解決できる能力を育成するために，自ら課題を見いだし解決を図る(　I　)な学習をより一層充実する。

○　家庭・地域社会との(　J　)という視点を踏まえつつ，学校における学習と家庭や社会における実践との結び付きに留意して内容の改善を図る。

(☆☆☆◎◎◎)

【2】次の文は，中学校学習指導要領解説技術・家庭編(平成20年文部科学省)「第2章　技術・家庭科の目標及び内容」「第3節　家庭分野」「2　家庭分野の内容」「B　食生活と自立」の一部を抜粋したものである。

文中の(　ア　)～(　オ　)に当てはまる語句を答えなさい。

食育については，平成17年に(　ア　)が成立し，「食に関する知識と食を(　イ　)力を習得し，健全な食生活を(　ウ　)ことができる人間を育てる」ことが求められている。中学校においては，技術・家庭科における食に関する指導を(　エ　)として，学校の教育活動全体で一貫した取組を推進することが大切である。

(略)

指導に当たっては，食生活を家庭生活の中で(　オ　)にとらえるという技術・家庭科の特質を生かし，家庭や地域との連携を図りながら健康で安全な食生活を実践するための基礎が培われるよう配慮し，食育の充実を図るようにすることが重要である。

(☆☆☆◎◎◎)

【高等学校】

【高等学校志願者(中高併願者のうち高等学校を第1希望とする者を含む。)】

【1】次の文は，高等学校学習指導要領(平成21年告示)「第2章　各学科に共通する各教科」「第9節　家庭」「第2款　各科目」「第2　家庭総合」「2　内容」の一部を抜粋したものである。文中の(　ア　)～(　オ　)に当てはまる語句を答えなさい。ただし，同じ記号には同じ語句が入る。

(2)　子どもや高齢者とのかかわりと福祉

ア　子どもの発達と保育・福祉

子どもの発達と生活，子どもの福祉などについて理解させ，(　ア　)と保育の重要性や(　イ　)の果たす役割について認識させるとともに，子どもを生み育てることの(　ウ　)や子どもとかかわることの重要性について考えさせる。

イ　高齢者の生活と福祉

高齢者の(　エ　)や高齢社会の現状及び福祉などについて理解させ，高齢者の生活の課題や家族，(　イ　)の果たす役割について認識させるとともに，高齢者の(　オ　)を支えるための支援の方法や高齢者とかかわることの重要性について考えさせる。

(☆☆☆◎◎◎)

【2】次の文は，高等学校学習指導要領解説家庭編(平成22年文部科学省)「第2部　主として専門学科において開設される教科「家庭」」「第2章 各科目」「第4節　消費生活」の一部を抜粋したものである。文中の(　ア　)～(　オ　)に当てはまる語句を答えなさい。ただし，同じ記号には同じ語句が入る。

この科目は，消費生活を消費者と(　ア　)双方の立場からとらえさせるとともに，(　イ　)の形成を目指し，消費者の(　ウ　)と自立支援に必要な能力と態度を育てることをねらいとしている。

今回の改訂においては，消費者基本法が目指す消費者の(　ウ　)と自立の支援に対応し，従前の「消費生活」の内容に加えて，消費者と企業・行政のかかわり及び連携の在り方や消費者教育などに関する内容を充実させるとともに，(　イ　)の形成を目指したライフスタイルの確立に向けて，消費者支援研究などの実践的・(　エ　)な学習を加えるなどの改善を図った。

この科目は，消費生活アドバイザーや(　オ　)などの消費者支援の資格に関心をもたせるとともに，専門的な学習への動機付けとする科目である。

(☆☆☆◎◎◎)

解答・解説

【中高共通】

【1】③

〈解説〉ア　結晶性知能は常識，判断力，理解力などがあり，教育や社会的な訓練を通して積み重ねられる。ピークは60歳くらいで，それからは少しずつ落ちていくが80歳代だと，25歳程度のレベルになるとされる。なお，語群にある流動性知能は，暗記力，計算力など新しいことの学習や新しい環境に適応するために必要な能力のこと。ピークは30歳で，60歳辺りから急速に低下する。　イ，エ　65歳以上の高齢者のうち，介護保険制度で生活に支援や介護が必要と認定された高齢者は約4.4％だが，後期高齢者になると約31.4％となる。

【2】④

〈解説〉ア　マテリアルリサイクルの具体例として，ペットボトルからユニホームやスーツ，スポーツウエアが作られることがあげられる。　イ　合成繊維のポリエステル，ナイロンは「ケミカルリサイクル」によって，最初の製品と同等の品質のものにリサイクルされている。　ウ　生分解繊維が土中に廃棄されると，自然界に存在する微生物が分泌する酵素によって，土中で分解する。生分解繊維で最も多く市販されているのが，とうもろこしから作られるポリ乳酸繊維で，シャツ，パジャマ，靴下，タオルなどが作られている。一方，炭素繊維は炭素からなる繊維で，軽くて強靭，疲労しない，錆びない，化学的・熱的に安定しているため，自動車・航空機・ロケットの構造材，テニスラケット，釣竿，ゴルフシャフトに使用されている。　エ　これまでは製品の使用や廃棄における環境負荷を評価していたが限定的であったため，原料採取や輸送等を含めて評価するようになった。

【3】②

〈解説〉イ　かんぴょうの重量変化は「8～10倍」が正しい。　ウ　大豆を浸す時間は「5～8時間」が正しい。　エ　高野豆腐の戻し方としては「60℃前後のお湯」が正しい。「熱湯で戻す」方法が紹介されていることもあるが，60℃前後のお湯で行うほうが安全面からも適している。近年では，戻し不要や水による戻しでも可能なものも出回っている。また，重量変化は「7～8倍」が正しい。

【4】①

〈解説〉裁判離婚について，現行民法による離婚原因には本問の3年以上の生死不明のほかに不貞，悪意の遺棄，強度の精神病，婚姻を継続しがたい重大な事由のある場合等をあげている。また，民法の一部を改正する法律案要綱については，ほかに「選択的夫婦別姓制度」を答申している。

【5】④

〈解説〉ア　安全性とは，預けたお金が目減りする，予想外の損をする可能性が低いものを指し，定期預金，国債などがあげられる。　イ　流動性とはいつでも換金できることを指し，普通預金などがあげられる。一般的に，流動性が高いものほど収益性は低い。　ウ　金融商品のうち，預金以外は複雑な金融市場の変化に直接左右される。一般的に，元本割れなどのリスクが大きいものは，収益性が高い(ハイリスク・ハイリターン)商品となる。

【6】②

〈解説〉ア　説明は「200年住宅」である。「エコハウス」は環境省によると，「地域の気候風土や敷地の条件，住い方に応じて自然エネルギーが最大限に生かされること，さらに身近に手に入る地域の材料を使うなど，環境に負担をかけない方法で建てられる住宅」とされている。イ　スケルトン・インフィル方式は，建物の骨格・構造体と内装・設備を分離して作る方式をいう。内装・設備は傷みやすいが，建物の骨格などは内装よりも寿命が長いことから考えられた方式である。

【7】③

〈解説〉ア　レンネットはたんぱく質分解酵素(キモシン)を含み，ナチュラルチーズの製造には欠かせない。レンネットは生後10～30日の子牛の第4の胃を塩漬けして抽出したものだが，倫理上の問題もあり，近年はカビから作る「微生物レンネット」を使うことが多くなった。

ウ・エ　高脂肪クリームは正確には，脂肪分30～40%のもの，低脂肪クリームは，脂肪分18～30%である。

【8】①
〈解説〉ア　鼻にティッシュペーパーを詰めることについては，かえって鼻粘膜を傷つける可能性があるため，しないほうがよいとされている。
エ　おもちゃなどを誤飲した場合は，背中をたたいて吐き出させるのが正しい。

【9】②
〈解説〉着物の種類には白生地を織り，後から色を染めた染めの着物と織の着物がある。織り方によって「縮緬」「綸子」「絽」などがあり，「地紋」と呼ばれる模様を織りだす。染めの着物と織の着物では，染めの着物が格上とされ，正装にふさわしいのは染めの着物とされる。
ア「しぼ」とは織物表面に作られる細かい凸凹のこと。　イ　振袖や訪問着は柔らかい風合い，手触りがしっとりしている綸子で作られることが多い。　ウ「からみ織り(もじり織り)」とあることから「絽」と「紗」が考えられるが，「礼服として使用」から絽が該当する。絽はすき間のない平織を何段か織った後，隙間のあるからみ織りを織る。紗は全体がからみ織りを施すので隙間が多く織り生地に属する。
オ　長じゅばんとして使用するのは「モスリン」である。なお，「上布」は細い麻糸で織った夏用の着物地で，越後上布，宮古島上布，八重山上布，能登上布などが知られている。

【10】⑤
〈解説〉ア　あげられている食材や「アノイリナーゼ」からビタミンB_1とわかる。なお，米には元々ビタミンB_1が含まれるが，多くが胚芽や糠層にあるため，精米によって失われる。　イ「αートコフェロール」「脂質の酸化を防ぐ」からビタミンEとわかる。　ウ・エ　ビタミンDは，ビタミンD_2とビタミンD_3の総称である。きのこ類などに含まれる

エルゴステロールはプロビタミンD_2として含まれており，紫外線照射によりビタミンD_2に転換する。動物の肝臓や肝油，牛乳，卵などに含まれる7－デヒドロコレステロールはプロビタミンD_3として含まれ，紫外線照射によってビタミンD_2になる。ビタミンDはカルシウムとともに，骨，歯の発育・維持に欠かせない栄養素であるが，近年はがん予防効果に注目が集まり，特に乳がん，前立腺がん，大腸がんの抑制に効果があるといわれている。

【11】⑤

〈解説〉ア　介護老人保健施設は病気やけがの治療後，リハビリテーションが必要な高齢者が入居する施設で，自立と社会復帰が目標である。イ　通所介護はデイサービスといわれる。　ウ「有料老人ホーム，軽費老人ホームなどに入居する要介護者」とあるので，「特定施設入居者生活介護」が該当する。特定施設とは，有料老人ホーム，軽費老人ホーム，養護老人ホーム，高齢者専用賃貸住宅のことを指す。
エ「短期間宿泊」「日常生活上の世話及び機能訓練」とあることから小規模多機能型居宅介護が該当する。

【12】①

〈解説〉アは「劇場型勧誘」などと呼ばれる。オについて，説明文は「アポイントメントセールス」であり，キャッチセールスは路上でアンケート調査などと言って近づき，喫茶店などに連れていき強引に契約させるものである。

【13】⑤

〈解説〉なお，ティアードスカートは，横に数段の切り替えを入れ，ギャザーで飾ったスカートのこと。エスカルゴスカートはらせん状にはいであるスカートのことである。本問は図からスカートの種類を解答させる問題であったが，説明文から解答できるように学習しておきたい。

【14】①

〈解説〉コーポラティブハウスは1970年代から供給が始まり，分譲住宅に占める割合は約0.3%といわれる。自分たちの希望する設計ができること，できあがるまでに何度も話し合いをするため，入居時には良好なコミュニティができあがること，通常の分譲マンションでは販売価格に含まれる手数料，広告宣伝費，モデルルーム運営費が不要で，合理的な取得価格になることなどが利点である。難点としては，購入希望者の募集から入居までに長期間を要することがあげられる。一方，コレクティブハウスは北欧で始まり，働く女性が育児を担当し合い互いに負担を軽減する目的で考えられた。子どもにとっても，多様な人とのコミュニケーションが好影響を及ぼすものと考えられた。共同スペースの掃除，家事・片付けなど参加する人と参加しない人が出てくる問題や共同スペースを利用しないと疎外感を強く感じるなどの問題がある。

【15】③

〈解説〉ア　でんぷん粒は水に溶けずに沈殿する。　イ　なお，中国産の春雨は「緑豆」を原料としているものが多い。　ウ　じゃがいもの薄切りを食塩水につけるのは，褐変を止める，表面のでんぷんを洗い流すことが考えられる。なお，ポテトチップにはじゃがいもを粉末にしてから成形して作るものもある。　オ　水酸化カルシウム溶液を入れるのが正しい。

【16】⑤

〈解説〉リボルビング払いは「リボ払い」と略されることもある。借入額が増えても毎月の返済額が一定のため，購入した商品ごとに支払回数，支払い期間を決める分割払いと異なり，どの商品の支払いが終わったのかわかりづらい面があり，無計画に利用すると支払いが長期化する。リボルビング払いの定額支払いには2通りあり，「元金定額」は毎月の支払定額に金利が加算されるもので，毎月［コース金額＋金利］を支払うことになる。一方,「元利定額」は,毎月の支払額を［元金充当分＋金利］の合計として一定金額を返済する方法で,最初のうちは金利分の支払いが大部分で,元金の返済金額は少なく元金が減りにくい。

【17】②

〈解説〉児童福祉法や児童虐待法でいう「児童」とは18歳に満たないものをいい,児童虐待は身体的虐待,心理的虐待,ネグレクト,性的虐待の4つを指す。児童相談所における児童虐待の相談対応件数は年々増加しているが,実母による虐待が一番多く50％超,虐待を受ける対象は小学生が全体の30％超となっている(平成24年度)。

【18】①

〈解説〉ア　1999年制定が正しい。なお,1995年には「労働基準法」改正で,男女がともに家庭生活と職業生活を両立させるため,産前産後の休業,育児時間の設定などが行われまた,「育児・介護休業法」が成立する等,法的な整備がなされている。　エ　平成9年以降は共働き世帯数が男性雇用者と無業の妻からなる世帯数を上回っているのは正しいが,約1.4倍が正しい。

【19】④

〈解説〉吸湿性は繊維の水分率の大小によって決まる。吸湿性の高い繊維は,天然繊維や天然の材料を原料にしたもので,選択肢の毛,綿,レーヨン・キュプラが該当する。気温20℃,相対湿度65％の状況での水分率が最も高いのは羊毛(毛),次にレーヨン・キュプラ,そして絹,綿と続く。このことから,相対湿度65％前後の水分率をグラフで読み解くと,イは毛,アはレーヨン・キュプラとなる。一方,ナイロン・アクリル・ポリエステルなどの化学繊維は吸湿性が低く,その中でもポリエステルの水分率は一番低いので,エはポリエステルが該当する。

【20】④

〈解説〉ア　「平成25年国民生活基礎調査」によると,65歳以上の者のいる世帯は全世帯の44.7%と4割を超えているが，最も多いのは夫婦のみの世帯であり，その次に単独世帯が続く。　イ　誤嚥は本来，食道を通って胃に入るものが，誤って気管支に入ること。水やお茶も誤嚥しやすいものの一つに数えられる。

【21】⑤

〈解説〉食中毒の原因物質はカンピロバクターをはじめとする細菌性食中毒が最も多く，次にウイルスによる食中毒，寄生虫による食中毒となっている。細菌性食中毒は感染型と毒素型に分けられ，細菌性食中毒の感染型としてカンピロバクター・腸炎ビブリオ・サルモネラ菌があげられる。腸炎ビブリオの主な原因食品は魚介類で，海水温の高くなる夏場に多いが，4℃以下では増殖しないので，冷蔵庫・保冷庫の普及に伴い以前より減少した。一方，カンピロバクター食中毒の原因食品は，ほとんどが鶏肉である。ウイルス性食中毒の代表的なものは「ノロウイルス」によるもので，圧倒的に冬に増加する。ノロウイルスの感染力は強く，水を介したり，直接人から人へも移ることがある。

【22】③

〈解説〉ア・イ　室町時代，京都を中心に畳を並べて，部屋を構成し，その周りに柱を立てる建築方法である「畳割り」が登場した。これが「京間」の畳サイズであり，955mm×1910mmとしている。江戸時代になると柱で構成された部屋の内側に畳を敷き込む「柱割り」といわれる建築方法が登場する。これが「江戸間」の由来で880mm×1760mmである。この江戸間より更に小さいサイズが「団地間・公団サイズ」といわれるもので，850mm×1700mmである。　ウ・エ　横繁障子は横桟が通常よりも多く組み込まれている障子で，縦桟を通常より多く組み込まれているものを縦繁障子という。腰付障子は下部に板を張ったもの，額入り障子は障子の中央部分にガラスを入れたものである。

【23】②

〈解説〉ア 「他の防虫剤と併用できる」「臭気がほとんどない」とあることからピレスロイド系が考えられる。衣類に臭いがつかないので，タンスから取り出してすぐに着用できる利点がある。 イ 「昇華しやすい」「金糸や銀糸が黒く変色」から，パラジクロロベンゼンが考えられる。 ウ 「忌避効果がある」「長期保管に適している」からナフタリンが該当する。人形の保管や標本の保管によく使われる。 エ 「金糸，銀糸等の変色，変質を引き起こさない」とあることから，和服の防虫剤に用いられるしょうのうが該当する。 オ 「乾燥状態ではブルーで吸湿するとピンクに変色する」とあるのでシリカゲルが正しい。

【24】④

〈解説〉ワクチンには，不活化ワクチンと弱毒生(性)ワクチンがある。弱毒生ワクチンは麻疹(はしか)，ポリオ，風疹(3日はしか)，流行性耳下腺炎(おたふくかぜ)，BCG等に使われる。一方，不活化ワクチンは，百日咳，ジフテリア，破傷風，日本脳炎，インフルエンザに使われる。

【25】③

〈解説〉イ 申し立てをすることができる親族は四親等内であり，検察官や市町村長なども申立てできる。 エ 成年後見人は1人に限らず複数でもよい。

【26】ア c イ d ウ a エ 書院 オ 中廊下 カ 食寝分離

〈解説〉ア 農家は土間を広くとり，台所や作業場に使えるようになっている。 イ 町家の住宅は道に面して連続して建ち，そのためもあって間口が狭い。入口から奥までは通り庭と呼ばれる土間があり，そこを通って部屋が並ぶ。裏庭には井戸や便所があり，表は店になっている。 ウ，エ 武家の住宅は書院造から，和風住宅の特徴となる畳のしきつめや床の間，ふすまや引き戸による間仕切りが生まれた。書院とは書斎を兼ねた座敷で書院を建物の中心に配した。　オ　明治時代後期の中廊下型住宅は廊下をはさんで南側に家族の部屋，北側に台所・便所・使用人の部屋，玄関脇に客間を配置し，家族のプライバシーを客や使用人から守るような設計にした。

【27】ア　BSE(牛海綿状脳症)　　イ　食品安全基本法　　ウ　飲食物
エ　健康　　オ　個体識別番号

〈解説〉ア　狂牛病(BSE，牛海綿状脳症)に感染した牛の脳や脊髄などの部位を食べると，人へも感染する危険があるといわれている。この事件をきっかけに食用牛の全頭検査を実施，輸入牛肉の規制などが行われた。　イ～エ　食品安全基本法の基本理念は「国民の健康の保護が最も重要」であること。食品安全基本法制定により，従来の食品衛生法では規制できなかった残留農薬規制に「ポジティブリスト制」が導入された。残留基準が設定されていない農薬の残留についても，一定基準値を超える残留農薬のある農産物の流通禁止になった。
オ　トレーサビリティは個体識別番号によって，生産・流通の履歴をたどることができるものである。トレーサビリティのねらいは，問題が生じた際の原因究明や食品の追跡・回収ができることである。

【28】ア　面取り　　イ　板ずり　　ウ　油通し　　エ　284g

〈解説〉ア　面取りは主に煮る時，大根・かぶ・里芋などに行う。大根の場合はふろふき大根やおでんなどの具材として面取りを行うと煮崩れしないできれいに仕上がる。　イ　板ずりは主にキュウリ，ふきのような青物に行う下処理法である。緑色を鮮やかにする効果がある。他の効果としては，キュウリはイボがとれ表皮の組織が多少壊れて味がなじみやすくなり，ふきは皮がむきやすくなる。　ウ　中華料理の調理の特徴の一つとして，強火で短時間加熱があげられる。火の通りにくい食材(野菜や肉など)は，あらかじめ低温の油で油通しすることで，短時間調理を可能にする。　エ　必要なほうれん草の可食量は85×3＝255〔g〕であり，廃棄率は10％であるので，可食率は90％である。

［可食量/全体の購入量］×100＝可食率であるから，この式に当てはめると255/購入量＝0.9で，購入量は283.3gとなる。

【中学校】

【1】A　自立的　　B　家庭　　C　見通し　　D　体系的　　E　家庭の機能　　F　子育て　　G　高齢者　　H　体験　　I　問題解決的　　J　連携

〈解説〉中学校家庭科における具体的な改訂点として「小学校の内容との体系化を図り，中学生としての自己の生活の自立を図る」「社会の変化に対応する」「中学校での学習のガイダンス的な内容を設定」「他教科等との関連を明確にし，連携を図る」といったことがあげられている。具体的な改訂点は試験問題として頻出なので，学習しておく必要がある。

【2】ア　食育基本法　　イ　選択する　　ウ　実践する　　エ　中核　　オ　総合的

〈解説〉少子高齢化や家庭の機能が十分に果たされていないといった問題に対し，家庭科では，幼児との触れ合いを通して子育ての理解や高齢者への理解，食育の推進などを重視している。特に，食育の推進について現代の日本が抱えている「栄養の偏り」「不規則な食事」「肥満や生活習慣病の増加」「過度のやせ願望」等の問題，「食」の安全性の問題，「食」の海外への依存の問題，豊かな日本の食文化を保持，継承する困難さなどの問題を改善するため，食育基本法が公布された。

【高等学校】

【1】ア　親の役割　　イ　地域及び社会　　ウ　意義　　エ　心身の特徴　　オ　自立生活

〈解説〉家庭総合は6つの項目で構成されている。「子どもの発達と福祉」の具体的内容は，子どもの発達と生活，親の役割と子育て支援，子どもの権利と福祉があげられる。子ども支援については，共助・公助があるが，特に共助では地域社会の果たす役割が重要である。一方，高齢者の生活と福祉では，高齢者の心身の特徴を知り，高齢者がその人らしく，主体性をもって生きる，そのために必要な支援の在り方を，学ぶようになっている。

【2】ア　生産者　　イ　持続可能な社会　　ウ　権利の尊重
エ　体験的　　オ　消費生活相談員

〈解説〉専門学科の教科「消費生活」であるが，家庭基礎の「生活の自立及び消費と環境」，家庭総合の「生活における経済の計画と消費」の内容を学習していれば，理解できる。なお，消費生活相談員(相談員)について，自治体の相談業務の質の維持･向上のため，国民生活センターが認定する資格「消費生活専門相談員」がある。ただし，消費生活センターなどの相談員を，専門相談員資格を持つ者に限る規定はないため，相談員に有資格者を配置するかどうかは自治体の判断に任されている。

2015年度　実施問題

【中高共通】

【1】次の文は，乳児期の乳汁栄養について述べたものである。文中の(ア)～(オ)に当てはまる語句を語群a～jから選んだとき，正しい組合せを，下の□の①～⑤から一つ選びなさい。ただし，同じ記号には同じ語句が入る。

母乳は，乳児にとって自然で最良の栄養である。分娩後，数日の乳汁は(ア)でとろみがあり，(イ)と呼ばれる。(イ)は，たんぱく質やミネラルを多く含み，(ウ)や乳糖が少ない。分娩後，10日以降の乳汁は成熟乳と呼ばれ，(ウ)を多く含む。

母乳を与えることができない場合は，調整粉乳(育児用ミルク)を用いる。調製粉乳は，栄養面・(エ)の面で母乳の成分に近くなるように調整されている。離乳期・幼児期用の粉乳(フォローアップミルク)は牛乳の代替乳であり，鉄や(オ)などが添加されている。

《語群》

a	生乳	b	免疫力向上	c	炭水化物	d	消化吸収
e	カルシウム	f	黄色	g	ビタミン	h	脂肪
i	初乳	j	白色				

	ア	イ	ウ	エ	オ
①	f	i	c	b	g
②	f	a	h	d	e
③	j	i	h	b	e
④	j	a	c	b	g
⑤	f	i	h	d	g

(☆☆☆◎◎◎)

【2】次のア～オの各文は，食品添加物の使用目的について述べたものである。正しいものを○，誤っているものを×としたとき，正しい組合せを，下の□の①～⑤から一つ選びなさい。

ア　増粘剤の使用目的は，柔らかいものを固くすることである。

イ　強化剤の使用目的は，栄養を強化することである。

ウ　着色料の使用目的は，色調・風味を改善することである。

エ　保存料の使用目的は，微生物の発育を抑えることである。

オ　調味料の使用目的は，うま味を与え，味をととのえることである。

	ア	イ	ウ	エ	オ
①	○	×	○	×	×
②	×	○	×	○	×
③	○	×	○	×	○
④	×	○	×	○	○
⑤	×	○	○	×	○

(☆☆☆◎◎◎)

【3】次の図及び表は，シャツとスカートの製作について示したものである。表1は図Aと図Bの体型に合わない原因と補正の仕方について示している。表中の(　ア　)～(　エ　)に当てはまる名称及び記号の正しい組合せを，あとの□の①～⑤から一つ選びなさい。

図A

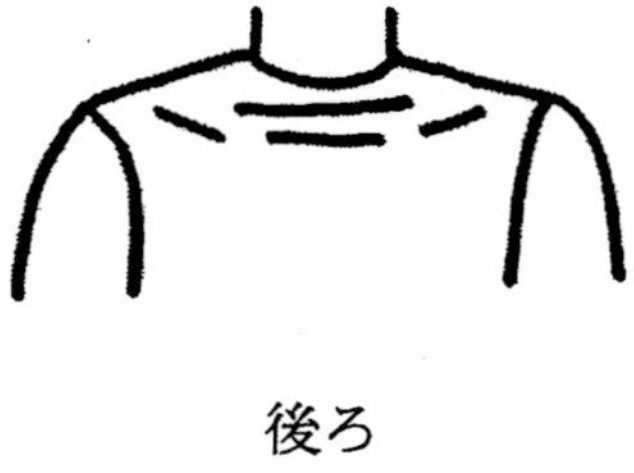

図B

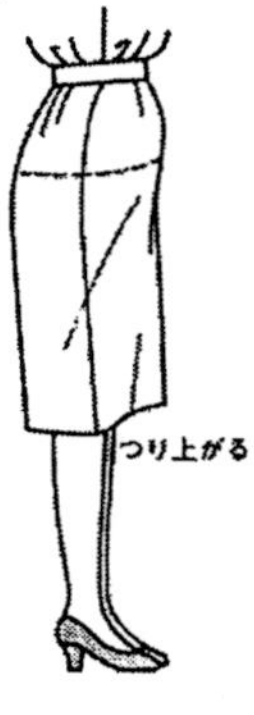

表1

図A	（ ア ）のために，肩先で布が不足した分がつかえて（ イ ）が出ているため，型紙を（ ウ ）のように補正する。※太線が補正後	
	a 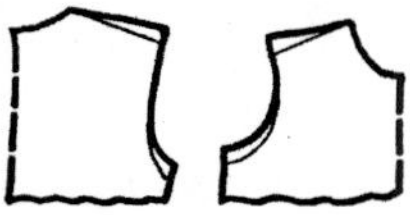	b 
図B	腹部にひかれ，前ヒップライン・すそがつり上がっているため，型紙を（ エ ）のように補正する。※太線が補正後	
	c 	d 

	ア	イ	ウ	エ
①	いかり肩	たすきじわ	a	c
②	なで肩	たすきじわ	a	d
③	いかり肩	たなじわ	b	c
④	なで肩	たなじわ	b	d
⑤	いかり肩	たなじわ	a	d

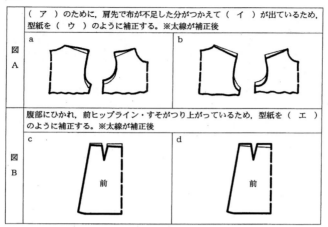

（☆☆☆◎◎◎）

【4】次のア～エの図は，放熱器の位置と空気の流れを示したものである。ア～エの室温分布として当てはまるものをa～dから選んだとき，正しい組合せを，あとの□の①～⑤から一つ選びなさい。

放熱器窓際設置　放熱器室奥設置　室上部吹き出し，下部吸込み　窓際床吹出し，上部吸込み

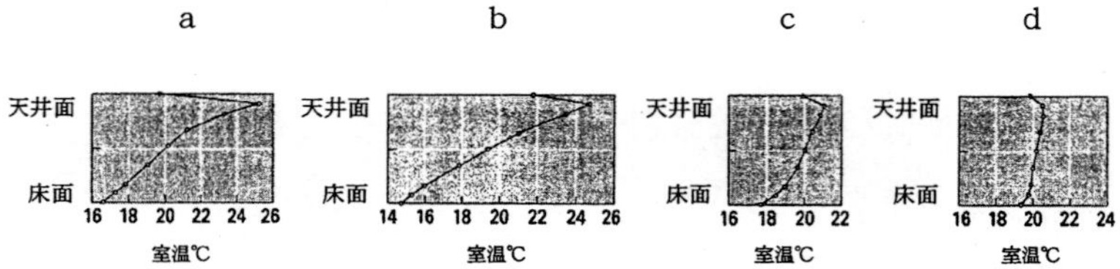

梅干野晁「暮らしの環境学」による

	ア	イ	ウ	エ
①	c	b	a	d
②	c	a	b	d
③	c	b	d	a
④	b	a	c	d
⑤	b	a	d	c

(☆☆☆☆◎◎◎)

【5】次のア～エの法律について，正しいものを○，誤っているものを×としたとき，正しい組合せを，あとの［　　］の①～⑤から一つ選びなさい。

ア　戸籍法　第49条

出生の届出は，7日以内(国外で出生があつたときは，3箇月以内)にこれをしなければならない。

イ　労働基準法　第65条

使用者は，8週間(多胎妊娠の場合は14週間)以内に出産する予定の女性が休業を請求した場合においては，その者を就業させてはならない。

ウ　民法　第772条

婚姻の成立の日から200日を経過した後又は婚姻の解消若しくは取消しの日から300日以内に生まれた子は，婚姻中に懐胎したものと推定する。

エ　民法　第820条

親権を行う者は，子の利益のために子の監護及び教育をする権利を有し，義務を負う。

	ア	イ	ウ	エ
①	×	○	×	×
②	×	×	○	○
③	×	×	×	×
④	○	○	○	×
⑤	○	×	○	○

(☆☆☆◎◎◎)

【6】次のア～エは，繊維製品の品質マークを示したものである。ア～エのマークの説明文として正しいものをa～eから選んだとき，正しい組合せを，あとの□の①～⑤から一つ選びなさい。

ア

イ

ウ

エ

説明文

a　このマークは，一般家庭でのライフリビングケア・ヘルス環境を向上させるため，抗菌加工，防菌防臭加工繊維製品などにつけられる。

b　このマークは，縫製工場などで縫製技術が基準以上の合格品につけられる。

c　このマークは，素材，縫製，品質などの検査に合格したものにつけられる。

d　このマークは，新毛100%の製品につけられる。

e　このマークは，新毛の混率が50%以上の製品につけられる。

	ア	イ	ウ	エ
①	c	b	a	e
②	c	a	b	d
③	c	b	a	d
④	b	a	c	d
⑤	b	a	c	e

(☆☆☆◎◎◎)

【7】次の文は，公的年金制度について述べたものである。文中の(　ア　)～(　オ　)に当てはまる語句を語群a～jから選んだとき，正しい組合せを，下の□の①～⑤から一つ選びなさい。

公的年金は，20歳以上(　ア　)歳未満のすべての国民が加入して保険料をおさめ，老齢・(　イ　)・死別で失う所得の保障を目的として，毎年一定の金額を給付する制度である。現役世代が高齢者の老後生活を支える，(　ウ　)のしくみがとられている。厚生年金保険，共済年金は(　エ　)に比例した定率の保険料を支払い，(　オ　)も同じ比率の保険料を支払う。

《語群》

a	各自治体	b	雇用主	c	障害	d	病気
e	勤続年数	f	60	g	65	h	特別徴収
i	世代間扶養	j	給与				

	ア	イ	ウ	エ	オ
①	f	d	i	e	a
②	g	c	h	j	b
③	g	d	h	e	a
④	f	c	i	j	b
⑤	f	d	i	e	b

(☆☆☆◎◎◎)

【8】次の表は，かんてんゼリーとゼラチンゼリーの性質についてまとめたものである。表中の(　ア　)～(　オ　)に当てはまる語句を語群a～gから選んだとき，正しい組合せを，下の[　]の①～⑤から一つ選びなさい。

性質	かんてんゼリー	ゼラチンゼリー
濃度	粉かんてんは，0.4～1%，棒かんてんは，(　ア　)%である。	粉ゼラチンは(　イ　)%である。
温度	凝固温度は，約30℃。 融解温度は，約80℃。	凝固温度は，13～15℃。 融解温度は，約(　ウ　)℃。
強度	砂糖を加えると(　エ　)。果汁・牛乳や，あんなどの固形物を加えたものは(　オ　)。	

《語群》

a　64　　b　弱くなる　　c　0.8～1.5　　d　8～10

e　2～4　　f　強くなる　　g　24

	ア	イ	ウ	エ	オ
①	e	d	a	f	b
②	c	e	g	f	b
③	e	d	g	b	f
④	c	d	a	f	b
⑤	c	e	a	b	f

(☆☆☆◎◎◎)

【9】次の表は，子どもの発育状態を評価する項目についてまとめたものである。表中の(　ア　)～(　オ　)に当てはまる語句を語群a～jから選んだとき，正しい組合せを，あとの[　]の①～⑤から一つ選びなさい。ただし，同じ記号には同じ語句が入る。

項目	内容
カウプ指数	乳児から2～3歳までの栄養状態を，身長と体重から評価する指数である。値が15～18の時はふつう，(　ア　)以下ではやせ，(　イ　)以上では肥満と判断される。 カウプ指数＝$\frac{\text{体重(g)}}{\text{身長(cm)}^2}$×10
(　ウ　)値	それぞれの子どもの身長と体重の計測値が，同じ性別・年齢の人のなかでどの程度の位置にいるのかを表す数値である。母集団を100人として50番目に相当する人を50(　ウ　)とし，10～90(　ウ　)内で一定の(　ウ　)の線にそっていれば，それがその人なりの発育の仕方であると考えられる。その線から極端に大きい，または小さい場合は病気の可能性を考える必要がある。
肥満度	標準体重に対してどのくらい体重がオーバーしているかをパーセントで示したものである。幼児期では15パーセント以上を肥満傾向という。 肥満度＝$\frac{(\text{　エ　})}{(\text{　オ　})}$×100

《語群》

a　13　　b　標準体重(kg)　　c　パーセンタイル
d　20　　e　10　　f　標準体重(kg)－実測体重(kg)
g　パーセンテージ　　h　25
i　実測体重(kg)　　j　実測体重(kg)－標準体重(kg)

	ア	イ	ウ	エ	オ
①	a	d	c	j	b
②	e	h	g	f	b
③	e	d	c	j	i
④	a	h	c	f	i
⑤	e	d	g	j	b

(☆☆☆◎◎◎)

【10】次のア～オの各文は，加齢に伴う身体機能の変化について述べたものである。正しいものを○，誤っているものを×としたとき，正しい組合せを，下の□の①～⑤から一つ選びなさい。

ア　ひじやひざの関節がかたくなり，動かしにくくなる。

イ　嗅覚が敏感になり，異臭や汚臭を頻繁に訴えるようになる。

ウ　高音域がとくに聞きとりにくくなる。

エ　味覚は加齢による変化がほとんどない。

オ　青系統と黄系統の色が識別しにくくなる。

	ア	イ	ウ	エ	オ
①	○	○	×	×	○
②	○	×	○	○	×
③	○	×	○	×	○
④	×	○	○	○	×
⑤	×	○	×	○	○

(☆☆☆◎◎◎)

【11】次の文は，住宅を建てるときに関わる法規について述べたものである。(　ア　)～(　カ　)に当てはまるものを語群a～jから選んだとき，正しい組合せを，あとの□の①～⑤から一つ選びなさい。ただし，同じ記号には同じ語句が入る。

健全で住み良い街をつくるために建物が満たさなければならない条件を定めたものが(　ア　)である。建築物を建てる敷地は，(　イ　)m以上幅のある道路に，2m以上接していなければならないと定められている。これは，火災が起きたときに消防車の通過を可能とする幅が(　イ　)mであることによる。

建築物の規模は，それぞれの用途地域において，上限が決められている。図のAを敷地面積といい，建築面積の敷地面積に対する割合を(　ウ　)という。

また，延床面積の敷地面積に対する割合を(　エ　)という。

(　ウ　)と(　エ　)を次の図の記号を用いて表すと，

(　ウ　)＝(　オ　)×100(%)

(　エ　)＝(　カ　)×100(%)　となる。

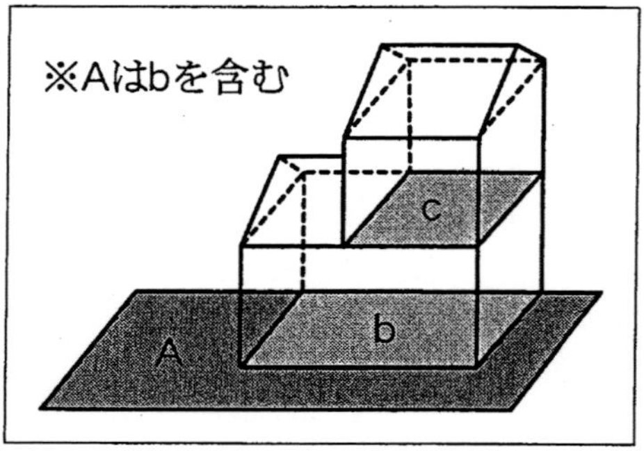

《語群》

a　建築基準法　　b　住生活基本法　　c　6　　d　4

e　容積率　　f　建ペイ率　　g　$\frac{b}{A}$　　h　$\frac{A}{b+c}$

i　$\frac{b+c}{A}$　　j　$\frac{A}{b}$

	ア	イ	ウ	エ	オ	カ
①	a	c	e	f	g	h
②	a	d	f	e	g	i
③	a	c	f	e	j	h
④	b	c	e	f	g	i
⑤	b	d	f	e	j	h

(☆☆☆◎◎◎)

【12】次の文は，ワーク・ライフ・バランスについて述べたものである。文中の(　ア　)～(　エ　)に当てはまる語句を語群a～hから選んだとき，正しい組合せを，あとの□の①～⑤から一つ選びなさい。

2007年「仕事と生活の調和(ワーク・ライフ・バランス)憲章」とその行動指針が策定された。だれもがやりがいや充実感を感じながら働き，仕事上の責任を果たすとともに，家庭や地域生活などでも，人生の各段階に応じた多様な生き方が選択できる社会の実現が目標に掲げられている。具体的には，「①(　ア　)による経済的自立が可能な社会」「②健康で豊かな生活のための(　イ　)が確保できる社会」「③多様な働き方・生き方が選択できる社会」の3つが示されており，2020年までの数値目標として，フリーターの数の削減，週労働時間(　ウ　)時間以上の雇用者の割合を5割減，年次有給休暇の取得率を70％に，男性の育児休業取得率を(　エ　)％にすること等を掲げている。

《語群》

a　10　　b　13　　c　60　　d　80　　e　就労　　f　時間

g　環境　　h　社会保障

	ア	イ	ウ	エ
①	e	f	d	a
②	h	g	d	a
③	e	f	c	b
④	e	g	d	a
⑤	h	f	c	b

(☆☆☆◎◎◎)

【13】次のア～エの各文は，男性のフォーマル・ウェアについて述べたものである。正しいものを○，誤っているものを×としたとき，正しい組合せを，あとの□の①～⑤から一つ選びなさい。

ア　モーニング・コートとは，昼用の正式な礼装であり，格式の高い公の儀式などで着用される。

イ　ホワイト・タイは，昼用の礼装であり，燕尾服とも呼ばれる。

ウ　ブラック・タイは，夜用の最高の礼装であり，タキシードとも呼ばれる。

エ　ダークスーツは，略式の礼装であり，ディナージャケットとも呼ばれる。

	ア	イ	ウ	エ
①	×	○	×	○
②	×	×	○	○
③	○	○	×	×
④	○	×	×	×
⑤	○	○	○	×

(☆☆☆◎◎◎)

【14】次のア～エの各文は，愛着関係(アタッチメント)の形成過程について述べたものである。正しいものを○，誤っているものを×としたとき，正しい組合せを，あとの［　　］の①～⑤から一つ選びなさい。

ア　イギリスの精神科医であるボウルビィは，子どもの精神的な健康と発達には特定の人との情緒的な結びつきが重要であることを指摘し，これを愛着関係(アタッチメント)という考え方で強調した。

この関係は親子のみに形成されるものであり，祖父母や保育士と乳児との間には形成されない。

イ　6ヶ月から3歳頃までの親との愛着関係(アタッチメント)が形成されることを具体的に示す行動として，「親が見えなくなると泣き出す」「親のあとを追う」などがある。

ウ　親との間に安定した愛着関係(アタッチメント)を形成しているタイプを，「安定型アタッチメント」という。不安な時に，親にまとわりついたり抱かれたりして不安をしずめ，安心すると親から離れて遊ぶことができる。

エ　親に抱かれたりしがみついたりすることがなく，親との間に愛着関係(アタッチメント)が形成されていることがわかりにくいタイプを，「不安定・反対感情併存型アタッチメント」という。初めての場所でも不安な様子を見せず，親がいなくなっても泣かず，また，戻ってきても近づかないで離れているなど，親との関係を避けているように見える。

	ア	イ	ウ	エ
①	×	○	○	×
②	○	○	×	×
③	×	×	○	×
④	×	○	×	○
⑤	○	×	○	○

(☆☆☆◎◎◎)

【15】次の文は，無機質の種類やはたらきについて述べたものである。(ア)～(オ)に当てはまる語句を語群a～jから選んだとき，正しい組合せを，あとの□の①～⑤から一つ選びなさい。ただし，同じ記号には同じ語句が入る。

(ア)は，体内にある無機質の中で最も多く含まれる。(ア)が多く含まれる食品は，牛乳，小魚，(イ)，緑黄色野菜などである。

(ア)の吸収に影響を及ぼす物質に，乳酸，りん，たんぱく質などがある。りんの場合は，(ア)とりんとの比が(ウ)のとき，最も吸収がよい。しかし，りんが多すぎると吸収が妨げられる。また，高たんぱく質の食事では吸収がよくなる。特にリジンや(エ)が多いと吸収がよい。

ヘモグロビンの合成に役立つものは，鉄や(オ)である。これらは，レバーに多く含まれる。

《語群》

a 胚芽	b アルギニン	c フィチン酸	d 銅
e 亜鉛	f カルシウム	g 海藻	h 2：1
i マグネシウム	j 1：1		

	ア	イ	ウ	エ	オ
①	f	g	j	c	e
②	i	g	h	b	e
③	f	a	j	b	d
④	i	a	h	c	d
⑤	f	g	j	b	d

(☆☆☆◎◎◎)

【16】次のア～エの各文は，介護保険制度のしくみについて述べたものである。正しいものを○，誤っているものを×としたとき，正しい組合せを，下の[　　]の①～⑤から一つ選びなさい。

ア　介護保険制度の実施主体は都道府県であり，40歳以上の人が保険料を納め被保険者となる。

イ　介護サービスを受けるためには，要介護認定を受ける必要がある。要介護と認定された場合には，ケアプランを立て，介護サービスを利用する。

ウ　ケアプランは介護支援専門員(ケアマネージャー)と立て，本人や家族だけで立てることはできない。

エ　介護サービスは，都道府県の認可を受けた事業所と契約することにより提供される。

	ア	イ	ウ	エ
①	×	○	○	×
②	○	○	×	×
③	○	×	○	×
④	×	×	○	○
⑤	×	○	×	○

(☆☆☆◎◎◎)

【17】次の文は，住まいと健康について述べたものである。(　ア　)～(　エ　)に当てはまる語句を語群a～hから選んだとき，正しい組合せを，下の［　　］の①～⑤から一つ選びなさい。ただし，同じ記号には同じ語句が入る。

日本の伝統的な住まいは，開口部が大きく，風通しがよくて開放的である。一方，現代の住まいは，(　ア　)が高く，汚れた空気や水蒸気が室内にこもりやすい。(　イ　)が高くなると結露が生じやすく，カビやダニが発生しやすくなるため，定期的な(　ウ　)が必要である。

また，新築の住まいなどで起こる目の痛みや頭痛・はきけなどの症状を，シックハウス症候群という。その対策として，2003年の建築基準法改正により(　エ　)の規制が強められた。

《語群》

a　換気　　b　採光　　c　温度　　d　建築構造　　e　気密性

f　断熱性　　g　湿度　　h　化学物質

	ア	イ	ウ	エ
①	f	c	b	h
②	e	g	a	d
③	e	g	a	h
④	f	g	b	d
⑤	e	c	a	d

(☆☆☆◎◎◎)

【18】次のア～オの各文は，契約上の問題から消費者を救済する法律について述べたものである。正しいものを○，誤っているものを×としたとき，正しい組合せを，あとの［　　］の①～⑤から一つ選びなさい。

ア　割賦販売法では，割賦販売で商品を購入した場合，商品に不具合があれば，代金の支払いを拒否できることが定められている。

イ　特定商取引法では，事業者の不適切な勧誘(不実告知，退去妨害等)により，消費者が事実を誤認や困惑したまま契約した場合には，契約を取り消すことができることが定められている。

ウ　電子消費者契約法では，消費者の誤認や誤操作により問題が生じたとき，事業者がそれらを防止するための措置をとっていないと，消費者からの申し込み自体が無効となることが定められている。

エ　消費者契約法では，問題商法による被害から消費者を守るために，クーリング・オフ制度が設けられている。

オ　製造物責任法では，商品の欠陥によって被害が生じた場合には，製造業者等が損害賠償責任を負うことが定められている。

	ア	イ	ウ	エ	オ
①	×	×	○	×	×
②	○	×	○	×	○
③	×	○	×	○	○
④	○	×	○	○	×
⑤	×	○	×	○	×

(☆☆☆◎◎◎)

【19】次の表は，ファッションデザインにおける商品企画の基本ステップについて示したものである。表中の(　ア　)〜(　オ　)に当てはまる企画名を，語群a〜fから選んだとき，正しい組合せをあとの［　　］の①〜⑤から一つ選びなさい。

ステップ	企画名	作業内容
1	(　ア　)	どのようなタイプの消費者を対象とするのかを明らかにする。
2	情報企画	対象とするタイプの消費者が次期シーズンにどのような衣服を着たいと考えているかを予測する。
3	(　イ　)	ファッションイメージを企画の中に絞り込む。
4	(　ウ　)	それぞれの組合せに特に配慮し，具体的な素材，色彩，形態の選定を行う。
5	(　エ　)	服種ごとに，素材，色彩，配色，サイズ，価格という細部に渡り具体的に決定する。
6	デザイニング	ペーパープランを基に，原物のサンプルを製作する。
7	(　オ　)	サンプルによって注文を取る必要があるため，シーズンごとに展示会やコレクションを開催する。

※「ファッションデザイン」(文部科学省)から作成

《語群》

a　コンセプト企画　　b　ターゲット企画
c　プロモーション企画　　d　コーディネート企画
e　アイテム企画　　f　マーケティング企画

	ア	イ	ウ	エ	オ
①	a	e	b	c	f
②	b	e	d	c	f
③	b	a	d	e	c
④	a	e	b	f	c
⑤	b	a	d	c	f

(☆☆☆☆◎◎◎)

【20】次のア～ウの各文は，共生社会について述べたものである。ア～ウが示す内容に当てはまる語句を語群a～fから選んだとき，正しい組合せを，あとの□の①～⑤から一つ選びなさい。

ア　障害のある人の便利さ使いやすさという視点ではなく，障害の有無にかかわらず，すべての人にとって使いやすいようにはじめから意図して製品・情報・環境をつくる考え方。

イ　認知症や知的障害をもった人たちが，地域社会のなかにある住宅において，少人数で共同して自立生活をいとなむ集団生活型介護形態。

ウ　障害や貧困などの困難を有するすべての人びとを，孤独や孤立，排除や摩擦から援護し，健康で文化的な生活実現につなげるよう，社会の構成員としてつつみ支えあうこと。

《語群》

a　ケアハウス　　b　グループホーム
c　ユニバーサルデザイン　　d　ソーシャルインクルージョン
e　バリアフリー　　f　ポジティブ・ウェルフェア

	ア	イ	ウ
①	e	a	f
②	c	a	d
③	c	b	f
④	e	b	f
⑤	c	b	d

(☆☆☆◎◎◎)

【21】次の表は，幼児の主な特徴をまとめたものである。(　ア　)~(　エ　)に当てはまる語句を語群a～hから選んだとき，正しい組合せを，下の[　　]の①～⑤から一つ選びなさい。

項目	特徴
身長に対する頭の割合	2歳：身長の約(　ア　)
呼吸数	1分間に約(　イ　)回である。
骨	やわらかく，弾力があり，成長するにつれて(　ウ　)が付着して硬くなる。
体温	(　エ　)℃である。 新陳代謝が盛んで，体温の調節機能が未発達である。

《語群》

a　5分の1　　b　カルシウム　　c　20～30
d　35.5～36.0　　e　40～50　　f　マグネシウム
g　4分の1　　h　36.5～37.0

	ア	イ	ウ	エ
①	g	e	f	h
②	a	c	b	d
③	a	c	b	h
④	a	e	f	d
⑤	g	e	b	d

(☆☆☆◎◎◎)

【22】次の文は，既製服の表示の見方について述べたものである。文中の(　ア　)～(　カ　)に当てはまる語句を語群a～hから選んだとき，正しい組合せを，下の□の①～⑤から一つ選びなさい。ただし，同じ記号には同じ語句が入る。

既製服のサイズの表し方は，(　ア　)で定められている。

次のサイズ表示例にある9ARの9は(　イ　)のサイズを，Rは(　ウ　)のサイズを表している。

また，Aは体型を表し，成人女子の場合の体型区分として，A体型，Y体型，AB体型，B体型がある。体型区分については，Y体型はA体型より(　エ　)が4cm(　オ　)人の体型を表し，AB体型はA体型よりも(　エ　)が4cm(　カ　)人の体型を表す。

【サイズ表示例】

サイズ	
バスト	83
ヒップ	91
身長	158
9 AR	

《語群》

a　日本工業規格(JIS)　　b　家庭用品品質表示法　　c　バスト
d　ウエスト　　e　ヒップ　　f　身長
g　大きい　　h　小さい

	ア	イ	ウ	エ	オ	カ
①	a	c	f	e	g	h
②	b	c	f	e	g	h
③	a	d	c	f	g	h
④	a	c	f	e	h	g
⑤	b	d	c	f	h	g

(☆☆☆◎◎◎)

【23】次のア～カの各文は，消化作用について述べたものである。正しいものを○，誤っているものを×としたとき，正しい組合せを，下の□の①～⑤から一つ選びなさい。

ア　物理的消化作用のそしゃくとは，舌で食物と唾液を混ぜ合わせることである。また，胃や腸のぜん動運動によって胃液や腸液などと混ぜ合わせる。

イ　化学的消化作用とは，腸内細菌のもっている酵素のはたらきによって分解することである。

ウ　膜消化とは，柔突起上皮細胞において，二糖類やジペプチドが分解と同時に吸収されることである。

エ　生物学的消化作用とは，消化器官の各部から分泌される消化液に含まれる酵素によって，栄養分を分解することである。

オ　物理的消化作用のかくはんとは，歯によってこまかくかみくだくことである。

カ　物理的消化作用の移行とは，飲みこむことであり，ぜん動運動などによってさきに送り進める。

	ア	イ	ウ	エ	オ	カ
①	×	○	○	×	○	×
②	○	×	×	○	○	×
③	○	×	○	×	×	○
④	×	×	○	×	×	○
⑤	×	○	×	○	×	×

(☆☆☆◎◎◎)

【24】次の文は，家族の構成について述べたものである。文中の(　ア　)～(　オ　)に当てはまる語句を語群a～iから選んだとき，正しい組合せを，あとの□の①～⑤から一つ選びなさい。ただし，同じ記号には同じ語句が入る。

「住居と生計を共にしている人々の集まり」または，「一戸を構えて住んでいる単身者」などを(　ア　)という。(　イ　)が2人以上の集団を指すのに対して，(ア)は1人だけの場合もある。結婚や血縁などの関係のある人を中心に構成された(ア)を(ウ)といい，日本のすべての(ア)で最も多いのは，(エ)である。こうした(ア)の実態把握のため，5年に1度，(オ)が行われる。

《語群》

a 単独世帯　b 核家族世帯　c 家族　d 家庭
e 世帯　f 親族世帯　g 拡大家族世帯　h 国勢調査
i 住民基本調査

	ア	イ	ウ	エ	オ
①	e	c	f	b	h
②	d	e	g	a	i
③	e	c	f	a	i
④	e	c	f	a	h
⑤	d	e	g	b	i

(☆☆☆◎◎◎)

【25】次の表及び図は，ししゅうの種類と特徴及び基本的なステッチについて示したものである。表中のア～エに当てはまるししゅうの種類と，オ～カに当てはまるステッチ名を，語群a～hから選んだとき，正しい組合せを，あとの□の①～⑤から一つ選びなさい。

【ししゅう】

種類	特徴
ア	さし子に意匠を加え，幾何学模様をあらわす。
イ	布の織り糸を抜き，残りの織り糸をかがってすかし模様をつくる。
ウ	布地の幅を一定に縫いちぢめてひだをつくり，ひだ山を糸でさして模様をつくる。
エ	さまざまなステッチにより，色糸で美しい模様をつくる。

【ステッチ】

オ

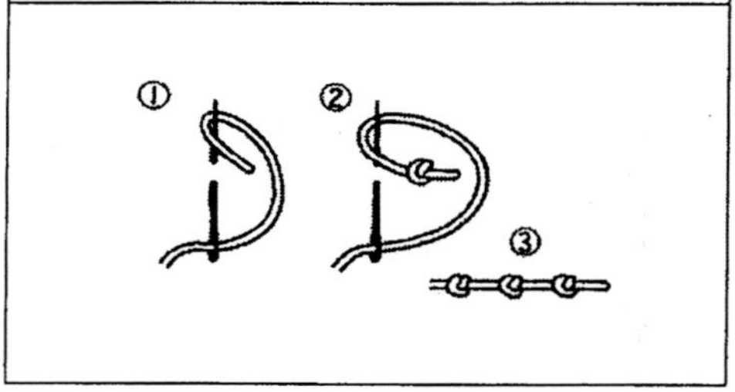

カ

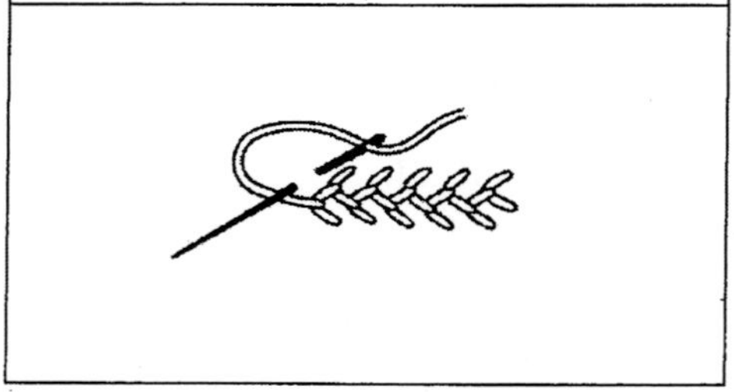

《語群》

a　スモッキング　　b　欧風ししゅう　　c　こぎんししゅう
d　ドロンワーク　　e　カットワーク　　f　フェザーステッチ
g　リーフステッチ　　h　コーラルステッチ

	ア	イ	ウ	エ	オ	カ
①	d	e	b	a	f	g
②	c	d	a	b	h	f
③	d	e	a	b	h	g
④	c	d	b	a	h	f
⑤	d	e	a	b	f	g

(☆☆☆◎◎◎)

【26】次の文は，消費者問題について述べたものである。文中の(　ア　)～(　エ　)に当てはまる語句を答えなさい。ただし，同じ記号には同じ語句が入る。

1968年に(　ア　)が制定され，消費者保護に関する施策の基本方向が示された。

2004年には，それまでの消費者「保護」から，権利に支えられた「自立」支援政策への転換をめざし，(　ア　)が改正され，名称も(　イ　)と改称された。そして，複数の省庁にまたがる横断的な取り組みが必要である消費者問題について，適切に対応できる消費者行政の一元化をめざし，2009年に(　ウ　)が設置された。(　ウ　)は全国共通の電話番号から身近な公共の消費生活センターや相談窓口を案内するサービスである(　エ　)を設置し，消費者からの相談に応じている。

(☆☆☆◎◎◎)

【27】次の各文は，子ども・子育て支援新制度について述べたものである。文中の(　ア　)～(　エ　)に当てはまる語句を答えなさい。ただし，同じ記号には同じ語句が入る。

○　子ども・子育て支援新制度とは，平成(　ア　)年8月に成立した「子ども・子育て支援法」，「(　イ　)法の一部改正」，「子ども・子育て支援法及び(　イ　)法の一部改正法の施行に伴う関係法律の整備等に関する法律」の子ども・子育て関連3法に基づく制度のことをいう。

○　家庭において保育を受けることが(　ウ　)的に困難となった乳幼児について，保育所その他の場所において(　ウ　)的に預かり，必要な保護を行う「(　ウ　)預かり事業」や，乳幼児及びその保護者が相互に交流を行う場所を開設し，子育てについての相談，情報の提供，助言その他の援助を行う「地域子育て(　エ　)事業」などがある。

(☆☆☆◎◎◎)

【28】次の文は，食品の表示について述べたものである。文中の(　ア　)～(　オ　)に当てはまる語句を答えなさい。ただし，同じ記号には同じ語句が入る。

市場に流通されているすべての食品には，消費者が安心して食品を選択，購入できるように表示に関する制度がある。食品の表示は，食品衛生法，(　ア　)，健康増進法，計量法などによって決められている。

(　ア　)の正式名称は，「農林物資の規格化及び品質表示の適正化に関する法律」である。(　ア　)により，生鮮食品は，その(　イ　)地を表示することになっている。

食品衛生法と(　ア　)は，その食品がいつまでもつかの期限表示を義務づけている。製造後おおむね5日以内に食すべき食品には(　ウ　)が表示され，品質の劣化が比較的緩やかな食品には(　エ　)が表示される。

食物アレルギーを引き起こす物質をあやまって口にしないよう，発症数，重篤度の高い7品目は表示の義務が定められている。その7品目とは，小麦，そば，卵，乳，(　オ　)，えび，かにである。

(☆☆☆◎◎◎)

【中学校】

【中学校志願者(中高志願者のうち中学校を第1希望とする者を含む。)】

【1】次の文は，中学校学習指導要領解説技術・家庭編(平成20年文部科学省)「第1章　総説」「3　技術・家庭科改訂の要点」の一部を抜粋したものである。文中の(　ア　)～(　コ　)に当てはまる語句を答えなさい。ただし，同じ記号には同じ語句が入る。

「家庭分野」

(　ア　)化や(　イ　)の推進，(　ウ　)な社会の構築など，社会の変化に対応する視点から改善を図った。

○「A家族・家庭と子どもの成長」においては，(　ア　)化や家庭の機能が十分に果たされていないといった状況に対応し，幼児への

(　エ　)を深め，子どもが育つ環境としての家族と家庭の役割に気付く(　オ　)などの活動を重視して改善を図った。

○「B食生活と(　カ　)」においては，心身ともに健康で安全な食生活のための(　イ　)の推進を図る視点から，食生活の(　カ　)を目指し，中学生の栄養と献立，調理や地域の(　キ　)などに関する学習活動を充実した。

○「C衣生活・住生活と(　カ　)」においては，衣生活と住生活の内容を，人間を取り巻く身近な環境としてとらえる視点から，1つの指導内容として構成した。その際，布を用いた物の製作を設けるなど，衣生活や住生活などの生活を(　ク　)にするための学習活動を重視して改善を図った。

○「D身近な消費生活と環境」においては，社会において主体的に生きる(　ケ　)としての教育を充実する視点から，(　ケ　)としての自覚や(　コ　)に配慮した生活の工夫などにかかわる学習について，中学生の消費生活の変化を踏まえた実践的な学習活動を重視して改善を図った。

(☆☆☆◎◎◎◎)

【2】次の文は，中学校学習指導要領解説技術・家庭編(平成20年文部科学省)「第3章　指導計画の作成と内容の取扱い」「3　実習の指導」の一部を抜粋したものである。文中の(　ア　)～(　オ　)に当てはまる語句を答えなさい。ただし，同じ記号には同じ語句が入る。

実習室等の環境の整備と管理については，(　ア　)だけの問題ではなく，学習環境の整った実習室そのものが，生徒の内発的な(　イ　)を高める効果があることに留意する。そのため，実習室内は生徒の(　イ　)を喚起するように題材に関する資料や模型等を掲示するなど工夫し，授業実践を支える環境としての実習室の整備に努めるようにする。

(略)

材料や用具の管理は，学習効果を高めるとともに，作業の能率，衛生管理，(　ウ　)にも関係しているので，実習等で使用する材料の保管，用具の手入れなどを適切に行うようにする。調理実習では，火気，(　エ　)，食品などについての(　オ　)と衛生に留意し，食品の購入や管理を適切に行うよう十分に留意する。

(☆☆☆◎◎◎◎)

【高等学校】

【高等学校志願者(中高併願者のうち高等学校を第1希望とする者を含む。)】

【1】次の文は，高等学校学習指導要領解説家庭編(平成22年文部科学省)「第1部　各学科に共通する教科『家庭』」「第2章　各科目」「第2節　家庭総合」の一部を抜粋したものである。文中の(　ア　)～(　オ　)に当てはまる語句を答えなさい。ただし，同じ記号には同じ語句が入る。

高等学校家庭科の特色である「ホームプロジェクトと学校家庭クラブ活動」の意義と実施方法について理解させる。

ホームプロジェクトは，(略)学習を進める中で，各自の生活の中から課題を見いだし，課題解決を目指して主体的に計画を立てて実践する問題解決的な学習活動である。ホームプロジェクトを実践することによって，(略)学習で習得した知識と技術を一層定着し，(　ア　)することができ，問題解決能力と(　イ　)を育てることができる。

学校家庭クラブ活動は，ホームルーム単位又は家庭科の講座単位，さらに学校としてまとまって，学校や(　ウ　)の中から課題を見いだし，課題解決を目指して，グループで主体的に計画を立てて実践する問題解決的な学習活動である。学校家庭クラブ活動を実践することによって，(略)学習で習得した知識と技術を，学校生活や(　ウ　)の場に生かすことができ，問題解決能力と(　イ　)の育成はもとより，(　エ　)などの社会参画や(　オ　)への意欲を高めることができる。

(☆☆☆◎◎◎◎)

【2】次の各文は，高等学校学習指導要領解説家庭編(平成22年文部科学省)「第2部　主として専門学科において開設される教科『家庭』」「第1

章　総説」の一部を抜粋したものである。文中の(　ア　)～(　オ　)に当てはまる語句を答えなさい。ただし，同じ記号には同じ語句が入る。

平成20年1月の中央教育審議会答申においては，学習指導要領改訂の基本的な考え方が示されるとともに，各教科等の改善の基本方針や主な改善事項が示されている。

○　専門教科「家庭」に関しては，次のように示された。

○　少子高齢社会の進展やライフスタイルの多様化，食育の推進などの社会の要請に対応し，衣食住，(　ア　)などにかかわる生活産業への消費者ニーズの的確な把握や必要なサービス提供等を行う企画力・(　イ　)を身に付け，(　ウ　)を伝承し創造する人材を育成する観点から，(略)改善を図る。

○　専門教科「家庭」については次のような改善を図った。

①　衣食住，(　ア　)などにかかわる生活産業の各分野で職業人として必要とされる資質や能力を育成する。

②　(　ウ　)の伝承と創造に寄与する能力と態度を育成する。

③　生活産業を取り巻く諸課題を倫理観をもって解決し，(　エ　)の向上と社会の発展を図る能力と態度を育てる。

これらを踏まえて，専門教科「家庭」については，生活産業における将来の(　オ　)に必要な資質や能力を育成する視点を一層明確に示した。

(☆☆☆◎◎◎◎)

解答・解説

【中高共通】

【1】⑤

〈解説〉初乳はたんぱく質やカルシウム，リン，ビタミンなどを豊富に含み，免疫物質グロブリンも多く含まれている。調製粉乳は牛乳を原料としており，栄養面では母乳とほとんど差がない。フォローアップミルクは，離乳食で栄養をとっていることを前提にしているので，糖質や脂肪分を控えめにして，鉄やカルシウム，ビタミンなどが強化されている。

【2】④

〈解説〉ア　増粘剤は粘度を高め，分離を防止するために，食品や医薬品，化粧品などに広く用いられる。アイスクリームやプリン，ドレッシングなどに使用される。　ウ　着色料は色の強化，色調の調節に使用されるもので，風味を改善することが目的ではない。クチナシ黄色素や食用赤色2号などが，菓子や漬物，清涼飲料水等に使用される。

【3】⑤

〈解説〉「たなじわ」とは，横に布が浮き上がったようにできるしわのことで，いかり肩の場合に出る。「たすきじわ」とは，肩からそで下にかけてハの字型に，たすきをかけているように出るしわのことで，なで肩の場合に出る。aは，いかり肩の補正，bはなで肩の補正方法である。dは，図Bのように腹部のはりが強い場合に，すそが前につり上がった分，前ウエストで追加する。逆に，臀部のはりが強くて後ろにすそがつり上がった場合は，後ろウエストで追加する。

【4】①

〈解説〉放熱器によって暖められた空気は密度が減少し，軽くなって上昇する。そのため天井近くが高温になり，床面が低温になる現象がおこるが，エのように床吹出しで上部に吸込みがあると，気流分布により室内空気が均一化される。イとウは上部からの暖かい空気が窓ガラスによって冷やされ，重くなって下降し床面を流れる。この冷たい気流がコールドドラフトと呼ばれる。アはコールドドラフトがおきないので，エの次に温度差が少ない。イとウでは，ウに下部吸込みがあるため，イよりやや温度差が少ない。

【5】②

〈解説〉ア　出生の届出は，14日以内である。　イ　労働基準法第65条第1項では，「使用者は，6週間(多胎妊娠の場合にあつては，14週間)以内に出産する予定の女性が休業を請求した場合においては，その者を就業させてはならない」とある。

【6】①

〈解説〉アはQマークという。Qはクオリティー(品質)の頭文字で，繊維製品総合検査基準に基づいて検査し，合格したものに許可されるマークである。イはSIFマークという。SIFはSymbol of International Fashionの略称で，確実な品質システムによって管理し，信頼できる繊維製品を取り扱う事業所であることを証明するマークである。ウのSEKマークは対象製品によりマークの色を区別していて，抗菌防臭加工製品には青色のマークがつけられる。エのウールマークは混率によって3つのマークがあり，WOOLMARKが新毛100%，WOOLMARK BLENDが新毛50%以上，WOOL BLENDが新毛30～50%の製品につけられる。

【7】④

〈解説〉公的年金制度は，現役で働く世代が支払う保険料に税金を加えて，高齢者世代の年金給付にあてる「世代と世代の支えあい」が基本になっている。年金というと，高齢者のための制度ととらえがちだが，老齢・障害・死別という避けられない3つのリスクに備えて生活を支えるという，若い世代にとっても必要な制度である。全国民が加入する国民年金に上乗せして，サラリーマンは厚生年金，公務員は共済年金に加入する。

【8】②

〈解説〉かんてん，ゼラチンいずれも水とともに加熱すると溶け，それを冷却するとゼリー状に固まる。かんてんの原料は海藻のてんぐさ類，ゼラチンは豚の皮や結合組織の中にあるたんぱく質(コラーゲン)と骨の中にあるたんぱく質(オセイン)からつくられる。これらは成分が異なるので，使用濃度，加熱温度，凝固温度，融解温度，口あたりが違っている。かんてんは高温で溶かしてから固めるが，ゼラチンは沸騰させると固まりにくくなる。

【9】①

〈解説〉カウプ指数は，乳幼児の発育・栄養状態の判定のための指数で，大人向けの肥満度を評価するための指数であるBMIとの違いは，判断基準となる値が成長段階に応じて調整されている点にある。学童期の肥満度を評価する場合，一般的にローレル指数が使用される。いずれも身長と体重の数値を基に計算するだけなので，見かけの指数であり，実際には成長の過程の個人差，性差も考慮する必要がある。パーセンタイル法は，男女別に身長・体重の平均値からどれくらい離れているかを見る方法で，10～90パーセンタイルは問題ないといわれている。なお，母子健康手帳には3～97パーセンタイル曲線が掲載されている。肥満度は，標準体重からのずれを百分率で表したものである。

【10】③

〈解説〉イ　高齢者は嗅覚が鈍くなり，異臭に気づかないことがある。
ウ　老人性難聴には，音を感じ取る内耳の感覚細胞の劣化，感じた音を脳に送る聴神経系経路の劣化などがある。一般に低音域の音よりも，高音域の音のほうが聞こえにくくなる。　エ　加齢により，味覚の中で塩味を感じる感覚が低下し，濃い味付けを好むようになる。

【11】②

〈解説〉建築基準法では日照や通風などの住環境，建ペイ率と容積率などを定めている。建ペイ率と容積率は，用途地域ごとに細かく設定されていて，建ペイ率は30～80%，容積率は50～1300%の範囲で定められている。建ペイ率と容積率の計算式は頻出なのでおさえておくこと。

【12】③

〈解説〉ワーク・ライフ・バランス憲章「仕事と生活の調和が実現した社会の姿」の中で具体的に示されている3つの目標に関する問題である。男性の育児休業取得率は，スウェーデンでは78%，ノルウェーでは89%にも上る(2008年 厚生労働省レポート)。これに対し，日本では1.9%(2012年雇用均等基本調査)と取得率が低く，男女の固定的な役割分担意識が，女性の社会進出の壁となっている。2020年までの数値目標にどれだけ近づけるか，国や企業の積極的な取り組みが期待される。

【13】④

〈解説〉ア　モーニング・コートは男性の昼用の最上級正装で，カット・アウェイ・フロックコートとも言う。　イ　ホワイト・タイは燕尾服のことであるが，夜用の最高の礼装である。　ウ　ブラック・タイとはタキシードのことであり，黒の蝶ネクタイをつけることから，そう呼ばれている。夜用の略礼装である。　エ　ディナージャケットとはタキシードのことを指す。

【14】①

〈解説〉ア　愛着関係は，自分の世話をしてくれる人との間に結ばれる愛情にもとづいた絆であり，親に限らず，祖父母や保育士などが養育した場合にも形成される。　エ　子どものアタッチメント行動に対して，養育者が拒絶的な態度で接したり，適切に受け止めることが少ない場合，子どもは養育者との距離をある一定範囲内にとどめておこうとする。これを「回避型アタッチメント」という。

【15】⑤

〈解説〉りんはカルシウムに次いで体内に多く含まれる無機質で，カルシウムとともに骨や歯の成分として存在するほか，リン酸化合物としてすべての組織に含まれる。りんが多いとカルシウムの吸収率は低下するが，牛乳はカルシウムとりんの比率が1：1のため，吸収されやすい。最近は，食品添加物として，各種のリン酸塩が加工食品に広く用いられ，りんのとり過ぎが問題となっている。アルギニンは子どもにとって準必須アミノ酸であり，銅はヘモグロビンの合成を助けたり，鉄の吸収をよくしたりするなど，貧血防止にかかせない無機質である。

【16】⑤

〈解説〉ア　介護保険制度の実施主体(保険者)は市区町村である。
ウ　ケアプラン(介護サービス計画)は本人や家族だけで作成してもよいが，介護支援専門員に作成してもらうこともできる。この場合，作成の費用は全額介護保険より支給される。　エ　市区町村は要介護認定を行うが，介護サービスは，厚生労働省の基準に基づいて都道府県の認可を受けた事業所が提供する。

【17】③

〈解説〉気密性が高い住まいは冷暖房効率がよいが，室内の空気が循環しにくいため，自然換気や機械換気によって空気の流れをつくり，新鮮な空気に交換する必要がある。シックハウス対策として，ホルムアルデヒドの使用制限やクロルピリホス(シロアリ駆除剤)の使用禁止，換気設備設置が義務づけられた。

【18】②

〈解説〉イ 「特定商取引法」ではなく，「消費者契約法」が正しい。特定商取引法では，特定継続的役務(エステ，外国語会話教室，学習塾，家庭教師等)やいわゆるマルチ商法などは一定の要件で中途解約できることが定められている。 エ クーリング・オフ制度は，「特定商取引法」「割賦販売法」「宅地建物取引業法」「保険業法」等のさまざまな法律で設けられている。なお，通信販売や店頭販売では原則としてクーリング・オフ制度はない。

【19】③

〈解説〉ア ターゲット企画では具体的な企画の前に，ターゲットとする消費者のファッション意識やファッション生活などを調査・分析し，「明確なターゲット像」をつくりあげることが重要である。 ウ コーディネート企画では「コーディネートして着ること」を想定して，組合せに特に配慮する。 エ ここでいうアイテムとは服種を指す。オ 企画意図に適したディスプレイの仕方や商品説明の仕方について，小売店を指導するのも「プロモーション企画」の一環である。

【20】⑤

〈解説〉ア ユニバーサルデザインは，だれにとっても使いやすいようにあらかじめデザインするという「事前の対策」であるのに対し，バリアフリーはハンディキャップを負う人たちが生活する上で支障となるものを取り除くことをいい，「事後の対策」といえる。 ウ ソーシャルインクルージョンは「社会的包摂」のことで，すべての人々を社会の中に包摂しようとする考え方である。なお，ポジティブ・ウェルフェアは「参加型社会保障」のことを指す。

【21】③

〈解説〉ア 新生児は4頭身であるが，2歳頃には5頭身になる。 イ 新生児の呼吸数は，40～50回くらいであるが，成長に伴い少なくなる。

ウ　骨は軟骨の部分にカルシウムが付着して硬くなる。これを「化骨」という。　エ　体温は1日の中で大きく変動する。起床前が最も低く，次第に上昇して午後が最も高くなり，就寝前にまた低くなる。一般に成人より約1℃高い。

【22】④

〈解説〉イ　成人女子のバストサイズは，83cmが「9」，86cmが「11」と，3cmきざみで番号が表示されている。　ウ　Rはレギュラーの R。身長150cmはP(プチ)，142cmはPP，166cmはT(トール)と8cmきざみで表示される。　エ　体型は普通の体型をAとし，A体型よりヒップが4cm小さいのがY体型，4cm大きいのがAB体型，8cm大きいのがB体型である。

【23】④

〈解説〉アがかくはん，オがそしゃくの説明であり，イが生物学的消化作用，エが化学的消化作用の説明である。

【24】①

〈解説〉2010年の国勢調査によると，拡大家族世帯は減少し，単独世帯が32.4％と増加が著しい。単身赴任者や一人暮らしの学生は単独世帯に含まれる。平均世帯人員は1955年までは約5人であったが，その後減少を続け，2010年には2.42人になっている。この背景には，核家族化や晩婚化・非婚化の進行，高齢者単独世帯の増加などがある。

【25】②

〈解説〉欧風ししゅうは，色糸の組合せとステッチの使い方で変化のある美しい作品ができ，種類は豊富で広範囲なのが特徴である。ステッチの名称は形から連想してつけられたものが多い。リーフステッチは，葉っぱの形にししゅうしたもの。カットワークは布地にししゅうを施し，内側を切り抜いてレース模様を作る手法。白糸ししゅうとも呼ばれる。

【26】ア　消費者保護基本法　イ　消費者基本法　ウ　消費者庁
エ　消費者ホットライン

〈解説〉消費者庁は，消費者基本法第2条の「消費者の利益の擁護及び増進に関する総合的な施策の推進」などが任務となっている。消費者庁の発足によって，各省庁の消費者行政や地方公共団体，国民生活センター，消費生活センター等の諸機関が消費者庁を中心に相互に連携し，事故情報の一元化や原因究明，一刻も早い情報提供や対策の実施等が期待されている。

【27】ア　24　イ　認定こども園　ウ　一時　エ　支援拠点

〈解説〉「子ども・子育て支援新制度」は，少子化対策として子育て中のすべての家庭を支援する制度である。認定こども園の普及や待機児童の解消，地域のさまざまな子育て支援の充実などに取り組み，平成27年4月に本格スタートする。地域子育て支援拠点の設置促進や一時預かり事業，ファミリー・サポート・センターなど，地域の子育て支援の充実を図ることになっている。

【28】ア　JAS法　イ　原産　ウ　消費期限　エ　賞味期限
オ　落花生(ピーナッツ)

〈解説〉「JAS法」で定めているのが原材料名・原産地など，「JAS法」と「食品衛生法」の両方で義務づけているのが名称・賞味期限など，「食品衛生法」で定めているのがアレルギー・食品添加物などの表示である。「健康増進法」では栄養成分や特別用途などの表示を規定している。

【中学校】

【1】ア　少子高齢　イ　食育　ウ　持続可能　エ　理解
オ　幼児触れ合い体験　カ　自立　キ　食文化　ク　豊か
ケ　消費者　コ　環境

〈解説〉学習指導要領改訂の要点は頻出なので，整理して覚えておくこと。

技術・家庭科の教科の目標について，基本的な考え方は変わっていないが，「社会の変化に主体的に対応する能力をはぐくむ観点」から，「実践的な態度の育成」が重視されている。「少子高齢化」や「食育の推進」，「持続可能な社会」などの言葉はよく使われるので注意したい。

【2】ア　安全管理　　イ　学習意欲　　ウ　事故防止　　エ　包丁　　オ　安全

〈解説〉なお，安全管理と同時に安全指導も重要である。調理実習では電気・ガス・刃物類の使用方法や食品の安全な取扱い方法を指導し，エプロンや三角巾を着用させて清潔を保つようにするとともに，手洗いの励行など衛生面に配慮するよう指導する。

【高等学校】

【1】ア　総合化　　イ　実践的態度　　ウ　地域の生活　　エ　ボランティア活動　　オ　勤労

〈解説〉ホームプロジェクトと学校家庭クラブ活動は，各学科に共通する教科「家庭」の3つの科目(家庭基礎・家庭総合・生活デザイン)のいずれにおいても履修させる重要な内容である。高等学校学習指導要領解説では，ホームプロジェクトの実践によって，問題解決能力と実践的態度を育てることができ，学校家庭クラブ活動によって，問題解決能力と実践的態度の育成はもとより，ボランティア活動などの社会参画や勤労への意欲を高めることができることが示されている。

【2】ア　ヒューマンサービス　　イ　マネジメント能力　　ウ　生活文化　　エ　生活の質　　オ　スペシャリスト

〈解説〉専門高校における職業に関する教科・科目については，将来のスペシャリストの育成という観点から，科目の再編成や内容の改善が図られている。専門教科「家庭」についても，共通教科「家庭」と同様に理解を深めておかなければならない。

●書籍内容の訂正等について

弊社では教員採用試験対策シリーズ（参考書，過去問，全国まるごと過去問題集），公務員試験対策シリーズ，公立幼稚園・保育士試験対策シリーズ，会社別就職試験対策シリーズについて，正誤表をホームページ（https://www.kyodo-s.jp）に掲載いたします。内容に訂正等，疑問点がございましたら，まずホームページをご確認ください。もし，正誤表に掲載されていない訂正等，疑問点がございましたら，下記項目をご記入の上，以下の送付先までお送りいただくようお願いいたします。

① **書籍名，都道府県（学校）名，年度**
（例：教員採用試験過去問シリーズ　小学校教諭 過去問　2025 年度版）
② **ページ数**（書籍に記載されているページ数をご記入ください。）
③ **訂正等，疑問点**（内容は具体的にご記入ください。）
（例:問題文では“ア～オの中から選べ”とあるが，選択肢はエまでしかない）

〔ご注意〕
○ 電話での質問や相談等につきましては，受付けておりません。ご注意ください。
○ 正誤表の更新は適宜行います。
○ いただいた疑問点につきましては，当社編集制作部で検討の上，正誤表への反映を決定させていただきます（個別回答は，原則行いませんのであしからずご了承ください）。

●情報提供のお願い

協同教育研究会では，これから教員採用試験を受験される方々に，より正確な問題を，より多くご提供できるよう情報の収集を行っております。つきましては，教員採用試験に関する次の項目の情報を，以下の送付先までお送りいただけますと幸いでございます。お送りいただきました方には謝礼を差し上げます。
（情報量があまりに少ない場合は，謝礼をご用意できかねる場合があります）。

◆あなたの受験された面接試験，論作文試験の実施方法や質問内容
◆教員採用試験の受験体験記

送付先
○電子メール：edit@kyodo-s.jp
○FAX：03-3233-1233（協同出版株式会社　編集制作部 行）
○郵送：〒101-0054　東京都千代田区神田錦町 2-5
協同出版株式会社　編集制作部 行
○HP：https://kyodo-s.jp/provision（右記の QR コードからもアクセスできます）

※謝礼をお送りする関係から，いずれの方法でお送りいただく際にも，「お名前」「ご住所」は，必ず明記いただきますよう，よろしくお願い申し上げます。

教員採用試験「過去問」シリーズ

福岡県・福岡市・北九州市の家庭科 過去問

編　集　　©協同教育研究会
発　行　　令和6年2月25日
発行者　　小貫　輝雄
発行所　　協同出版株式会社
〒101-0054　東京都千代田区神田錦町2－5
電話　03－3295－1341
振替　東京00190－4－94061
印刷所　　協同出版・POD工場

落丁・乱丁はお取り替えいたします。